# INTELLECTUAL PROPERTY

# 知岸律师
# 知识产权
# 案例精选

主编/单体禹　执行主编/江秀香

华中科技大学出版社
http://press.hust.edu.cn
中国·武汉

图书在版编目（CIP）数据

知岸律师知识产权案例精选/单体禹主编；江秀香执行主编.—武汉：华中科技大学出版社，2023.4
 ISBN 978-7-5680-9047-6

Ⅰ.① 知… Ⅱ.① 单… ② 江… Ⅲ.① 知识产权法-案例-中国 Ⅳ.① D923.405

中国版本图书馆 CIP 数据核字（2022）第 246564 号

知岸律师知识产权案例精选　　　　　　　　　　　单体禹　主　　编
Zhi'an Lüshi Zhishi Chanquan Anli Jingxuan　　　江秀香　执行主编

策划编辑：郭善珊
责任编辑：郭善珊　张婧旻
封面设计：沈仙卫
责任校对：曾　婷
责任监印：朱　玢

出版发行：华中科技大学出版社（中国·武汉）　　电话：（027）81321913
　　　　　武汉市东湖新技术开发区华工科技园　　邮编：430223
录　　排：华中科技大学出版社美编室
印　　刷：湖北新华印务有限公司
开　　本：710mm×1000mm　1/16
印　　张：24
字　　数：381 千字
版　　次：2023 年 4 月第 1 版第 1 次印刷
定　　价：108.00 元

本书若有印装质量问题，请向出版社营销中心调换
全国免费服务热线：400-6679-118　竭诚为您服务
版权所有　侵权必究

## 《知识产权案例精选》编写委员会

**主　编：**

单体禹

**执行主编：**

江秀香

**撰稿人：**

孙胜男　江秀香　秦　琰　李新苗　门海萍
陶　冶　胡林昌

# 编写说明

《知识产权案例精选》由北京知岸律师事务所编著，此次编辑选取的案件，均系知岸律师承办或合办的案件，并按照知识产权领域常见案件类型进行分类，从律师代理案件角度出发，在具体案件中，侧重归纳案件裁判要旨、解析法官裁判意见，充分阐释代理相关案件诉讼的关键点。衷心希望本书选取的案例能够为广大读者提供有益参考。

北京知岸律师事务所是一所以知识产权业务为主，兼具企业并购、公司合规等民商事业务的综合性律师事务所，始终坚持研究与实务并重，秉承"专注、卓越、勤勉、诚信"的执业理念。本书编辑选取的案件，是知岸所开诚布公提供多年案件代理心得的展示，也是知岸律师知识产权领域承办案件的心血。

本书系知岸律师精选知识产权案例系列图书之一，随后本系列图书将陆续问世，提取案件精髓并针对法律沿革进行深度剖析，为更多读者提供参考与指引。

编　者

二〇二二年六月

　　德国诗人歌德在《浮士德》中写道："理论全是灰色的，只有生命的金树常青。"法律实践是最生动具体的法治，典型案例在解决个案纠纷的同时，还发挥着类案指引等作用。本书按专题分为四大类，分别为著作权纠纷、商标权纠纷、专利权纠纷、反不正当竞争纠纷。著作权领域包含著作权权属的认定、侵权主体的确定、各类著作权侵权（包含直接侵权、间接侵权、间接侵权转化为直接侵权）等典型案例，商标权领域包含商标授权行政纠纷、商标确权行政纠纷及商标侵权纠纷。本书对每个案件涉及的类型以独特的角度进行剖析与解读，在归纳、整理所承办经典案例的过程中，以案释法、以案普法，引导读者在此基础上进行理论研究和实务运用。

　　本书以案例解析的方式编写，每个案件包括如下部分：（1）裁判要旨和关键词。裁判要旨主要是对法院裁判具体案件观点的归纳和概括，是法官在办理案件过程中对法律适用、裁判方法、司法理念等方面问题的精要评述。关键词用于方便读者快速定位和检索相关内容。（2）案情和裁判意见。该部分全面完整地反映了案件的详情、当事人的诉求、案件的争议焦点以及法官对案件涉及的主要法律问题和裁判思路更深层的剖析。每个案件均按照诉讼程序进行层次梳理，方便读者阅读。（3）案情解析。这部分是编者对案件争议

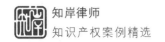

焦点、裁判思路和方法的深入分析，通过另一角度解读裁判文书及相关法律问题。

本书立足于知识产权法律实践，所精选的案件紧扣实务，毫无冗余，结合相关法律规范对众多案件展开分析、提炼，呈现出其中精髓，具有针对性、示范性和指导性。为尊重当事人的隐私，所有涉案当事人名称均以某某或简称代替。希望学法者、用法者和守法者均能从中受益。

法律领域浩瀚无边、博大精深，笔者在撰写过程中，倾注了很多心血，而这每一个经典案例的背后，亦离不开客户对我们的宝贵信任和法官的辛勤付出。衷心希望读者们能够对本丛书提出宝贵的意见和建议，以便笔者在今后的修订中完善，也让未来待出的系列图书更有成效，为我国的法治事业做出应有的贡献。

江秀香

2022 年 3 月 17 日

# 凡例

一、本书使用特定法律法规、司法解释及其他规范性文件时添加书名号，未加书名号则为泛指。

二、前述规范性文件现已被废止或修改的，首次出现时以脚注形式说明。

三、本书案例裁判部分引用的法律法规、司法解释及其他规范性文件时间跨度广泛，未特别注明的，为下表列明的版本，另附对应现行规范性文件，敬请读者依提示对照。

| 案例裁判引用版本 | 对应现行版本 |
| --- | --- |
| 《中华人民共和国著作权法》2010年修正本 | 《中华人民共和国著作权法》2020年修正本 |
| 《中华人民共和国侵权责任法》2009年通过本 | 《中华人民共和国民法典》2020年通过本 |
| 《中华人民共和国民事诉讼法》2017年修正本 | 《中华人民共和国民事诉讼法》2021年修正本 |
| 《中华人民共和国商标法》2013年修正本 | 《中华人民共和国商标法》2019年修正本 |
| 《中华人民共和国立法法》2000年通过本 | 《中华人民共和国立法法》2015年修正本 |
| 《中华人民共和国行政诉讼法》2014年修正本 | 《中华人民共和国行政诉讼法》2017年修正本 |

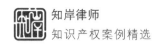

续表

| 案例裁判引用版本 | 对应现行版本 |
| --- | --- |
| 《中华人民共和国反不正当竞争法》2017年修订本 | 《中华人民共和国反不正当竞争法》2019修正本 |
| 《中华人民共和国专利法》2008年修正本 | 《中华人民共和国专利法》2020年修正本 |
| 《最高人民法院关于审理著作权民事纠纷案件适用法律若干问题的解释》2002年通过本 | 《最高人民法院关于审理著作权民事纠纷案件适用法律若干问题的解释》2020年修正本 |
| 《最高人民法院关于审理侵害信息网络传播权民事纠纷案件适用法律若干问题的规定》2012年通过本 | 《最高人民法院关于审理侵害信息网络传播权民事纠纷案件适用法律若干问题的规定》2020年修正本 |

## ·第一部分 著作权纠纷·

**一、著作权权属的认定** —— 003

1. 委托创作作品权属约定
   ——人民某出版社有限公司与南京某生物科技有限公司
   侵害作品信息网络传播权纠纷案 —— 003

2. 职务作品的构成要件
   ——上海某信息科技有限公司、北京某圣唐娱乐科技有限公司与北京
   某科技有限公司、某出行科技有限公司侵害著作权纠纷案 —— 009

3. 法人作品的认定标准及非法翻译作品的权利保护
   ——北京某科技有限公司、天成某科技有限公司诉北京某创联
   有限公司侵害作品信息网络传播权纠纷案 —— 017

4. 临时创作组织作品权利的归属
   ——中国某出版传媒有限公司诉郑州某教育咨询有限公司侵害
   作品信息网络传播权纠纷案 —— 025

5. 作品著作权登记证书仅为著作权权属的初步证据
   ——北京某影业有限公司与贺某、任某、北京某文化传媒有限公司等
   著作权权属纠纷案 —— 035

## 二、著作权侵权主体的确定 —— 040

### 6. 工信部 ICP 备案与域名持有人不一致
——上海某信息科技有限公司与某星科技(上海)有限公司
侵害作品信息网络传播权纠纷案 —— 040

### 7. 工信部 ICP 备案网站跳转个人网站
——某天堂电子科技(北京)有限公司与武汉某科技有限公司
侵害计算机软件著作权纠纷案 —— 049

## 三、著作权侵权类型 —— 056

### 8. 作品抄袭的认定标准
——北京某立业文化传播有限公司与杭州某信息科技有限公司、
杭州某网络科技有限公司侵害作品信息网络传播权纠纷案 —— 056

### 9. 网络环境下版式设计权的保护
——某工业出版社与太原市某教育科技有限公司侵害出版者
权纠纷案 —— 070

### 10. P2P 资源分享平台侵权责任的承担
——上海某网络科技有限公司与某星科技(北京)有限公司
侵害作品信息网络传播权纠纷案 —— 077

### 11. 网络服务提供者"应知"判定之主管区长推荐
——北京某教育科技有限公司与中国某经济出版社侵害作品信息
网络传播权纠纷案 —— 083

### 12. 网络服务提供者"应知"判定之直接获取经济利益
——四川某网络科技有限公司与中国某出版社侵害作品
信息网络传播权纠纷案 —— 092

### 13. 网络服务提供者"应知"判定之编辑推荐、获利
——北京某科技发展有限公司与北京某网络科技有限公司
著作权权属、侵权纠纷案 —— 101

14. 通过多重信息推定论坛的实际经营人
　　——某科学出版社与上海某教育培训有限公司侵害作品
　　信息网络传播权纠纷案　　　　　　　　　　　— 111

15. 通过百度网盘用户名及分享内容推定直接侵权者
　　——中国某经济出版社、北京某教育科技股份有限公司
　　侵害作品信息网络传播权纠纷案　　　　　　　— 118

16. 论坛管理员认证信息不明推定直接侵权
　　——上海某娱乐信息科技有限公司、北京某互动教育科技有限公司
　　侵害作品信息网络传播权纠纷案　　　　　　　— 124

17. 著作权与商标权之间的冲突
　　——某国际文化(北京)有限公司与苏州某服饰有限公司
　　著作权纠纷案　　　　　　　　　　　　　　　— 129

## ·第二部分　商标权纠纷·

**一、商标授权行政纠纷**　　　　　　　　　　　　　— 139

18. 判断商标是否近似标准之整体比对
　　——北京某股份有限公司与国家工商行政管理总局商标
　　评审委员会商标申请驳回复审行政纠纷案　　　— 139

19. 商标显著特征判断之对商品或服务的直接描述
　　——某科技股份有限公司与国家工商行政管理总局商标评审
　　委员会商标申请驳回复审行政纠纷案　　　　　— 145

20. 商标显著特征判断之直接描述商品或服务特点
　　——上海某电子商务有限公司与国家工商行政管理总局商标
　　评审委员会商标申请驳回复审行政纠纷案　　　— 151

21. 商标行政授权中的情势变更
　　——北京某股份有限公司与国家工商行政管理总局商标
　　评审委员会商标申请驳回复审行政纠纷案　　　— 156

22. 商标显著性判断标准之经使用获得显著性
 ——某财富管理股份有限公司与国家工商行政管理总局商标
 评审委员会商标申请驳回复审行政纠纷案 —— 161

23. 商品或服务类似认定中的交叉检索
 ——北京某股份有限公司与国家工商行政管理总局商标
 评审委员会商标申请驳回复审行政纠纷案 —— 167

24. 诉争商标申请注册的在先权利障碍
 ——香港某广告有限公司与国家知识产权局商标申请驳回
 复审行政纠纷案 —— 172

25. 共存协议在商标行政授权中的作用
 ——北京某股份有限公司与国家知识产权局商标申请驳回
 复审行政纠纷案 —— 178

## 二、商标确权行政纠纷 —— 182

26. 商标"撤三"案件中第三方证据的重要性
 ——姚某与国家知识产权局、第三人某欧洲两合公司商标
 撤销复审行政诉讼案 —— 182

27. 商标"撤三"案件中提供虚假使用证据不能实现证明目的
 ——北京某股份有限公司与国家知识产权局、福州某塑胶
 模具有限公司商标撤销复审行政诉讼案 —— 187

28. 类似商品或服务的判断及利害关系人的认定
 ——蛇口某有限公司与国家工商行政管理总局商标评审
 委员会、陈某商标权无效宣告请求行政纠纷案 —— 190

## 三、商标侵权纠纷 —— 199

29. 改变在先注册商标显著特征认定
 ——天津某集团有限公司与北京某线缆有限公司商标
 侵权纠纷案 —— 199

30. 超出注册商标核定使用范围认定
　　——杨某与无锡市某服饰有限公司、北京某信息技术有限公司
　　　商标侵权纠纷案　　　　　　　　　　　　　　— 204

31. 销售侵犯注册商标专用权的商品
　　——家纺公司与涂某某等侵害商标权纠纷案　　　— 209

32. 商标使用的情形的认定
　　——北京鲍某餐饮管理有限公司与北京福某餐饮管理有限公司
　　　侵害商标权纠纷案　　　　　　　　　　　　　— 214

33. 商标相同和商标近似的判断标准
　　——某股份有限公司与河北某网络技术有限公司侵害商标权
　　　纠纷案　　　　　　　　　　　　　　　　　　— 221

34. 商标权与专利权、字号权、域名之间的冲突
　　——某集团有限公司与武某、烟台某进出口有限公司、
　　　北京某进出口有限公司侵害商标权及不正当竞争纠纷案　— 228

35. 商标权与字号权之间的冲突
　　——天津市某乳制品销售有限公司与内蒙古某乳业（集团）
　　　股份有限公司商标侵权纠纷案　　　　　　　　— 238

## ·第三部分　专利权纠纷·

36. 发明专利侵权案件现有技术抗辩
　　——张某与衡水某建筑工程有限公司等侵害发明专利权
　　　纠纷案　　　　　　　　　　　　　　　　　　— 263

37. 实用新型专利的侵权认定
　　——林某、广州某商贸有限公司与义乌市某电子商务有限公司、
　　　北京某电子商务有限公司专利侵权纠纷案　　　— 283

38. 外观设计专利的侵权认定
　　——厦门某砂轮有限公司与李某、韩某、北京某建材市场
　　　有限公司侵害外观设计专利权纠纷案　　　　　— 289

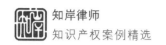

# 第四部分 反不正当竞争纠纷

39. 擅自使用他人企业名称
　　——北京某国际拍卖行有限公司与北京某科技发展有限公司
　　　侵害企业名称（商号）权纠纷案　　　　　　　　　　— 297

40. 擅自使用他人具有一定影响的装潢
　　——中国某出版社与广东某出版社不正当竞争纠纷案　　— 306

41. 搜索引擎关键词的隐性使用
　　——上海某信息科技有限公司与北京某网讯科技有限公司
　　　不正当竞争纠纷案　　　　　　　　　　　　　　　— 316

42. 擅自使用他人企业字号及虚假宣传
　　——爱某股份有限公司与北京某科技有限公司、
　　　北京某信息技术有限公司等不正当竞争纠纷案　　　— 323

43. 搜索引擎关键词扩大化隐性使用
　　——上海某信息科技有限公司与江西某科技有限公司、
　　　北京某科技有限公司不正当竞争纠纷案　　　　　　— 331

44. 虚假宣传引发的不正当竞争
　　——北京某伟业文化发展有限公司与杜某、北京某教育
　　　科技有限公司、北京某旅行社有限公司、
　　　安徽某报社不正当竞争纠纷案　　　　　　　　　　— 346

# 第一部分
## 著作权纠纷

# 一、著作权权属的认定

## 1. 委托创作作品权属约定
——人民某出版社有限公司与南京某生物科技有限公司侵害作品信息网络传播权纠纷案

### 📖 裁判要旨

受委托创作的作品,著作权的归属由委托人和受托人通过合同约定。合同未作明确约定或者没有订立合同的,著作权属于受托人。若双方就相关权属做了约定,则适用该约定。

### ▶ 关键词

侵害著作权　出版发行　委托作品　侵权责任　信息网络传播权

### ▶ 当事人

上诉人(一审被告):南京某生物科技有限公司(以下简称南京生物科技)

被上诉人(一审原告):人民某出版社有限公司(以下简称人民某出版社)

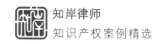

### ▶ 一审诉请

人民某出版社向一审法院起诉请求：判令南京生物科技赔偿其经济损失871680元。

### ▶ 案件事实

2012年2月，人民某出版社分别与王某等8人签署《教材委托编写合同》，约定人民某出版社委托前述人员分别负责编写涉案作品教材，涉案作品的专有使用权、修订权、发行权、信息网络传播权、翻译权和电子版的出版权归人民某出版社所有。合同有效期内，受托人不得将上述教材的全部或一部分以原名或更换名称转让第三方出版。合同有效期为5年。该合同还就其他相关事宜进行了详细约定。2013年3月，人民某出版社出版发行了包括涉案作品在内的系列医学类教材。

涉案"临床电子书"微信公众号系南京生物科技运营的微信公众号。2017年5月22日，登录微信，搜索"临床电子书"可以找到涉案微信公众号，账号主体显示为"南京生物科技"，功能介绍部分提到"专注于为临床医生，提供免费、省事、高效的医学电子书资源检索、下载和人工查找服务，致力于打造移动端最大、最全、最优质的医学电子书公益分享平台"。关注该微信公众号，进入后点击"自动搜书"，在搜索栏中输入"第8版"，可以找到涉案作品同名PDF文件搜索结果，分别点击右侧的"查看"，进入的页面中有"下载"按钮及提示，按照提示操作可以实现下载，按照提示操作方法在朋友圈分享后可以正常浏览下载的文件内容。就上述网页查找、搜索和下载过程，人民某出版社申请北京市某公证处进行了公证证据保全，并取得（2017）京某内经证字第22757号公证书。通过对比，前述下载的PDF文件内容除部分作品未带有后附彩图外，与涉案作品对应图书的内容基本一致。

以上事实，有图书、编写合同、公证书、网页打印件及当事人陈述等证据在案佐证。

## 二审诉请

上诉人南京生物科技向二审法院上诉请求：（1）撤销一审判决，依法改判驳回人民某出版社全部诉讼请求；（2）一、二审诉讼费用由人民某出版社承担。

## 案件事实

二审法院经审理查明的事实与原审法院的相同。

## 裁判意见

**一审法院认为：**

根据涉案作品的署名，在无相反证明的情况下，本院认定涉案作品署名的主编系涉案作品的作者。根据人民某出版社与主编签署的《教材委托编写合同》，人民某出版社享有涉案作品信息网络传播权，有权提起本案诉讼。《教材委托编写合同》属于委托创作合同，人民某出版社依据合同约定原始取得涉案作品信息网络传播权，权利期限不受合同有效期的限制，南京生物科技该项抗辩意见，本院不予采信。

南京生物科技未经许可在其运营的"临床电子书"微信公众号中提供涉案作品的下载，侵犯了人民某出版社对于涉案作品享有的信息网络传播权，应承担赔偿损失的侵权法律责任。涉案使用行为不属于合理使用，南京生物科技的抗辩理由不成立，本院不予支持。

关于赔偿经济损失的具体数额，人民某出版社未就其主张赔偿数额提供证据予以证明，也未对南京生物科技的侵权获利进行举证，本院将根据涉案作品的类型及南京生物科技侵权使用涉案作品的方式、传播范围、主观过错程度等因素，参照《使用文字作品支付报酬办法》酌情确定赔偿数额。

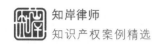

综上，依照《中华人民共和国著作权法》第四十八条第一项[①]、第四十九条[②]之规定，判决如下：

一、被告南京生物科技于本判决生效之日起十日内赔偿原告人民某出版社经济损失 60000 元；

二、驳回原告人民某出版社其他诉讼请求。

**二审法院认为：**

《中华人民共和国著作权法》第十七条[③]规定："受委托创作的作品，著作权的归属由委托人和受托人通过合同约定。合同未作明确约定或者没有订立合同的，著作权属于受托人。"涉案的《教材委托编写合同》本身即为委托创作合同，且结合其他条款对比来看，该系列合同对于涉案作品信息网络传播权的归属或行使并未作出期限上的限定，南京生物科技所持 5 年合同有效期的主张并不适用于涉案合同有关信息网络传播权的约定条款。因此，结合在案的《教材委托编写合同》及公证书所公证保全的被诉侵权行为发生时间，能够认定被诉侵权行为发生时人民某出版社依然享有涉案作品的信息网络传播权，是适格的原告，南京生物科技关于人民某出版社并非本案适格原告的主张，缺乏事实和法律依据，本院不予支持。

关于南京生物科技是否侵犯了人民某出版社对涉案作品享有的信息网络传播权及应承担相应侵权责任问题。南京生物科技未经人民某出版社许可，在其经营的"临床电子书"微信公众号中提供涉案作品的浏览下载服务，使公众可以在个人选定的时间和地点获得涉案作品，已落入人民某出版社对于涉案作品享有的信息网络传播权所直接控制的行为范围之内，侵犯了人民某出版社对涉案作品享有的信息网络传播权，应承担相应侵权责任。至于涉案作品是否系从第三方网站下载或南京生物科技是否存在侵权故意并从中获利，并不影响该侵权行为性质的认定。

---

① 对应现行《中华人民共和国著作权法》第五十三条第一项，内容有修改，本书下同。

② 对应现行《中华人民共和国著作权法》第五十四条，内容有修改，本书下同。

③ 对应现行《中华人民共和国著作权法》第十九条，本书下同。

关于一审判决确定的经济损失赔偿数额是否具有合理性问题。《中华人民共和国著作权法》第四十九条①规定："侵犯著作权或者与著作权有关的权利的，侵权人应当按照权利人的实际损失给予赔偿；实际损失难以计算的，可以按照侵权人的违法所得给予赔偿。赔偿数额还应当包括权利人为制止侵权行为所支付的合理开支。权利人的实际损失或者侵权人的违法所得不能确定的，由人民法院根据侵权行为的情节，判决给予五十万元以下的赔偿。"

本案中，双方当事人并未提交证据证明权利人的实际损失或者侵权人的违法所得，故应当依据法定赔偿标准确定赔偿数额。一审法院根据涉案作品的类型及南京生物科技侵权使用涉案作品的方式、传播范围、主观过错程度等因素，参照《使用文字作品支付报酬办法》酌情确定的赔偿数额并无不当，本院予以确认。

综上，南京生物科技的上诉请求不能成立，应予驳回；一审判决认定事实清楚，适用法律正确，应予维持。依照《中华人民共和国民事诉讼法》第一百七十条第一款第一项②规定，判决如下：

驳回上诉，维持原判。

## ▶ 案情解析

本案是一起侵害作品信息网络传播权纠纷案件，该案件的争议的焦点主要集中在两个方面：一是人民某出版社是否是本案适格原告；二是南京生物科技是否构成侵权。

---

① 对应现行《中华人民共和国著作权法》第五十四条第一款规定："侵犯著作权或者与著作权有关的权利的，侵权人应当按照权利人因此受到的实际损失或者侵权人的违法所得给予赔偿；权利人的实际损失或者侵权人的违法所得难以计算的，可以参照该权利使用费给予赔偿。对故意侵犯著作权或者与著作权有关的权利，情节严重的，可以在按照上述方法确定数额的一倍以上五倍以下给予赔偿。"第二款规定："权利人的实际损失、侵权人的违法所得、权利使用费难以计算的，由人民法院根据侵权行为的情节，判决给予五百元以上五百万元以下的赔偿。"本书下同。

② 对应现行《中华人民共和国民事诉讼法》第一百七十七条第一款第一项，本书下同。

一、人民某出版社是否是本案适格原告

要判断人民某出版社是否为本案适格原告,就要判断其是否为涉案作品的著作权人或被许可人,或者其他直接利害关系人。根据事实部分可知涉案作品系委托作品,且在双方签订的《教材委托编写合同》中明确约定图书出版专有使用权、修订权、发行权、信息网络传播权、翻译权和电子版的出版权归人民某出版社所有。虽然合同有5年有效期的约定,但并不适用于著作权归属的约定。根据现行《著作权法》第十九条的规定,人民某出版社享有涉案作品的信息网络传播权,系涉案作品的著作权人。因此,人民某出版社有权以自己的名义提起本案诉讼,是本案的适格原告。

二、南京生物科技是否构成侵权

信息网络传播权的侵权构成要件包括四点:1. 未经著作权人许可;2. 传播载体:互联网(包括有线、无线方式);3. 传播对象:不特定公众;4. 公众可在个人选定的时间和地点获得作品。

具体到本案,首先,南京生物科技未经人民某出版社许可;其次,传播载体为其经营的微信公众号,符合互联网传播载体的构成要件;再次,其公众号的面向对象为不特定公众,符合传播对象的构成要件;最后,公众可以在个人选定的时间和地点在其公众号获得涉案作品。南京生物科技的行为完全符合信息网络传播权侵权的构成要件,侵犯了人民某出版社对涉案作品享有的信息网络传播权,应承担相应侵权责任。

## 2. 职务作品的构成要件

——上海某信息科技有限公司、北京某圣唐娱乐科技有限公司与北京某科技有限公司、某出行科技有限公司侵害著作权纠纷案

### 裁判要旨

自然人为完成法人或者非法人组织工作任务所创作的作品是职务作品。而职务作品的认定条件，需要看是否在任职期间完成单位所交予的工作任务，是否属于职责范围内创作，若单位未提供相应证据予以证明，且无法说明和证明作品的创作、发表时间等情况，不足以证明该作品为职务作品。

### 关键词

侵害著作权　职务作品　歌曲　创作　录音制作者　复制权　发行权

### 当事人

原告：上海某信息科技有限公司（以下简称上海信息科技）
原告：北京某圣唐娱乐科技有限公司（以下简称北京圣唐娱乐）
被告：北京某科技有限公司（以下简称北京科技公司）
被告：某出行科技有限公司（以下简称出行科技公司）

### 一审诉请

两原告向一审法院起诉请求：（1）两被告在《法制日报》[①]上连续一个月

---

[①] 已于2020年8月更名为《法治日报》，参见《〈法制日报〉今日起正式更名为〈法治日报〉》，载人民网，http://media.people.com.cn/n1/2020/0801/c120837-31806453.html。本书下同。

刊登声明消除影响；（2）两被告连带赔偿两原告经济损失1941213元及合理开支58787元。

## ▶ 案件事实

一、关于涉案音乐作品的权利归属

骆某与上海信息科技签订的两份劳动合同书载明，骆某在企划部门担任音乐制作师工作，合同期间分别为2008年1月1日至2008年12月31日、2009年9月1日至2010年8月31日，骆某同意在上海信息科技工作期间所作之一切工作及成果，均为职务作品，其著作权和其他知识产权均归上海信息科技所有。

周某亦与上海信息科技签订劳动合同书，合同期间为2008年2月1日至2009年1月31日，其他合同内容与上述骆某所签劳动合同内容一致。

《〈古剑奇谭〉原声音乐集》光盘的专辑内页显示该专辑有4张光盘，共101首音乐作品，载明"音乐统筹张某，音乐作曲编曲骆某、周某，音乐意境设计邵某、张某，乐谱 & 凤鸣榣山钢琴改编侯某"，证明骆某、周某系专辑的曲作者。专辑外包装载明"授权上海信息科技，代理北京圣唐娱乐，出版方圆电子音像出版社"。

国家版权局于2010年12月22日颁发的著作权登记证书载明：上海信息科技对其于2010年6月10日录制完成的录音制品《〈古剑奇谭〉原声音乐集》享有录音制作者权。

2011年1月1日，上海信息科技与北京圣唐娱乐签订权利授权书，该授权书载明北京圣唐娱乐在全球范围内对《〈古剑奇谭〉原声音乐集》享有独占性复制、出版和发行、对第三方再授权或转授权及与前述行为相关的使用行为许可，许可期限与著作权有效期限一致。

两原告根据上述证据主张《凤鸣榣山》《剑舞红袖》《清馨戏蝶》《君自兰芳》《榣山遗韵》5首涉案音乐作品的作者为骆某、周某，上海信息科技依据与作者签订的劳动合同享有涉案音乐作品的著作权。涉案专辑系上海信息科技录制完成，上海信息科技享有涉案专辑的录音制作者权，北京圣唐娱乐经上海信息科技授权享有录音制作者权的专有使用权。

两被告认为两原告不能证明涉案音乐作品系骆某、周某在职期间创作从而属于职务作品，故上海信息科技不享有涉案音乐作品的著作权；认可上海信息科技系涉案专辑录音制作者权的权利人，亦认可北京圣唐娱乐经上海信息科技授权享有涉案专辑录音制作者权的专有使用权。

关于涉案歌曲的创作和发表情况，上海信息科技无法明确具体时间，亦表示无法提供与涉案音乐作品创作和发表相关的证据，也无法联系到骆某、周某就上述情况予以说明。

二、关于两原告主张的侵权行为

(2018) 京某内经证字第 16938 号公证书载明：2018 年 5 月 30 日，在浏览器地址栏输入出行科技公司官网，点击业务范畴中的出行豪华车，进入相应页面，点击页面中的"出行豪华车服务升级：可享定制服务"，页面中有"1 月 9 日出行科技公司旗下五星出行服务品牌，出行豪华车今日宣布……是否需要在行程中享受车内音乐，也将为用户提供充分的选择空间"等内容。在百度搜索中搜索出行豪华车，点击标题为"科技与出行服务完美整合，出行豪华车再定义商务出行"的链接进入凤凰网资讯网站，其中有"豪华车是滴滴旗下的五星出行服务品牌……特别定制的音乐与香薰用品"的内容。返回百度搜索页面，点击标题为"出行豪华车上线一周年，携手朕的心意，故宫食品传承中华礼仪文化"的链接，进入凤凰网的相应文章，其中有"音乐设置为中国古典音乐，旨在打造一个全方位的文化体验"的内容。返回百度搜索页面，点击标题为"出行豪华车今起正式登陆深圳"的链接，进入搜狐网的文章页面，其中有"出行豪华车的服务提供者——司务员，均面向社会上顶尖的职业司机，通过专属渠道进行招募，甄选率仅为千分之三"的内容。ICP/IP 地址/域名信息备案管理系统查询显示的主办单位为北京科技公司。

(2018) 京某内经证字第 16939 号公证书载明：2018 年 5 月 30 日，在小米手机的应用商店中搜索"出行"，在搜索结果的"出行"中点击"更多信息"进行浏览，显示开发者为北京科技公司。下载并安装出行应用软件，打开该软件输入手机及验证码进行登录，将出发地点选择为北京市某公证处，目的地选择为朝阳大悦城，点击呼叫豪华车，进入等待接驾页面。车辆到达后公证处公证人员与北京圣唐娱乐的委托代理人一同搭乘车牌号为×××的黑色奔驰 E 级轿车。公证处工作人员使用其手机对车内前部安装的显示屏所显示的内容以及行驶中车内声音进行了录像并拍照。下车后，公证处工作人员与北京圣唐娱乐代理人再次打开出行应用软件，出发地选择为朝阳大悦城，目的地选择为北京市某公证处，弹出"附近暂无豪华车，可尝试提前预约"窗口，点击改叫预约车进入确认呼叫页面，点击临时加价确认页面中的"我愿意给司机加价"进入确认呼叫页面。车辆到达后乘坐车牌号为×××的黑色奥迪 A6L 轿车前往北京市某公证处，行驶的过程中对车内情况进行录像。录像显示，两次乘车过程中，车内均播放了涉案音乐作品，经询问，司机表示歌曲是由公司统一配的 SD 卡拷贝，必须在车内播放。照片显示豪华车内有故宫食品、周年故宫合作限定款的矿泉水、干纸巾、湿纸巾以及带有"朕的心意"标志的佛手果。汽车前部显示屏中显示播放曲目为《凤鸣榴山》《剑舞红袖》《清馨戏蝶》《君自兰芳》《榴山遗韵》5 首歌曲。

（2018）京某内民证字第 1484 号公证书载明：2018 年 8 月 22 日，在小米手机的应用商店中搜索出行，应用详情页面显示出行的开发者系北京科技公司，安装出行软件后，点击设置中的联系我们，显示"乘客端服务电话为出行科技公司"。

两原告依据上述证据主张，出行科技公司系出行软件的运营者，北京科技公司系出行应用软件的开发者，两被告共同参与了出行豪华车的运营。两被告未经许可，在其运营的出行豪华车中播放涉案音乐作品，侵害了上海信息科技对涉案音乐作品享有的复制权、发行权，亦侵害了北京圣唐娱乐享有的录音制作者权中的复制权和发行权。

出行科技公司认可其是在网络中下载了涉案音乐作品，并拷贝至 SD 卡中供出行豪华车播放，亦认可其车内播放的音乐作品与涉案音乐作品音源一致。两被告主张出行应用软件系出行科技公司运营，北京科技公司仅提供技术开发，不参与实际运营。为证明上述事实，北京科技公司提交（2018）京某内经证字第 54060 号公证书，该公证书载明：2018 年 11 月 13 日，在手机中下载出行软件，输入手机号码及验证码登录，点击法律条款与计价规则中的《专快豪华车服务协议》，其中有"出行科技公司根据您的出行需求，通过实时的线上线下信息交互线下资源技术大数据分析的有效匹配,为您提供多样化的网约车服务"的内容。

三、其他情况

两原告为证明《古剑奇谭》游戏及古剑奇谭品牌具有较高知名度,提交了下列证据:1.《古剑奇谭一》《古剑奇谭二》游戏的对外授权运营、研发、发行情况及相关合同。其中载明,北京圣唐娱乐授权深圳市某科技有限公司、北京某网讯科技有限公司研发、运营网页端《古剑奇谭一》游戏,授权上海某龙图网络科技有限公司研发、运营移动端《古剑奇谭一》游戏;北京圣唐娱乐授权上海誉点信息技术有限公司研发、发行网页端《古剑奇谭二》游戏,授权深圳市某网络科技有限公司研发 Q 版移动端《古剑奇谭二》游戏。2.2012 年至 2015 年,北京圣唐娱乐与某世纪影视传媒股份有限公司、北京某华盟文化传媒投资有限公司分别签订《古剑奇谭:琴心剑魄》《古剑奇谭二》的影视授权许可合同。3.2010 年至 2017 年,北京圣唐娱乐分别与浙江省某书店集团有限公司、江苏某电子商务有限公司、深圳市某计算机系统有限公司、北京某科文商务有限公司、北京某时空数码技术有限公司、深圳市某科技有限公司、杭州某网络科技有限公司、广州某电脑经营部、江苏某文化发展有限公司、武汉某贸易有限公司、重庆某网络科技有限公司、广州某资讯科技有限公司签订《单机游戏销售协议》《游戏商品采购合同》《单机游戏数字版本销售合作协议》《激活码销售协议》等。4.《古剑奇谭》电视连续剧相关网页打印件。收视率排行网显示 2015 年中国周播剧收视率排行榜中《古剑奇谭》排名第 4,收视率为 1.336%;骨朵传媒网显示《古剑奇谭二》累计播放量为 17.1 亿。5.北京圣唐娱乐网站及京东商城对《古剑奇谭三》单机游戏的发行情况的统计。6.奖杯及证书照片,包括第五届金口奖年度产品《古剑奇谭网络版》、第五届金口奖年度产品《古剑奇谭三》、腾讯网十大新锐网络游戏、2018 年度中国游戏十强大奖之"2018 年度十大最受欢迎电脑网络游戏"等共计 17 项。7.骆某、周某的百度百科,证明涉案音乐作品的作者具有较高知名度。

出行科技公司认为上述证据无法证明涉案音乐作品的知名度,古剑奇谭游戏、影视等作品与本案无关,并提交了 IP360 取证数据保全光盘及证书,其中载明在百度百科中搜索古剑奇谭、古剑奇谭二，电视剧介绍中的音乐原声部分没有涉案音乐作品。

庭审中，出行科技公司表示涉案音乐作品使用在其公司提供的车辆中，于 2018 年 5 月 29 日至 30 日两天内，为配合故宫"朕的心意"活动，具体播放涉案音乐作品的数量无法确定。

上海信息科技还主张两被告连带赔偿其支付的合理开支，为此提交了相应的发票。

上述事实有两原告提交的合同、著作权登记证书、专辑出版物、授权书、公证书、网页打印件、发票、合同、照片等，出行科技公司提交的电子数据取证光盘及证书，北京科技公司提交的公证书，以及法院庭前会议笔录、开庭笔录等在案佐证。

### ▶ 裁判意见

**法院认为：**

本案中，上海信息科技未提供该涉案音乐作品是在劳动合同期限内为完成工作任务所创作且未有相关证据证明涉案音乐作品的创作及发表时间等，故涉案音乐作品无法认定为职务作品，但依据所提交的著作权登记证书及相关资料，可以确认其为涉案音乐作品的录音制作者，北京圣唐娱乐经授权享有涉案音乐作品录音制作者权的专有使用权，两原告享有相关诉权。根据两原告所提交的证据，出行科技公司未经许可，将涉案音乐作品下载在出行豪华车内进行播放，侵害北京圣唐娱乐对涉案音乐作品享有的录音制作者权的复制权、发行权，需承担相应的侵权责任。由于两原告未提交北京科技公司为出行豪华车提供涉案音乐作品的行为，故无法认定两被告构成共同侵权。对于与北京科技公司相关的诉讼请求，本院均不予支持。

关于两原告要求出行科技公司消除影响的诉讼请求，本院认为，并无证据表明涉案侵权行为对北京圣唐娱乐造成相关不良影响，故对于两原告的该项诉讼请求，本院不予支持。两原告要求出行科技公司赔偿经济损失的诉讼请求，本院予以支持。关于经济损失赔偿数额，鉴于双方均未提交证据证明北京圣唐娱乐的实际损失或出行科技公司的违法所得，故本院综合考虑涉案音乐作品的知名度、出行科技公司的主观过错程度、侵权行为持续时间、范围等情节，酌情确定经济损失赔偿数额。关于两原告主张的合理开支，本院对其中的合理部分予以支持。

综上，本院依照《中华人民共和国著作权法》第四十二条[①]、第四十八条第四项[②]、第四十九条，《中华人民共和国民事诉讼法》第六十四条第一款[③]之规定，判决如下：

一、本判决生效之日起十五日内，被告出行科技有限公司赔偿原告北京圣唐娱乐经济损失20000元及合理开支10000元；

二、驳回原告上海信息科技、原告北京圣唐娱乐的其他诉讼请求。

▶ **案情解析**

本案是一起侵害著作权纠纷案件，该案件争议的焦点主要集中在以下两点：一是涉案作品是否属于职务作品，两原告享有什么诉权；二是两被告是否构成共同侵权。

**一、涉案作品是否属于职务作品，两原告享有什么诉权**

如无相反的证据，在作品上署名的为作者；当事人提供的底稿、原件、合法出版物、著作权登记证书、认证机构出具的证明、取得权利的合同等，可以作为认定著作权权属的证据。本案中，涉案专辑内页载明音乐作曲编曲骆某、周某，在无其他相反证据的情况下，可以确认骆某、周某为涉案音乐作品的作者。上海信息科技依据其与骆某、周某签订的劳动合同，主张涉案音乐作品是职务作品，故其享有涉案音乐作品的著作权。但关于涉案音乐作品是否是在劳动合同期间内为完成上海信息科技所交予的工作任务所创作，上海信息科技未提供相应证据予以证明，且上海信息科技亦无法说明和证明

---

① 对应现行《中华人民共和国著作权法》第四十四条，内容有修改，本书下同。
② 对应现行《中华人民共和国著作权法》第五十三条第四项，内容有修改，本书下同。
③ 对应现行《中华人民共和国民事诉讼法》第六十七条第一款，本书下同。

涉案音乐作品的创作、发表时间等情况,故现有证据不足以证明涉案音乐作品是职务作品。

职务作品的著作权除现行《中华人民共和国著作权法》第十八条第二款规定的三种例外情况外,著作权由作者享有,但法人或者非法人组织有权在其业务范围内优先使用。本案中上海信息科技即便能够证明涉案音乐作品是职务作品,仍然需要对职务作品的著作权归属进一步证明,方可就著作权权属进行维权。

根据两原告提交的著作权登记证书、涉案专辑封面、权利授权书,在无其他相反证据的情况下,可以确认上海信息科技系涉案音乐作品的录音制作者,北京圣唐娱乐经授权享有涉案音乐作品录音制作者权的专有使用权,两原告有权对相关侵权行为提起诉讼。

二、两被告是否构成共同侵权

两原告基于北京科技公司与出行科技公司共同经营出行应用程序,主张二者构成共同侵权。由于两原告并未提交证据证明出行豪华车提供涉案音乐作品的行为与北京科技公司有关,且两被告均认可北京科技公司与涉案侵权行为无关,故法院没有认定北京科技公司存在共同侵权行为。出行科技公司在网络中下载涉案音乐作品,并拷贝至SD卡在出行豪华专车内进行播放,上述行为侵害了北京圣唐娱乐对涉案音乐作品享有的录音制作者权的复制权、发行权,应承担相应的侵权责任。

## 3. 法人作品的认定标准及非法翻译作品的权利保护

——北京某科技有限公司、天成某科技有限公司诉北京某创联有限公司侵害作品信息网络传播权纠纷案

### 裁判要旨

作品署名为法人的，法人享有该作品的著作权，有相反证据的除外。

如果翻译作品未经相关著作权人的许可，翻译人仍然享有翻译作品的著作权。

### 关键词

法人作品　翻译作品　权利保护

### 当事人

上诉人（原审被告）：北京某创联有限公司（以下简称北京创联公司）
被上诉人（原审原告）：北京某科技有限公司（以下简称北京科技公司）
被上诉人（原审原告）：天成某科技有限公司（以下简称天成公司）

### 一审诉请

北京科技公司、天成公司向一审法院起诉请求：（1）判令北京创联公司立即停止侵权；（2）判令北京创联公司赔偿经济损失以及合理开支共计10000元（其中经济损失7000元、律师费3000元）。因合并审理，北京科技公司、天成公司一审中变更本案的第2项诉讼请求为：判令北京创联公司赔偿经济损失及合理开支10000元（其中经济损失8000元，合理开支律师费1500元、公证费500元）。北京科技公司、天成公司一审庭审中撤回了第1项诉讼请求。

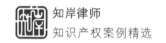

## ▶ 案件事实

**一、有关涉案作品权属方面的事实**

"医脉通"网站是北京科技公司运营的网站，2017年1月1日，北京科技公司与天成公司签署授权书，内容为北京科技公司作为医脉通网站的主办单位，对发表在医脉通网站上的文字作品享有以下权利：1. 法人作品，作品的全部著作权归北京科技公司所有；2. 继受取得的作品，经作者转让北京科技公司享有作品的著作财产权；3. 授权作品，经作者授权北京科技公司享有作品著作财产权或信息网络传播权的专有使用权。北京科技公司将上述文字作品的上述权利专有许可给天成公司使用。天成公司以自己的名义行使以下权利：包括但不限于申请证据保全；行政投诉；提起民事诉讼、行政诉讼；提起上诉；达成和解、申请执行及获得赔偿金等。授权期限五年，自2018年12月7日起至2022年7月1日止。

医脉通网站分别于2017年11月20日、2017年11月13日发布了文章《观点｜前列腺癌哪种治疗方式可以提高生活质量：放疗or手术？》《体育锻炼是抗癌之路上的一剂良药｜研究汇总》，并在文头部分注明"来源：医脉通""医脉通编译整理，未经授权请勿转载"；在文章尾部注明"本网站所有内容，凡注明来源'医脉通'，版权均归医脉通所有，未经授权，任何媒体、网站或个人不得转载，否则将追究法律责任，授权转载时需注明'来源：医脉通'"……。涉案文章字数分别约为2628字、2964字。北京科技公司、天成公司主张涉案文章为法人作品，并表示由天成公司受偿赔偿金。

北京创联公司认为涉案两篇文章系对在先作品的翻译成果，并非原创作品，北京创联公司对上述情况进行了公证，公证书号为（2021）京某内经证字第30933号。北京创联公司认为北京科技公司是一个名为"医脉通"医疗信息平台网站运营者，主要提供信息平台服务，对平台上刊载的信息并不当然享有著作权。

**二、有关侵权等方面的事实**

北京创联公司运营的微信小程序"诺信学院"使用了上述作品。经对比，两篇文章内容与北京科技公司主张权利的文章基本一致，且文章尾部注明

"来源：医脉通"。2020年6月15日，天成公司委托北京市某公证处对上述行为进行了公证，该公证处出具了（2020）京某内民证字第619号公证书。一审法院当庭播放了公证光盘部分内容。

一审庭审中，北京科技公司、天成公司经核实，北京创联公司已经删除涉案文章。北京科技公司、天成公司未提交公证费票据、律师费发票及合同。

### ▶ 二审诉请

北京创联公司上诉请求：（1）撤销一审判决，依法改判驳回二被上诉人的全部诉讼请求或发回重审；（2）本案一、二审诉讼费用由二被上诉人承担。

### ▶ 案件事实

二审中，各方当事人均未提交新证据。

二审询问中，上诉人表示对于一审判决中事实查明部分，除认为一审未审查北京科技公司对涉案作品是否享有著作权构成漏审外，对一审查明的其他事实不持异议，二被上诉人对一审查明的事实无异议。对一审判决中双方当事人不持异议的部分，二审法院予以确认。

### ▶ 裁判意见

**一审法院认为：**

关于本案法律适用，《最高人民法院关于审理著作权民事纠纷案件适用法律若干问题的解释》（2020年修正）第二十九条规定："除本解释另行规定外，人民法院受理的著作权民事纠纷案件，涉及著作权法修改前发生的民事行为的，适用修改前著作权法的规定；涉及著作权法修改以后发生的民事行为的，适用修改后著作权法的规定；涉及著作权法修改前发生，持续到著作权法修改后的民事行为的，适用修改后著作权法的规定。"本案中，被控侵权行为发生在《著作权法》修改前，且未有证据证明持续到《著作权法》修改后，因此应适用《中华人民共和国著作权法》（2010年修正）。

当事人提供的涉及著作权的著作权登记证书、底稿、公证书、合法出版物、取得权利的合同等，在无相反证据的情况下，可以作为认定作品的著作权的证据。根据涉案作品的署名和发表情况、北京科技公司与天成公司签订的授权书，在无相反证据的情况下，一审法院认定天成公司经授权取得了涉案作品的专有许可使用权、维权的权利和获得赔偿的权利，有权提起本案诉讼。对北京科技公司、天成公司撤回部分文章的这一诉讼请求，一审法院经审查认为不违反相关法律规定，依法予以准许。对于北京创联公司主张涉案两篇为翻译作品一节，根据《中华人民共和国著作权法》第十二条①规定，"改编、翻译、注释、整理已有作品而产生的作品，其著作权由改编、翻译、注释、整理人享有"，即使认定涉案两篇文章为翻译作品且未经原始作品权利人的许可进行了翻译，翻译人也享有相关著作权。

北京创联公司未经许可在其微信小程序登载了涉案作品的内容，侵犯了天成公司对于涉案作品享有的著作财产权，应承担停止侵权、赔偿损失的民事责任。根据系列案件的情况看，北京创联公司在明知北京科技公司网站登载了未经许可不得转载的声明的情况下，仍然集中对涉案文章进行全文转载，且数量较大，性质和情节较为恶劣。

关于停止侵权，北京创联公司已经删除涉案作品，北京科技公司、天成公司撤回第一项诉讼请求，一审法院不再进行处理。关于赔偿经济损失的具体数额，北京科技公司、天成公司对其主张的实际损失未提供证据予以证明，也未对北京创联公司的侵权获利进行举证，一审法院根据涉案作品的独创性程度及北京创联公司侵权使用涉案作品的方式、字数、主观过错程度等因素，酌情确定赔偿数额。对于主张的律师费和公证费，未提交票据和合同，北京科技公司、天成公司不存在举证不能的情形，一审法院无法确认其实际发生数额，不予支持。关于受偿的主体，根据北京科技公司和天成公司之间的授权书以及庭审中北京科技公司明示应由天成公司受偿，一审法院不持异议。

---

① 对应现行《中华人民共和国著作权法》第十三条，本书下同。

综上，依照《中华人民共和国著作权法》(2010年修正)第十条第一款第十二项①、第十一条②、第十二条、第四十八条第一项、第四十九条，《最高人民法院关于审理著作权民事纠纷案件适用法律若干问题的解释》(2020年修正)第七条、第二十九条之规定，一审法院判决如下：

一、自一审判决生效之日起十日内，北京创联公司赔偿天成公司经济损失900元。

二、驳回北京科技公司、天成公司其他诉讼请求。

**二审法院认为：**

根据双方当事人的诉辩主张，本案二审争议焦点为北京科技公司、天成公司主体是否适格及一审判赔数额是否合理。

一、北京科技公司、天成公司主体是否适格

首先，上诉人北京创联公司主张涉案文章为非法翻译作品。对此，本院认为，翻译作品保护的是对语言文字符号的转换，即使未经已有作品著作权人许可，翻译作品作者亦对翻译作品享有著作权，可以阻止他人未经许可利用该翻译作品。故本案中，涉案两篇文章是否经过原作品著作权人许可而翻译不影响两被上诉人基于翻译作品的著作权提起侵权诉讼。

其次，根据2010年修正的《中华人民共和国著作权法》的规定，著作权属于作者，如无相反证明，在作品上署名的公民、法人或者其他组织为作者。根据2020年修正的《最高人民法院关于审理著作权民事纠纷案件适用法律若干问题的解释》，当事人提供的涉及著作权的著作权登记证书、底稿、公证书、合法出版物、取得权利的合同等，在无相反证据的情况下，可以作为认定作品的著作权的证据。本案中，当事人提交的证据显示，两篇涉案文章发表在"医脉通"网站，该网站运营主体为北京科技公司，两篇涉案文章均在文头部分标注"来源：医脉通""医脉通编译整理，未经授权请勿转载"；在文章尾部注明"本网站所有内容，凡注明来源'医脉通'，版权均归医脉通所

---

① 对应现行《中华人民共和国著作权法》第十条第一款第十二项，内容有修改，本书下同。

② 对应现行《中华人民共和国著作权法》第十一条，内容有修改，本书下同。

有，未经授权，任何媒体、网站或个人不得转载，否则将追究法律责任，授权转载时需注明'来源：医脉通'"。结合上述证据，在无相反证据的情况下，可以认定涉案两篇文章的著作权属北京科技公司所有。北京科技公司通过与天成公司签订授权书的方式将涉案作品专有许可给天成公司使用。北京创联公司认为涉案作品不属于授权书中约定的法人作品，但根据对该授权合同约定内容的整体解释，结合涉案作品明确署名"来源：医脉通""版权归医脉通所有"，且授权合同双方均认可涉案作品属于授权书中约定的著作权归北京科技公司所有的法人作品，故在无相反证据的前提下，可以认定天成公司经授权获得涉案作品专有许可使用权。北京科技公司、天成公司作为著作权人和专有许可使用人共同提起著作权侵权诉讼，具备主体资格。一审判决中亦明确认定："根据涉案作品的署名和发表情况、北京科技公司与天成公司签订的授权书，在无相反证据的情况下，认定天成公司经授权取得了涉案作品的专有许可使用权、维权的权利和获得赔偿的权利，有权提起本案诉讼。"故一审法院不存在漏审，北京创联公司关于一审法院漏审且北京科技公司、天成公司不享有涉案作品著作权的主张，缺乏事实及法律依据，本院不予支持。

二、一审判赔数额是否合理

2010年修正的《中华人民共和国著作权法》的规定："侵犯著作权或者与著作权有关的权利的，侵权人应当按照权利人的实际损失给予赔偿；实际损失难以计算的，可以按照侵权人的违法所得给予赔偿。赔偿数额还应当包括权利人为制止侵权行为所支付的合理开支。权利人的实际损失或者侵权人的违法所得不能确定的，由人民法院根据侵权行为的情节，判决给予五十万元以下的赔偿。"本案中，在当事人均未举证证明权利人的损失、侵权人的获利的情况下，一审法院综合考虑涉案作品类型、独创性程度、侵权字数、主观过错等因素，酌定赔偿数额为900元，属合理范围，并无不当。上诉人关于一审判赔数额不合理的主张，本院不予支持。

综上，北京某创联有限公司的上诉请求不能成立，应予驳回，一审判决认定事实清楚，适用法律正确，应予维持。依照《中华人民共和国民事诉讼法》① 第一百七十七条第一款第一项之规定，判决如下：

驳回上诉，维持原判。

## ▶ 案情解析

本案是一起侵害著作权纠纷案件，该案件争议的焦点主要集中在以下几点：一是涉案作品是否属于法人作品，两原告享有什么诉权；二是未经原始著作权人许可的翻译作品著作权是否应受到保护；三是被告应当承担什么侵权责任。

一、涉案作品是否为法人作品

现行《中华人民共和国著作权法》第十一条第三款规定："由法人或者非法人组织主持，代表法人或者非法人组织意志创作，并由法人或者非法人组织承担责任的作品，法人或者非法人组织视为作者。"第十二条第一款规定："在作品上署名的自然人、法人或者非法人组织为作者，且该作品上存在相应权利，但有相反证明的除外。"

本案中，北京创联公司认为涉案作品不属于授权书中约定的法人作品，但根据对该授权合同约定内容的整体解释，结合涉案作品明确署名"来源：医脉通""版权归医脉通所有"，且授权合同双方均认可涉案作品属于授权书中约定的著作权归北京科技公司所有的法人作品，该作品从署名情况及承担法律责任主体方面，均指向北京科技公司，故在无相反证据的前提下，可以认定该作品为法人作品，北京科技公司享有著作权。

二、未经原始著作权人许可的翻译作品著作权保护范围

现行《中华人民共和国著作权法》第十三条规定："改编、翻译、注释、整理已有作品而产生的作品，其著作权由改编、翻译、注释、整理人享有，但行使著作权时不得侵犯原作品的著作权。"

本案中，涉案两篇文章系对在先作品的翻译成果，并非原创作品，但翻译已有作品而产生的作品，翻译人享有翻译作品的著作权，行使著作权时不得侵犯原作品的著作权。如果翻译作品未经相关著作权人的许可，是建立在

---

① 此处引用的《中华人民共和国民事诉讼法》为2021年修正本。

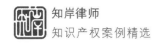

侵犯他人著作权的基础上的，存在权利上的瑕疵，但仍是创作活动的产物，本身有一定的原创性，仍属于受著作权法保护的作品。

鉴于现行《中华人民共和国著作权法》新增的第十六条对翻译已有作品"应当取得该作品的著作权人和原作品的著作权人许可"的规定，后续北京科技公司在组织相关人员翻译作品时，先获取原始著作权人许可，并支付报酬，更为稳妥。

三、被告应当承担的侵权责任

北京创联公司未经许可在其微信小程序大量转载了涉案作品的内容，是直接的侵权行为，侵犯了天成公司对于涉案作品享有的著作财产权，应承担停止侵权、赔偿损失的民事责任。

## 4. 临时创作组织作品权利的归属
——中国某出版传媒有限公司诉郑州某教育咨询有限公司侵害作品信息网络传播权纠纷案

### 裁判要旨

编委会等临时创作组织署名的作品，一般认定创作组织成员共同享有著作权，但有相反证据的除外。

### 关键词

著作权权属　编委会　创作组织

### 当事人

上诉人（一审被告）：郑州某教育咨询有限公司（以下简称"郑州教育公司"）

被上诉人（一审原告）：中国某出版传媒有限公司（以下简称"中国出版公司"）

### 一审诉请

中国出版公司向一审法院起诉称：郑州教育公司赔偿中国出版公司经济损失 862880 元。

### 案件事实

一、涉案图书的著作权归属情况

涉案图书均系 2017 年 5 月中国出版公司出版，署名"全国一级建造师执

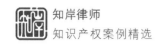

业资格考试用书编写委员会编写",2017年5月第1版,编写委员会包括14位成员。

2017年4月12日,中国出版公司(乙方)与《全国一级建造师执业资格考试用书》编写委员会(甲方)签订了《〈全国一级建造师执业资格考试用书〉合作出版协议书》(以下简称协议书),协议书约定:甲方每年按照双方约定时间将包含涉案图书在内的14本考试用书书稿交给乙方,乙方负责图书的三审、三校,并在双方约定时间内完成图书的出版工作,保证图书的印刷质量;14本考试用书的著作权归甲方所有,甲方授权乙方在本合同有效期内享有14本考试用书的专有出版权,甲方同时将14本考试用书的信息网络传播权独家授权给乙方专有行使;双方有责任维护14本考试用书的著作权和专有出版权,每册图书均贴有防伪标贴及增值服务码,以严厉打击任何形式的盗版行为;甲方授权乙方以乙方自己的名义全权代表甲方开展14本考试用书的著作权维权工作,包括针对14本考试用书的任何侵权行为独立提起行政投诉和法律诉讼;本合同在双方签字或盖章后生效,有效期5年,本合同适用于有效期内出版的不同年版同名书。协议落款处包含有前述涉案图书编写委员会14名成员的签字。

郑州教育公司对上述证据的形式真实性无异议,但否认中国出版公司享有涉案图书的独占信息网络传播权,理由如下:1.涉案图书编写委员会成员共14名,但协议书中签名人数为16人,故其无法核实编委会成员签字及签字时间的真实性。2.协议书中并未明确授权2017年版的图书,且即使有授权,协议书也仅是涉案图书编写委员会与中国出版公司之间的合同约定,不能对抗第三人。3.协议书未将涉案图书的信息网络传播权转让给中国出版公司,因此,中国出版公司在没有著作权实体权利的情况下,无权以自己的名义单独起诉维权。中国出版公司称协议书为涉案图书出版前签订,签订时编委会成员为16人,涉案图书中载明的14名编委会成员已经全部在协议书上签字,另外2人不曾参与涉案图书的创作。

二、中国出版公司主张郑州教育公司存在的侵权行为

2018年5月26日,经中国出版公司申请,北京市某公证处使用公证处已经连接至互联网的电脑对浏览相关网页情况进行证据保全,据此作出的

(2018)京某内民证字第 654 号公证书（以下简称第 654 号公证书）记载：启动 IE 浏览器并删除历史浏览记录。在浏览器地址栏中输入 www.miitbeian.gov.cn 进行搜索，进入 ICP/IP 地址/域名信息备案管理系统，对涉案域名进行备案查询，显示该网站主办单位为郑州教育公司。进入该网站，首页左上角显示网站名称为"匠人教育网"，首页包含"招生简章""资讯中心""学员通知""近期报考"等多个栏目，点击进入"学员通知"栏目，在第二页中选择标题为"2017 年一建新版电子书下载入口"的通知，进入的页面显示有被诉 8 本图书的下载入口。标题下方标注来源为涉案网站，编辑为匠人教育，发布时间为 2017 年 5 月 26 日，访问次数为 7919。点击其中一本图书的下载选项，直接跳转至包含有该图书 PDF 文件的百度网盘，文件下方显示时间为 2017 年 5 月 26 日，失效时间为永久有效，点击其中的下载选项，在页面底部弹出的选项窗口中点击"保存"，将上述文件另存在本地 E 盘的文件夹中，显示可以完整下载该图书文件。返回涉案网站下载入口页面，采用同样的操作步骤依次点击其他 7 本被诉图书进行下载，均显示跳转至包含 7 个被诉图书文件的百度网盘，文件下方均显示时间为 2017 年 5 月 26 日，失效时间为永久有效，依次点击对应文件中的下载选项，将文件另存在本地 E 盘的文件夹中，7 个被诉图书文件均可完整下载。公证书还记载，上述公证过程屏幕录像及下载的文件均刻录在光盘中附于第 654 号公证书后，刻录至光盘的文件内容均系现场操作过程中实时录制及下载所得。经当庭勘验，光盘中保存的文件均可正常浏览，与涉案图书内容一致。据此，中国出版公司主张郑州教育公司未经许可在其经营的网站中提供涉案图书，使用户可下载获得涉案图书电子版，构成直接侵权。中国出版公司还主张，即使法院认为前述行为不构成直接侵权，郑州教育公司的行为也构成帮助侵权。

郑州教育公司认可上述公证书及公证光盘的真实性，亦认可其经营的网站中存在被诉图书的百度网盘下载链接，通过下载链接可以在百度网盘中下载被诉图书，同时其认可公证光盘中保存的 8 个文件内容与涉案图书内容的一致性，但其表示：1. 公证过程显示，虽涉案网站的下载链接可下载被诉图书，但保存到本地 E 盘中的文件仅有文件名，公证中并未打开具体文件查看文件内容，无法证明文件内容；2. 公证保存的文件名称与涉案图书的名称不

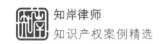

一致,其了解到市场上还存在很多同名书籍,故不能证明涉案网站下载的被诉图书就是涉案图书。经询,郑州教育公司认可涉案网站中百度网盘的相关内容系其公司员工上传,且其无在网络中传播相关书籍的授权,由于相关链接已经删除,其无法核实其上传文件的具体内容。

三、其他

庭审中,郑州教育公司表示涉案图书均是法律法规或技术规范,独创性低,并提交了2017年、2018年版涉案同名图书,据此认为2018年版的建造师考试用书已经出版,2017年版的涉案图书已经没有任何价值,郑州教育公司未从被诉图书下载中获取任何利益。另,郑州教育公司还表示,其网站规模小,注册资金仅为10万元,未从涉案图书中获得经济利益,并提交了其公司的营业执照、审计报告及2017年度的利润表。郑州教育公司还表示,中国出版公司在其他案件中已经获取了高额的赔偿金,应整体考虑其经济损失,并提交了无讼网的查询结果页面。中国出版公司认可上述证据的真实性,但表示上述证据均与本案无关。

另,郑州教育公司表示其接到起诉状后停止了涉案行为,中国出版公司认可涉案行为已经停止。双方均确认涉案网站系免费提供被诉图书的下载服务。

## ▶ 二审诉请

郑州教育公司上诉请求:撤销一审判决第一项或者裁定发回重审。

## ▶ 案件事实

二审期间,双方均未提交新的证据。二审法院对一审法院查明的事实予以确认。

## ▶ 裁判意见

一审法院认为:

如无相反证明,在作品上署名的公民、法人或者其他组织视为作者,当事人提供的著作权登记证书、底稿、合法出版物、取得权利的合同等，可以作为认定作品著作权的证据。本案中，涉案图书的署名为"全国一级建造师执业资格考试用书编写委员会"，该编委会 14 名全体成员与中国出版公司签订协议书，授权中国出版公司取得包含涉案图书在内图书的信息网络传播权专有使用权以及以自身名义维权之权利，该权利尚处于有效期内，中国出版公司有权以自己的名义对侵害涉案图书信息网络传播权的行为提起诉讼。郑州教育公司辩称协议书中并未明确授权图书的版本，对此一审法院认为，协议书明确约定"本合同适用于有效期内出版的不同年版同名图书"且协议书签署于 2017 年 4 月 12 日，可以确认涉案图书包含在协议书的授权范围内。至于郑州教育公司提出协议书仅对合同双方发生效力，诉权不能通过合同授权等抗辩理由，一审法院认为，著作权人有权将其享有的著作财产权许可他人行使，对于著作权人将专有使用权授予他人，对于发生在专有使用权范围内的侵权行为，专有使用权人可以单独起诉。本案中，涉案图书的编写委员会将涉案图书的独占性信息网络传播权授予中国出版公司，中国出版公司有权以自己的名义提起本案诉讼，郑州教育公司的抗辩意见，无事实和法律依据，一审法院不予采信。

本案中，根据中国出版公司提交的公证书及公证光盘，可以确认郑州教育公司在其运营的匠人教育网中提供与涉案图书内容一致的被诉图书下载服务，使公众可以在其个人选定的时间或地点获得涉案图书，侵害了中国出版公司享有的信息网络传播权。郑州教育公司应承担相应的法律责任。关于郑州教育公司辩称公证过程未浏览被诉图书内容，下载文件的文件名称与涉案图书名称不一致，故无法证明其网站所提供的被诉图书与涉案图书内容的一致性，一审法院认为，公证书载明公证过程的屏幕录像视频文件及下载文件均刻录在公证书后附光盘中，刻录至光盘的文件内容均系现场操作过程中实时录制及下载所得，而郑州教育公司亦认可该公证光盘中保存文件内容与涉案图书内容的一致性，在其未提交任何相反证据证明其所提供的被诉图书内容与涉案图书内容不一致，且亦认可涉案公证书真实性的情况下，一审法院对其抗辩不予采信。

中国出版公司要求郑州教育公司赔偿经济损失的诉讼请求，理由正当，

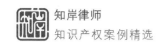

一审法院予以支持。对于具体的赔偿数额，鉴于中国出版公司未提交证据证明其实际损失或郑州教育公司的违法所得，一审法院综合考虑以下内容：第一，涉案图书是建造师执业资格考试专用辅导书，具有一定市场价值；第二，涉案图书的首次出版时间为2017年5月，郑州教育公司在2017年5月26日即免费提供被诉图书的下载服务，影响中国出版公司涉案图书发行收益的可能性很大；第三，现有证据未显示涉案图书具有较高的下载量。综合上述因素，一审法院对经济损失赔偿额酌情予以确定。中国出版公司主张的赔偿数额过高，一审法院不再全部支持。

综上，一审法院依照《中华人民共和国著作权法》第十条第一款第十二项、第四十八条第一项、第四十九条之规定，判决：

一、判决生效之日起十日内，郑州某教育咨询有限公司赔偿中国某出版传媒有限公司经济损失160000元；

二、驳回中国某出版传媒有限公司的其他诉讼请求。

**二审法院认为：**

综合双方当事人的诉辩主张，本案的争议焦点主要有三：一是中国出版公司是否是本案的适格原告；二是郑州教育公司的涉案行为是否构成侵权；三是一审法院对侵权损害赔偿数额的判定是否合理。

一、关于中国出版公司是否是本案的适格原告的问题

《中华人民共和国著作权法》第十一条[①]规定："著作权属于作者，本法另有规定的除外。创作作品的公民是作者。由法人或者其他组织主持，代表法人或者其他组织意志创作，并由法人或者其他组织承担责任的作品，法人或者其他组织视为作者。如无相反证明，在作品上署名的公民、法人或其他组

---

① 对应现行《中华人民共和国著作权法》第十一条第一款规定："著作权属于作者，本法另有规定的除外。"第二款规定："创作作品的自然人是作者。"第三款规定："由法人或者非法人组织主持，代表法人或者非法人组织意志创作，并由法人或者非法人组织承担责任的作品，法人或者非法人组织视为作者。"第十二条第一款规定："在作品上署名的自然人、法人或者非法人组织为作者，且该作品上存在相应权利，但有相反证明的除外。"本书下同。

织为作者。"《最高人民法院关于审理著作权民事纠纷案件适用法律若干问题的解释》第七条①规定:"当事人提供的涉及著作权的底稿、原件、合法出版物、著作权登记证书、认证机构出具的证明、取得权利的合同等,可以作为证据。在作品或者制品上署名的自然人、法人或者其他组织视为著作权、与著作权有关权益的权利人,但有相反证明的除外。"所谓在作品上署名,并非仅指将作者姓名或者名称书写在作品之上,而是指根据作品的性质及使用方式确定的足以表明作者身份的合理方式。综上所述,如无相反证明,在图书上署名的公民、法人或者其他组织视为作者,当事人提供的著作权登记证书、底稿、合法出版物、取得权利的合同等,可以作为认定图书著作权的证据。

本案中中国出版公司提交的涉案作品的署名为编委会,在无相反证据的情况下,一审法院确认编委会为涉案作品的著作权人正确,二审法院予以确认。中国出版公司后经编委会全体成员共同授权,一审法院据此认定其获得涉案作品的信息网络传播权专有使用权,是本案适格原告并无不当,二审法院予以确认。郑州教育公司提出的协议书中并未明确授权图书版本的上诉主张,二审法院注意到,协议书明确约定"本合同适用于有效期内出版的不同年版同名图书"且协议书签署于 2017 年 4 月 12 日,可以确认涉案图书包含在协议书的授权范围内。至于郑州教育公司上诉提出协议书仅对合同双方发生效力,诉权不能通过合同授权等抗辩,二审法院认为,著作权人有权将其享有的著作财产权许可他人行使,对于著作权人将专有使用权授予他人后发生在专有使用权范围内的侵权行为,专有使用权人可以单独起诉。综上,郑州教育公司的上述上诉理由,缺乏事实和法律依据,二审法院不予支持。

二、关于郑州教育公司的涉案行为是否构成侵权的问题

本案中,根据中国出版公司提交的公证书及公证光盘,可以确认郑州教育公司在其运营的匠人教育网中提供与涉案图书内容一致的被诉图书下载服

---

① 对应现行《最高人民法院关于审理著作权民事纠纷案件适用法律若干问题的解释》第七条第一款规定:"当事人提供的涉及著作权的底稿、原件、合法出版物、著作权登记证书、认证机构出具的证明、取得权利的合同等,可以作为证据。"第二款规定:"在作品或者制品上署名的自然人、法人或者非法人组织视为著作权、与著作权有关权益的权利人,但有相反证明的除外。"本书下同。

务,使公众可以在其个人选定的时间或地点获得涉案图书,侵害了中国出版公司享有的信息网络传播权。郑州教育公司应承担相应的法律责任。关于郑州教育公司提出的无法证明公证光盘内容系公证电脑下载,中国出版公司应当承担举证不能的不利后果的上诉主张,二审法院认为,公证书载明公证过程的屏幕录像视频文件及下载文件均刻录在公证书后附光盘中,刻录至光盘的文件内容均系现场操作过程中实时录制及下载所得,而郑州教育公司亦认可该公证光盘中保存文件内容与涉案图书内容的一致性,在其未提交任何相反证据证明其所提供的被诉图书内容与涉案图书内容不一致,且亦认可涉案公证书真实性的情况下,二审法院对其该项上诉理由不予支持。

综上,一审法院认定郑州教育公司的涉案行为构成侵权,并应承担损害赔偿责任,于法有据,二审法院予以确认。

三、关于一审法院对侵权损害赔偿数额的判定是否合理的问题

《中华人民共和国著作权法》第二十八条①规定:"使用作品的付酬标准可以由当事人约定,也可以按照国务院著作权行政管理部门会同有关部门制定的付酬标准支付报酬。当事人约定不明确的,按照国务院著作权行政管理部门会同有关部门制定的付酬标准支付报酬。"第四十九条规定:"侵犯著作权或者与著作权有关的权利的,侵权人应当按照权利人的实际损失给予赔偿;实际损失难以计算的,可以按照侵权人的违法所得给予赔偿。赔偿数额还应当包括权利人为制止侵权行为所支付的合理开支。权利人的实际损失或者侵权人的违法所得不能确定的,由人民法院根据侵权行为的情节,判决给予五十万元以下的赔偿。"

本案中,双方当事人并未提交证据证明权利人的实际损失或者侵权人的违法所得,故应当依据法定赔偿标准确定赔偿数额。一审法院综合涉案图书的市场价值、受众范围,侵权行为的性质、侵权时间等因素,酌定赔偿标准并无不当,二审法院予以确认。

---

① 对应现行《中华人民共和国著作权法》第三十条规定:"使用作品的付酬标准可以由当事人约定,也可以按照国家著作权主管部门会同有关部门制定的付酬标准支付报酬。当事人约定不明确的,按照国家著作权主管部门会同有关部门制定的付酬标准支付报酬。"本书下同。

综上，一审判决认定事实清楚，适用法律正确，二审法院依法予以维持。郑州教育公司的上诉请求缺乏事实与法律依据，二审法院不予支持。依照《中华人民共和国民事诉讼法》第一百七十条第一款第一项之规定，判决如下：

驳回上诉，维持原判。

▶ **案情解析**

本案是一起侵害著作权纠纷案件，该案件争议的焦点主要集中在两点：一是临时创作组织创作作品的权属认定；二是被告应当承担的侵权责任。

一、临时创作组织创作作品的权属认定

现行《中华人民共和国著作权法》第十一条第三款规定："由法人或者非法人组织主持，代表法人或者非法人组织意志创作，并由法人或者非法人组织承担责任的作品，法人或者非法人组织视为作者。现行《最高人民法院关于审理著作权民事纠纷案件适用法律若干问题的解释》第七条第二款规定："在作品或者制品上署名的自然人、法人或者非法人组织视为著作权、与著作权有关权益的权利人，但有相反证明的除外。"本案中，中国出版公司提交的涉案作品上署名为编委会，在无相反证据的情况下，应当确认编委会为涉案作品的著作权人。

《北京市高级人民法院侵害著作权案件审理指南》第三章第四条规定："编委会等临时创作组织署名的作品，一般认定创作组织成员共同享有著作权，但有相反证据的除外。"本案中，涉案作品署名为编委会，编委会由14名成员组成，故涉案作品的著作权应当由14名编委会成员共同享有。

编委会人员将著作权专有许可给中国出版公司，中国出版公司享有涉案作品的专有出版权、信息网络传播权、维权权利，在侵权行为发生时，中国出版公司作为维权主体进行维权并无不当。

二、被告应当承担的侵权责任

现行《中华人民共和国著作权法》第十条第一款第十二项规定："著作权包括下列人身权和财产权：……（十二）信息网络传播权，即以有线或者无线方式向公众提供，使公众可以在其选定的时间和地点获得作品的权利……"

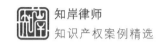

现行《最高人民法院关于审理侵害信息网络传播权民事纠纷案件适用法律若干问题的规定》第三条规定："网络用户、网络服务提供者未经许可，通过信息网络提供权利人享有信息网络传播权的作品、表演、录音录像制品，除法律、行政法规另有规定外，人民法院应当认定其构成侵害信息网络传播权行为。通过上传到网络服务器、设置共享文件或者利用文件分享软件等方式，将作品、表演、录音录像制品置于信息网络中，使公众能够在个人选定的时间和地点以下载、浏览或者其他方式获得的，人民法院应当认定其实施了前款规定的提供行为。"

本案中，郑州教育公司在其运营的匠人教育网中直接提供与涉案图书内容一致的被诉图书下载服务，使公众可以在其选定的时间或地点获得涉案图书，属于直接侵权，侵害了中国出版公司享有的信息网络传播权，应当承担侵权的民事责任。

## 5. 作品著作权登记证书仅为著作权权属的初步证据
——北京某影业有限公司与贺某、任某、北京某文化传媒有限公司等著作权权属纠纷案

### 裁判要旨

作品登记仅是为了证明自己享有著作权而进行的备案登记，在作品的创作人提出异议，作品署名与其作品登记证书中的著作权人不一致的情况下，不能仅凭作品登记证书来确定著作权归属。若主张该作品为法人作品还需提交证据证明该作品由公司主持，代表公司意志，否则不足以证明公司享有该作品的著作权。

### 关键词

侵害著作权　作品登记证书　法人作品　剧本　创作

### 当事人

原告：北京某影业有限公司（以下简称影业公司）
被告一：贺某
被告二：任某
被告三：北京某文化传媒有限公司（以下简称文化传媒公司）
被告四：北京某星云文化传播有限公司（以下简称星云文化公司）
被告五：北京某大地影视文化传媒有限公司（以下简称大地影视公司）

### 一审诉请

影业公司向一审法院起诉请求：（1）停止侵权，在侵权微博首页置顶位置、《中国青年报》首版显著位置均连续 30 天登载致歉声明并消除影响；

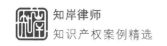

（2）赔偿原告经济损失及合理费用共计 100000 元。

## ▶ 案件事实

一审法院经审理查明：2016 年 7 月 12 日，影业公司对《绿帽侠》剧本进行著作权登记，作品登记证书中载明创作完成时间为 2015 年 9 月 20 日，作者和著作权人均为影业公司。

2016 年 6 月 28 日，影业公司的委托代理人来到北京市某公证处，申请对公司邮箱相关内容进行证据保全。进入影业公司法定代表人邓某的企业邮箱，可以看到 2015 年 10 月 21 日，邓某收到署名为宋某的人发来的邮件，内容为《绿帽侠》PPT，系对网络大电影《绿帽侠》的介绍。2015 年 11 月 6 日，贺某向邓某发送了《绿帽侠》第一稿文档，剧本署名为"编剧：贺某"。2015 年 11 月 7 日，邓某向何某和任某发送了网络电影《绿帽侠》联合投资合同，2015 年 11 月 7 日，邓某向毕某发送《绿帽侠》第一稿，2016 年 1 月 28 日，邓某为自己的邮箱发送了一封邮件，其中包含网络大电影《绿帽侠》编剧聘用合同，该合同并未在公证书中显示全部文本。2016 年 5 月 13 日，邓某给"编剧李某"发送邮件，称"剧本第一稿不行，仅供参考，期待你的人物小传和故事大纲"并同时发送了《绿帽侠》剧本的第一稿和 PPT。2016 年 5 月 25 日，邓某给自己的邮箱发送邮件，附件为"绿帽侠"，该文档中内容与《绿帽侠》剧本第一稿内容有所不同。上述内容由（2016）京某内民证字第 2600 号公证书记载。同日，影业公司对邓某的邮箱内容进行了公证保全，其中显示 2016 年 6 月 15 日，邓某向金某发送了《绿帽侠》第一稿，2015 年 11 月 16 日，邓某向贺某发送了《绿帽侠》第三稿，内容与第一稿内容不同。登录邓某的新浪微博，搜索任某，认证为文化传媒公司董事长，其在 2016 年 6 月 24 日发布微博称"由我司出品的爆笑喜剧电影《绿帽侠》今日在北京顺利开机！"上述内容由（2016）京某内民证字第 2601 号公证书记载。

为证明被告有侵权行为，原告提交（2016）京某内民证字第 2631 号公证书，其中显示任某的朋友圈曾发布状态"《绿帽侠》紧张有序拍摄中"，6 天前发布状态"电影《绿帽侠》开机大吉"。贺某的朋友圈状态中对《绿帽侠》进行了介绍：出品公司为文化传媒公司、星云文化公司、大地影视公司，制片人为任某、崔某,导演为贺某,其人物小传中的人物与《绿帽侠》剧本第一稿一致。贺某还发布状态称"申明:我是去年8月20号签约影业公司,当时公司一个员工没有,甚至地方都是租的,签的合同是项目经理合同,一个人干了十个人的活……绿帽侠等剧本编剧都是我本人,没有与任何公司有签署版权合同"。贺某与邓某的聊天记录显示,2016年1月30日,邓某称"贺某,下午四点有没有时间?有的话,到公司来签一下编剧合同吧,甲方写牦牛映画,资金一到账就先付你们全额的编剧费用"。

2015年9月14日,影业公司与贺某签订《劳动合同书》,约定贺某的工作岗位为文学部项目经理。2016年3月任某将其在影业公司的股权转让给邓某。

被告贺某为证明其在影业公司任文学部项目经理,涉案作品由其利用业余时间独立完成,与影业公司无关,其享有涉案《绿帽侠》剧本的完整著作权,向本院提交如下证据:1. 备案请示、摄制电影许可证(单片)申请书及国家新闻出版广电总局首页;2. 邓某微博截屏;3. 贺某与邓某微信聊天记录,显示自2015年7月30日至2015年12月22日,邓某交派贺某的工作多为事务性工作,未对《绿帽侠》剧本一事进行安排。4. 网站服务合同书,证明贺某作为联系人从事了公司网站建设等工作。庭审中,贺某称其不是编剧,编剧的话要签署其他的协议,其待遇跟编剧的标准差距很大,公司给他的工资是3000元每个月,没上社保,这不是一个编剧的正常工资;其正常九点钟上班,下午五点下班,《绿帽侠》剧本是七月份有的创意,八月份开始创作,九月份开始在下班的时间进行创作。原告称剧本是公司集体创作的,但是当时公司才三个人,其他人都没有参与创作。贺某称"邓某说你把剧本写好,我给你融资,拍成电影,后来他就把我的作品发给了李某,把我的名字隐去了,就说是公司的作品"。原告主张贺某是文学部项目经理,进行了《绿帽侠》剧本的创作,同时公司有几个人包括宋某也参与了创作,但对于具体的剧本创作情况和贺某与宋某的创作分工,原告表示不清楚。

影业公司为证明其诉讼支出,提交《委托代理协议》、公证费等相关合同及发票。

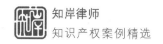

## ▶ 裁判意见

**法院认为：**

《中华人民共和国著作权法》第十一条规定："著作权属于作者……创作作品的公民是作者。由法人或者其他组织主持，代表法人或者其他组织意志创作，并由法人或者其他组织承担责任的作品，法人或者其他组织视为作者。如无相反证明，在作品上署名的公民、法人或者其他组织为作者。"

本案中，原告认为被告拍摄《绿帽侠》（以下简称《绿》）侵权，其原因为该剧的剧本著作权人系该公司，故本案是否构成侵权应当首先判断《绿》剧本的著作权人是否为影业公司。

从现有证据来看，无论从影业公司提交的其法定代表人与贺某及案外人发送的邮件中《绿》剧本署名还是从被告的打印文本中，《绿》剧本的署名均为贺某。《最高人民法院关于审理著作权民事纠纷案件适用法律若干问题的解释》第七条规定："当事人提供的涉及著作权的底稿、原件、合法出版物、著作权登记证书、认证机构出具的证明、取得权利的合同等，可以作为证据。"影业公司为证明其享有《绿》剧本的著作权，提交了作品登记证书，由于作品实行自愿登记制度，作品登记仅是为了证明自己享有著作权进行的备案登记，在五被告均对涉案剧本的权属提出异议的情况下，作品的创作人提出异议，作品署名与其作品登记证书中的著作权人不一致时，不能仅凭作品登记证书来确定著作权归属。

影业公司认为《绿》剧本系贺某入职后，在公司法定代表人已经存在的创作灵感和思路基础上进行的创作，应为原告法人作品，但庭审中原告无法明确说明该剧本的创作过程，根据《中华人民共和国著作权法》的规定，原告并无证据证明该作品由其公司主持，也无证据证明该作品代表其公司意志。在影业公司与贺某签订的劳动合同中，贺某仅作为公司的文艺部项目经理，贺某的工作任务仅为公司的杂务，并未涉及创作剧本事宜，对《绿》剧创作一事亦无相关的约定，双方亦未另行签订编剧合同。故本院对影业公司主张其享有《绿》剧本著作权的主张不予支持，现有证据不足以证明影业公司对《绿》剧本享有著作权，贺某并未侵犯其著作权，影业公司的主张与事实不符,于法无据,本院依法予以驳回。

综上,依据《中华人民共和国著作权法》第十一条之规定,判决如下:

驳回原告影业公司的全部诉讼请求。

### ▶ 案情解析

本案是一起著作权纠纷案件,该案件争议的焦点主要是《绿》剧本的著作权人是否为影业公司。

在我国,著作权采用自动保护原则,自作品创作完成之日起作者或其他著作权人享有著作权。著作权实行自愿登记,作品的登记机关对作品的审查仅限于审查申请是否符合形式要件,并不进行实质审查,作品登记的详细事项均由申请人自行填写。因此,作品著作权登记证书仅可以作为权利归属的初步证据,在著作权纠纷案件中,如当事人能够提供相反证据推翻该著作权登记,法院将根据双方提供的证据进行审理认定。

根据作品的权利归属主体不同,可以将作品分为个人作品、合作作品、法人作品、职务作品、委托作品。其中法人作品是指由法人主持,代表法人意志创作,并由法人承担责任的作品。法人作品的作者为特定法人,享有该作品的著作权。委托作品是指根据作者与某一个自然人或法人签订的委托合同创作的作品。委托合同对著作权有约定的,依据委托合同的约定确定著作权的归属;委托合同未作明确约定或者没有订立合同的,著作权属于受托人。

具体到本案,虽然原告提供了著作权登记证书,登记证书显示该作品为法人作品,作者和著作权人均为影业公司,但著作权登记证书仅可作为初步证据。根据贺某提供的证据,《绿》剧本并非法人作品,双方之间也不存在委托关系,涉案作品系贺某利用业余时间创作,应认定为个人作品。因此,原告影业公司并不享有《绿》剧本的著作权,《绿》剧本的著作权应归属于贺某,故贺某并未侵犯原告著作权。

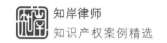

# 二、著作权侵权主体的确定

## 6. 工信部 ICP 备案与域名持有人不一致
—— 上海某信息科技有限公司与某星科技（上海）有限公司侵害作品信息网络传播权纠纷案

### 裁判要旨

已在工业和信息化部备案的网站信息具有公示效力，当域名注册人与其不同，而网站办理备案手续提供的域名证书又加盖备案主体公章的，认定该备案主体知晓涉案网站的存在，应视为其默许域名注册人将涉案网站备案在自己名下进行经营。

### 关键词

侵害著作权　ICP 备案　游戏　经营　共同侵权

### 当事人

上诉人（一审被告）：上海某信息科技有限公司（以下简称上海信息科技公司）

被上诉人（一审原告）：某星科技（上海）有限公司（以下简称星科技公司）

> **一审诉请**

星科技公司向一审法院起诉请求：（1）被告停止侵权；（2）被告赔偿原告经济损失人民币 60000 元（以下涉及币种均为人民币）。

> **案件事实**

涉案计算机单机游戏《仙剑奇侠传四》由原告制作完成，并于 2007 年 2 月 6 日进行了著作权登记。著作权登记证书上载明：证书编号为软著登字第×××号，软件名称为仙剑奇侠传四软件（简称：仙剑奇侠传四）V1.0，著作权人为原告，权利取得方式为原始取得，权利范围为全部权利，首次发表日期为 2006 年 12 月 1 日。该游戏软件由北京某电子出版社以光盘形式出版发行。在光盘彩封上显示有"制作：星科技公司有限公司""2007 SOFT-STAR TECHNOLOGY (SHANGHAI) CO.,LTD""建议零售价 69 元"等。

2011 年 6 月 13 日，原告委派其代理人向北京市某公证处申请对其从互联网网站上下载有关计算机游戏程序的过程现场监督，并对下载过程中取得的拷屏文件及下载所得计算机程序予以保全证据。同日，在该公证处公证员的监督下，在公证处的计算机上先登录 http：//www.miibeian.gov.cn/，进入工业和信息化部的 ICP/IP 地址/域名信息备案管理系统，先后点击"公共查询""备案信息查询"，在"网站域名"栏输入涉案网址，依次点击"提交""详细"后，点击页面上"网站首页网址"栏的涉案网址，进入相应页面，再依次点击"角色扮演""6""仙剑奇侠传 4""电信下载 1""保存"等按钮，同时将相应页面拷屏并将拷屏内容保存于与涉案网址同名的 Word 文档内。操作完成后，公证员将 Word 文档打印作为公证书所附文件，将现场下载所得文件刻录保存至光盘内。同年 7 月 30 日，该公证处对此出具了（2011）京某内经证字第 11028 号公证书。该公证书所附的页面拷屏内容文件显示：1. 网站域名在工业和信息化部的 ICP/IP 地址/域名信息备案管理系统中的备案信息为：主办单位和ICP备案主体均为被告，备案/许可证号为沪ICP备×××号，网站备案/许可证号为沪ICP备×××号-1，审核时间为2010年10月15日，网站负责人为万某；2. 涉案网站上有"角色扮演""动作冒险""赛车竞速"等多个栏目分类，并显示有"2008年—2010年单机游戏下载 All Rights Reserved 备案编号沪ICP备×××号-1"；3. 涉案游戏所属栏目为"角色扮演"，下载次数：3234，解压密码：涉案域名，在该游戏的介绍中有游戏的名称和部分画面，并有"由原版制作而成，没有删减任何动画、音乐""解压后执行 PAL4.exe 即可开始游戏""开发公司：星科技公司""上市日期：07.8.1""零售价格：标准版69元"等表述。经本院当庭对公证书所附光盘进行拆封、演示，上述下载的游戏在本地计算机上经过解压缩后可以正常使用。

被告成立于2007年8月22日，经营范围包括计算机、信息技术、网络科技领域内的技术开发、技术转让、技术咨询和技术服务，计算机软硬件开发和销售，等等。黄某系被告员工，2006年被告未成立时其已经在筹建团队中工作，一直工作至今，并在被告成立后一年左右开始担任被告的网络运维总监。中国E动网上载明的信息以及由该网制作并颁发的《顶级国际域名证书》显示，域名的注册人为黄某，注册时间为2006年12月24日。黄某作为本案被告的委托代理人参加诉讼，并表示涉案网站与被告无关，其当时注册域名的用途是其本人想建立单机游戏网站；2010年6月左右，其为了将该网站的服务器托管到被告公司服务器所在的电信机房，将域名证书的注册人通过PS技术处理为被告，并加盖了被告的公章，办理了涉案网站的备案手续；该域名的维护费用和服务器托管费用均由其个人承担，涉案网站的广告收益也由其收取。

庭审中，本院当庭登录工业和信息化部的ICP/IP地址/域名信息备案管理系统，经查询，涉案网站已变更备案至黄某名下，审核时间为2012年2月15日。

另查明：被告在工业和信息化部还有其他备案的网站，该网站的备案信息显示，主办单位和ICP备案主体均为被告，备案/许可证号同样为沪ICP备×××号，网站备案/许可证号为沪ICP备×××号-5，网站负责人为万某。

庭审中，被告确认该网站系由被告经营，并用于运营网络游戏，万某是被告的员工，万某也协助黄某处理公司网站备案等相关工作。

原告对于被告与黄某所称涉案网站与被告无关不予认可，坚持认为涉案网站由被告经营，并表示如果法院认为被告与黄某构成共同侵权，原告仍不要求在本案中追加黄某为共同被告追究其责任，被告承担责任后，可以再向黄某主张。

上述事实，由原告提供的涉案游戏光盘、（2011）沪某证经字第2681号公证书（内容为涉案游戏的计算机软件著作权登记证书）、（2011）京某内经证字第11028号公证书，被告提供的中国E动网网页打印件、《顶级国际域名证书》，原、被告均提供的工业和信息化部ICP/IP地址/域名备案信息等证据以及本院谈话笔录、听证笔录、质证笔录、庭审笔录等证实，本院予以确认。

## ▶ 二审诉请

上诉人上海信息科技公司向二审法院上诉请求：撤销原审判决，改判驳回星科技公司在原审中提出的全部诉讼请求。

## ▶ 案件事实

二审法院经审理查明的事实与原审法院相同。

## ▶ 裁判意见

**一审法院认为：**

一、关于原告权利人的身份

根据《最高人民法院关于审理著作权民事纠纷案件适用法律若干问题的解释》（以下简称《著作权司法解释》）第七条的规定，当事人提供的涉及著作权的合法出版物、著作权登记证书等，可以作为证据。著作权属于作者，根据《著作权司法解释》第七条，在作品或者制品上署名的自然人、法人或者其他组织视为著作权、与著作权有关权益的权利人，但有相反证明的除外。本案中，根据涉案游戏光盘彩封上的署名、版权声明以及著作权登记证书上载明的内容，可以确认原告系涉案游戏的著作权人，其享有涉案游戏的信息网络传播权。被告对原告权利人的身份提出异议，但没有提供相反的证据予以证明，本院不予采信。

二、关于涉案网站的经营者和责任承担者

原告主张涉案网站的经营者为被告，相应的责任应由被告承担。被告则辩称涉案网站系其员工黄某个人所有，与其无关，不应由其承担责任。本院认为：1. 在工业和信息化部备案的网站信息具有公示效力，该备案信息中涉案网站的主办单位为被告，而且原告提供的公证书所附涉案网站的相关页面也显示，涉案网站权利保留声明中指向的网站备案编号沪ICP备×××号-1，与该网站备案信息中公示的内容一致；被告经营的其他网站运营的也是游戏业务，该网站备案信息中显示的备案编号为沪ICP备×××号-5，与涉案网站属同一备案/许可证号项下，因此，对于网络用户而言，上述公示的内容已能够使其认为被告系涉案网站的经营者；被告称原告提供的公证书存在公证程序不完善等问题，但未提供相反的证据予以证明，本院认定该公证书合法有效；2. 涉案网站域名的注册人为黄某，其自认涉案网站系其所有，但从本案查明的情况看，该网站办理备案手续时提供的域名证书加盖了被告的公章，而且备案在被告名下的还有如前所述的编号为沪ICP备×××号-5的其他网站，被告也确认备案信息中显示的网站负责人万某也协助黄某处理公司网站备案等相关工作，故本院有理由认为被告知晓涉案网站的存在，但被告在涉讼前并未对此采取任何措施，应视为被告默许黄某将涉案网站备案在被告名下进行经营。综合上述因素，本院认定涉案网站由被告和黄某共同经营。被告和黄某未经原告许可，在其经营的网站上向不特定的公众提供涉案游戏的下载服务，侵犯了原告对涉案游戏享有的信息网络传播权。对于该侵权行为所产生的损害后果应由被告和黄某承担连带责任。现涉案网站虽然已变更备案至黄某名下，但不能对抗之前的行为，不影响本案责任的承担。本案审理中原告明确表示如果法院认为被告与黄某构成共同侵权，其仍仅要求被告承担责任，不要求在本案中追加黄某为共同被告追究其责任，此系原告自行处分其民事权利和诉讼权利，符合法律规定，并无不当，可予准许。

三、关于被告应承担的民事责任

被告侵犯了原告对涉案游戏享有的信息网络传播权,依法应当承担停止侵权、赔偿损失等相应的民事责任。关于停止侵权,被告称涉案网站已经关闭,但原告认为网站关闭不代表网站服务器上已经删除了上传的涉案游戏,故请求法院判决被告停止侵权,对此本院予以支持。关于被告赔偿损失的数额,鉴于被告因侵权获得利益及原告因被侵权所受损失均难以确定,本院综合考虑涉案游戏的类型、首次发表时间、知名度、销售价格、被告侵权行为的性质、情节、持续时间等予以酌情确定。

综上,依照《中华人民共和国侵权责任法》第八条①、第十三条②,《中华人民共和国著作权法》第十条第一款第十二项、第十一条第一款、第十一条第四款、第四十八条第一项、第四十九条,《中华人民共和国民事诉讼法》第十三条③,《最高人民法院关于审理著作权民事纠纷案件适用法律若干问题的解释》第七条、第二十五条第一款④、第二十五条第二款⑤之规定,判决如下:

一、被告上海信息科技公司应于本判决生效之日起立即停止侵害原告星科技公司对计算机单机游戏《仙剑奇侠传四》享有的信息网络传播权;

二、被告上海信息科技公司应于本判决生效之日起十日内赔偿原告星科技公司经济损失人民币 20000 元。

**二审法院认为:**

一、关于本案的诉讼主体资格及侵权认定问题。首先,关于星科技公司是否是适格的原告。根据星科技公司提交的涉案游戏光盘彩封上的署名、版

---

① 对应现行《中华人民共和国民法典》第一千一百六十八条,本书下同。
② 对应现行《中华人民共和国民法典》第一百七十八条,内容有修改,本书下同。
③ 对应现行《中华人民共和国民事诉讼法》第十三条,内容有修改,本书下同。
④ 对应现行《最高人民法院关于审理著作权民事纠纷案件适用法律若干问题的解释》第二十五条第一款,内容有所修改,本书下同。
⑤ 对应现行《最高人民法院关于审理著作权民事纠纷案件适用法律若干问题的解释》第二十五条第二款,本书下同。

权声明以及著作权登记证书上载明的内容，均表明星科技公司系涉案游戏的著作权人，上海信息科技公司虽然对星科技公司权利人的身份提出异议，但没有提供相反的证据予以证明，原审判决据此认定星科技公司享有涉案游戏的信息网络传播权并无不当，因此，星科技公司有权主张相关权利，是适格的原告。其次，关于上海信息科技公司是否是适格的被告。现有证据表明，被控侵权网站的 ICP 网站备案证主体系上海信息科技公司，星科技公司发现该网站涉嫌侵权，有权对上海信息科技公司提起诉讼，因此上海信息科技公司系适格的被告。第三，关于上海信息科技公司是否是涉案网站的经营者的问题。鉴于被控侵权网站的 ICP 网站备案证主体系上海信息科技公司，虽然上海信息科技公司辩称涉案网站实际由案外人黄某和杨某建立并运营，上海信息科技公司在涉诉前并不知晓涉案网站的存在，但不能据此否认上海信息科技公司系该网站的经营者。

二、关于上海信息科技公司与黄某是否构成共同侵权的问题。星科技公司主张涉案网站的经营者为上海信息科技公司，相应的责任应由上海信息科技公司承担。上海信息科技公司则辩称涉案网站系其员工黄某个人所有，与其无关，不应由上海信息科技公司承担责任。工业和信息化部备案的网站信息具有公示效力，案涉网站的相关页面显示指向的网站备案编号与该网站备案信息中公示的内容一致，且上海信息科技公司经营的其他网站也是游戏业务，足以使公众认定其为涉案网络经营者。此外，涉案网站域名的注册人为黄某，上海信息科技公司认为涉案网站系黄某所有，但鉴于该网站办理备案手续时提供的域名证书加盖了上海信息科技公司的公章，而且备案在上海信息科技公司名下的还有如前所述的编号为 5 的其他网站，上海信息科技公司也确认备案信息中显示的网站负责人万某也协助黄某处理公司网站备案等相关工作，应视为上海信息科技公司默许黄某将涉案网站备案在其名下进行经营。综合上述因素，原审判决认定涉案网站由上海信息科技公司和黄某共同经营并无不当。星科技公司据此选择追究上海信息科技公司的侵权责任于法有据。但鉴于黄某并非本案当事人，星科技公司也未向黄某追究侵权责任，因此原审判决认定上海信息科技公司与黄某构成共同侵权并无必要。

关于原审判决适用法定赔偿是否符合法律规定的问题。《中华人民共和国著作权法》第四十九条第二款①规定："权利人的实际损失或者侵权人的违法所得不能确定的，由人民法院根据侵权行为的情节，判决给予五十万元以下的赔偿。"本案中，鉴于上海信息科技公司因侵权获得利益及星科技公司因被侵权所受损失均难以确定，原审判决综合考虑涉案游戏的类型、首次发表时间、知名度、销售价格，上海信息科技公司侵权行为的性质、情节、持续时间等因素酌情确定上海信息科技公司赔偿星科技公司经济损失人民币20000元并无不当。

综上所述，原审认定事实清楚，适用法律正确，判决并无不当。据此，依照《中华人民共和国民事诉讼法》②第一百五十三条第一款第一项③和第一百五十八条④之规定，判决如下：

驳回上诉，维持原判。

## ▶ 案情解析

本案是一起侵害作品信息网络传播权纠纷案件，该案件的争议焦点主要集中在上海信息科技公司是否为网站经营者，是否构成侵权。

首先，实务中，很多侵权主体为了规避法律责任，在侵权后转让相关侵权载体、改变相关侵权主体，从而给权利人维权过程中追根溯源造成困难。本案存在工信部ICP备案与域名持有人不一致的情形，那么在这种情况下应如何认定网站的实际经营者？工信部ICP备案具有公示效力，据此可以认定网站实际经营者系备案信息显示的主体，但同时还需要结合其他在案证据进行综合分析。本案中，在备案信息显示为上海信息技术公司的前提下，虽然

---

① 对应现行《中华人民共和国著作权法》第五十四条第二款规定："权利人的实际损失、侵权人的违法所得、权利使用费难以计算的，由人民法院根据侵权行为的情节，判决给予五百元以上五百万元以下的赔偿。"本书下同。
② 此处引用的《中华人民共和国民事诉讼法》为2007年修正本。
③ 对应现行《中华人民共和国民事诉讼法》第一百七十七条第一款第一项，本书下同。
④ 对应现行《中华人民共和国民事诉讼法》第一百八十二条，本书下同。

域名持有人为黄某，但结合涉案网站页面声明、被告经营的其他网站备案号、网站内容及工作人员工作协调等证据进行综合分析，可以看出上海信息科技公司具有明显的规避法律责任的故意，其在实施侵权行为后，为了规避法律责任将网站备案变更至自然人黄某名下，而后声称该侵权责任与其无关。然而，侵权者即使变更了其作为侵权载体的网站的备案，也不能成为其实施侵权行为后规避责任的理由，如允许该行为的发生，则该行为将成为侵权者不承担侵权责任的合法途径，损害著作权人的合法权益。因此，上海信息科技公司仍应为涉案网站的经营者，系侵权行为实施的主体，应承担相应的法律责任。

其次，在明确网站经营者为上海信息科技公司的基础上，上海信息科技公司未经原告允许，在其经营的网站上传涉案单机游戏供公众下载，侵犯了原告享有的信息网络传播权，应承担侵权赔偿责任。

## 7. 工信部 ICP 备案网站跳转个人网站

——某天堂电子科技（北京）有限公司与武汉某科技有限公司侵害计算机软件著作权纠纷案

### 裁判要旨

网站主体未能就工信部查询页显示的网站直接跳转至第三方网站作出合理解释，也未就其所主张的该跳转系他人采取网页劫持或其他技术手段导致提交相应证据，应当承担不利后果。

### 关键词

著作权侵权　网站　下载　游戏　共同侵权

### 当事人

上诉人（一审被告）：武汉某科技有限公司（以下简称武汉科技公司）

被上诉人（一审原告）：某天堂电子科技（北京）有限公司（以下简称天堂电子科技）

### 一审诉请

天堂电子科技向一审法院起诉请求：（1）判令武汉科技公司立即停止侵权；（2）判令武汉科技公司赔偿经济损失 30000 元。

### 案件事实

涉案游戏作品封底有"制作某科技事业股份有限公司，策划北京某软件有限公司，总经销天堂电子科技，出版北京某电子出版社，2005 某科技事业

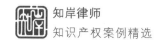

股份有限公司拥有本产品之著作权"的记载。

某科技事业股份有限公司（以下简称科技事业公司）后更名为弘力公司。

2015年11月1日，弘力公司出具授权委托书，授权内容为将包括涉案游戏在内的游戏的信息网络传播权、复制发行权等著作权及相关权利独家授权给天堂电子科技，天堂电子科技拥有对所涉及的知识产权的侵权行为，包括但不限于针对互联网的下载、传播、各种形式的使用；网吧（包含单机、局域网等情形）的各种形式的使用、传播；盗版等进行维权的权利，天堂电子科技有权以自己的名义在授权范围内行使上述权利，比如申请证据保全，进行行政投诉，提起民事、行政诉讼以及后续上诉、申请执行等。授权区域为中国大陆地区（不含港澳台地区）。授权性质为弘力公司独家授权天堂电子科技以上所有权利，天堂电子科技需经弘力公司同意后方可将此权利转授予第三方（此第三方仅限于中国大陆地区律师及律师事务所）。授权期限为五年（2015年11月1日起至2020年11月1日止）。授权方对于包括涉案游戏在内的游戏享有的著作权等知识产权以及通过本授权书进行的授权是合法有效没有争议的，本授权有溯及既往的效力。

2016年3月30日，北京市某公证处作出了（2016）京某内经证字第6826号公证书。公证书显示：2016年1月17日，公证人员和天堂电子科技的委托代理人在北京市某公证处，使用公证处的一部台式计算机（该计算机安装有"屏幕录像专家V2014"软件并已经通过公证处网线、网口连接至互联网）进行证据保全操作。公证步骤显示对本台计算机上保存的有关浏览的历史记录等情况进行了删除。随后在该页面浏览界面的地址栏输入http://www.miibeian.gov.cn,进入工业和信息化部ICP/IP地址/域名信息备案管理系统，查询涉案域名的备案信息，输入验证码提交进入该页面，显示该域名的主办单位为武汉科技公司，网站名称为武汉科技公司，审核时间为2015-12-30。点击首页网址的超级链接，自动进入涉案网站的对应页面，点击页面下方的"鄂ICP备案鄂网文许字〔2014〕×××号"，出现"网络文化经营许可证"界面，显示单位名称与包括涉案网站在内的两个网站域名。在打开页面中的搜索栏中输入"风色幻想"进入相关页面，点击页面中的"科技事业公司风色幻想游戏下载"，进入相应页面，在"厂商下载"处点击后可找到涉案游戏。页面显示游戏封面和简介，并显示游戏类型：角色扮演，游戏厂商：科技事业公司，发售时间：2006年3月28日，更新时间：2010-10-25，在页面点击"江苏电信下载"，使用迅雷下载。

根据工业和信息化部 ICP/IP 地址/域名信息备案管理系统记载，涉案域名目前的主办单位名称为冯某，网站名称为飞翔商务网，网站首页为另一网址，审核时间为 2016-05-03。天堂电子科技认可 2016 年 5 月 3 日后武汉科技公司不再是涉案域名的实际经营者，对该日期之后的涉案网站上存在的侵权信息不承担责任。但天堂电子科技认为涉案游戏的开发成本及知名度较高，且玩家需求量大，故其关于侵权损害赔偿数额的主张有充分依据。

以上事实，有公证书、光盘封底封面、授权委托书、工业和信息化部 ICP/IP 地址/域名信息备案管理系统网页截图以及庭审笔录等在案佐证。

### ▶ 二审诉请

上诉人武汉科技公司向二审法院上诉请求：撤销原审判决，依法驳回天堂电子科技的起诉。

### ▶ 案件事实

二审法院经审理查明：武汉科技公司向一审法院提交的 ICP 备案查询网查询结果显示，涉案网站主办单位名称已变更，审核时间为 2017 年 8 月 14 日。对一审法院查明的其他事实予以确认。

### ▶ 裁判意见

**一审法院认为：**

《最高人民法院关于审理著作权民事纠纷案件适用法律若干问题的解释》第七条规定："当事人提供的涉及著作权的底稿、原件、合法出版物、著作权登记证书、认证机构出具的证明、取得权利的合同等，可以作为证据。在作品或者制品上署名的自然人、法人或者其他组织视为著作权、与著作权有关权益的权利人，但有相反证明的除外。"本案中，天堂电子科技提交了载明版权信息的光盘封面封底，在没有相反证据的情况下可以认定弘力公司是涉案游戏的著作权人。天堂电子科技根据弘力公司的授权书已经获得了涉案游戏的独家信息网络传播权，并有权对针对涉案游戏的侵权行为以自己的名义提起诉讼。

《中华人民共和国著作权法》第十条第一款第十二项①规定："著作权包括下列人身权和财产权：……（十二）信息网络传播权，即以有线或者无线方式向公众提供作品，使公众可以在其个人选定的时间和地点获得作品的权利……"《最高人民法院关于审理侵害信息网络传播权民事纠纷案件适用法律若干问题的规定》第四条②中规定："有证据证明网络服务提供者与他人以分工合作等方式共同提供作品、表演、录音录像制品，构成共同侵权行为的，人民法院应当判令其承担连带责任。"本案中，首先，根据在案的公证书，涉案网站中有涉案游戏，且用户可以在涉案网站对涉案游戏进行下载。其次，虽然涉案网站的经营者并非武汉科技公司，但是，从工业和信息化部 ICP/IP 地址/域名信息备案管理系统查询结果网页中点击武汉科技公司经营的网站首页地址的超链接会跳转至涉案网站，且在涉案网站中上传的《网络文化经营许可证》中显示的单位名称为武汉科技公司。故本院认为武汉科技公司与涉案网站的经营者存在分工合作，构成共同侵权。武汉科技公司与他人以分工合作的方式共同提供了涉案游戏，使得公众可以在其个人选定的时间和地点获得涉案游戏，构成共同侵害涉案游戏的信息网络传播权，应当承担停止侵害、赔偿损失的民事责任。武汉科技公司主张未经营涉案网站，未侵犯天堂电子科技就涉案游戏信息网络传播权的答辩意见，缺乏事实和法律依据，本院不予认可。

---

① 对应现行《中华人民共和国著作权法》第十条第一款第十二项规定："著作权包括下列人身权和财产权：……（十二）信息网络传播权，即以有线或者无线方式向公众提供，使公众可以在其选定的时间和地点获得作品的权利……"本书下同。

② 对应现行《最高人民法院关于审理侵害信息网络传播权民事纠纷案件适用法律若干问题的规定》第四条，本书下同。

《中华人民共和国著作权法》第四十八条第一项[①]规定："有下列侵权行为的，应当根据情况，承担停止侵害、消除影响、赔礼道歉、赔偿损失等民事责任……（一）未经著作权人许可，复制、发行、表演、放映、广播、汇编、通过信息网络向公众传播其作品的，本法另有规定的除外……"第四十九条规定："侵犯著作权或者与著作权有关的权利的，侵权人应当按照权利人的实际损失给予赔偿；实际损失难以计算的，可以按照侵权人的违法所得给予赔偿。赔偿数额还应当包括权利人为制止侵权行为所支付的合理开支。权利人的实际损失或者侵权人的违法所得不能确定的，由人民法院根据侵权行为的情节，判决给予五十万元以下的赔偿。"本案中，首先，天堂电子科技认可武汉科技公司于 2016 年 5 月 3 日后不再是涉案域名的实际经营者，故对天堂电子科技停止侵权的主张本院不予支持。其次，在双方均未就权利人实际损失和侵权人违法所得进行举证的情况下，本院综合考虑涉案游戏为单机游戏、上市时间较早、武汉科技公司的主观过错、侵权时间不长等因素，认为武汉科技公司赔偿天堂电子科技 20000 元足以弥补其损失。

综上，依照《中华人民共和国著作权法》第十条第一款第十二项、第四十八条第一项、第四十九条，《最高人民法院关于审理侵害信息网络传播权民事纠纷案件适用法律若干问题的规定》第四条，《中华人民共和国民事诉讼法》第一百四十四条[②]的规定，本院判决如下：

一、自本判决生效之日起十日内，被告武汉科技公司赔偿原告天堂电子科技经济损失 20000 元；

二、驳回原告天堂电子科技的其他诉讼请求。

**二审法院认为：**

从工业和信息化部 ICP/IP 地址/域名信息备案管理系统查询结果页点击

---

① 对应现行《中华人民共和国著作权法》第五十三条第一项："有下列侵权行为的，应当根据情况，承担本法第五十二条规定的民事责任……（一）未经著作权人许可，复制、发行、表演、放映、广播、汇编、通过信息网络向公众传播其作品的，本法另有规定的除外……"本书下同。

② 对应现行《中华人民共和国民事诉讼法》第一百四十七条，本书下同。

武汉科技公司经营网站首页地址能够直接跳转到涉案网站，虽然武汉科技公司主张其并非网站经营者，但其未提供任何证据佐证，也未能作出合理说明。一审法院结合超链接跳转及涉案网站公示有武汉科技公司《网络文化经营许可证》的事实认定武汉科技公司与涉案网站经营者之间存在分工合作，进而构成共同侵权并无不当。对武汉科技公司的相关上诉理由，本院不予支持。

《中华人民共和国著作权法》第四十九条规定："侵犯著作权或者与著作权有关的权利的，侵权人应当按照权利人的实际损失给予赔偿；实际损失难以计算的，可以按照侵权人的违法所得给予赔偿。赔偿数额还应当包括权利人为制止侵权行为所支付的合理开支。权利人的实际损失或者侵权人的违法所得不能确定的，由人民法院根据侵权行为的情节，判决给予五十万元以下的赔偿。"

鉴于武汉科技公司和天堂电子科技均未就权利人的实际损失和侵权人的违法所得提交证据，一审法院在综合考虑涉案游戏类型、上市时间、武汉科技公司主观过错、侵权时间等因素的基础上确定的赔偿数额尚属合理。对武汉科技公司有关赔偿数额过高的上诉主张，本院亦不予支持。

综上所述，武汉科技公司的上诉请求不能成立，应予驳回；一审判决认定事实清楚，适用法律正确，应予维持。依照《中华人民共和国民事诉讼法》第一百七十条第一款第一项之规定，判决如下：

驳回上诉，维持原判。

### ▶ 案情解析

本案是一起侵害计算机软件著作权纠纷案件，该案件的争议焦点主要集中在武汉科技公司与涉案网站经营者是否构成共同侵权。

《最高人民法院关于审理侵害信息网络传播权民事纠纷案件适用法律若干问题的规定》第四条中规定："有证据证明网络服务提供者与他人以分工合作等方式共同提供作品、表演、录音录像制品，构成共同侵权行为的，人民法院应当判令其承担连带责任。"

本案中，虽然武汉科技公司提交的ICP备案查询网查询结果打印件显示提供涉案游戏的涉案网站经营者并非武汉科技公司，但从工业和信息化部

ICP/IP 地址/域名信息备案管理系统查询结果页点击武汉科技公司经营网站首页地址能够直接跳转至涉案网站，武汉科技公司未能就此作出合理解释，也未就其所主张的该跳转系他人采取网页劫持或其他技术手段导致提交相应证据，应当承担不利后果。ICP 备案跳转个人网站从技术上说，就工信部查询页显示的网站直接跳转至涉案第三方网站的实现，存在以下几种可能：第一种，工信部网站显示网址与实际链接网址不符，即网页展示的链接地址为×××.com，而实际链接地址为×××.net；第二种，DNS 域名解析错误，将×××.com 的 IP 地址解析为×××.net 的 IP 地址；第三种，双方存在合意，武汉科技公司在×××.com 加载时，主动链接到×××.net；第四种，×××.com 被劫持，武汉科技公司确实不知。结合本案案情法院推定第三种可能成立，即双方存在合意，武汉科技公司在×××.com 加载时，主动链接到×××.net，二者构成共同侵权。

同时，涉案网站公示的《网络文化经营许可证》系武汉科技公司所有，武汉科技公司虽提出该《网络文化经营许可证》系被他人冒用，但因其不能举证证明该《网络文化经营许可证》曾经在自己经营的网站上公示过，故其该项主张无法成立。综上所述，一、二审法院均认定武汉科技公司与涉案网站经营者之间存在分工合作，进而构成共同侵权。

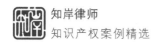

# 三、著作权侵权类型

## (一) 直接侵权

### 8. 作品抄袭的认定标准
——北京某立业文化传播有限公司与杭州某信息科技有限公司、杭州某网络科技有限公司侵害作品信息网络传播权纠纷案

**裁判要旨**

文学作品中的人物设置与故事情节均是小说内容的重要组成部分，具有紧密的联系，故在判断两个作品是否构成实质性相似时，应将之结合考虑，即当两个作品在特定人物关系、人物设置背景下的情节存在对应关系，且未超出作品内容的则构成实质性相似。

**关键词**

侵害著作权　权利作品　实质性相似　侵权责任

## 当事人

原告：北京某立业文化传播有限公司（以下简称北京立业文化公司）
被告一：杭州某信息科技有限公司（以下简称杭州信息科技公司）
被告二：杭州某网络科技有限公司（以下简称杭州网络科技公司）

## 一审诉请

北京立业文化公司向一审法院起诉请求：杭州信息科技公司与杭州网络科技公司共同赔偿经济损失 100 万元。

## 案件事实

**一审法院经审理查明：**

**一、与权利作品权属相关的事实**

2017 年 5 月 6 日，黄某（笔名：花缘）出具《授权书》，将作品《切玉生香》在全球范围内的著作财产权授予某暗夜科技有限公司（以下简称暗夜公司）独家所有，暗夜公司可全权处理所有因行使作品《切玉生香》上述权利所引起的洽谈、处分及追偿等相关事宜，授权期限自 2017 年 5 月 6 日起 10 年。同日，黄某出具《声明书》，称其与暗夜公司于 2016 年 10 月 13 日签订有《原创文学作品独家授权协议》，双方经协商确认将作品《切玉生香》更名为《窃玉生香》，并称书名变更不影响其与暗夜公司之前就该作品所作的权利义务约定。

2017 年 5 月 6 日，暗夜公司出具《授权书》，将花缘所著作品《窃玉生香》的全部著作财产权独家授权给北京立业文化公司，北京立业文化公司有权以自己名义对授权作品所涉及的知识产权侵权行为进行维权并有权将上述权利进行转授权，授权区域为世界范围，授权期限自 2017 年 5 月 6 日起至 2020 年 5 月 5 日止。后附上述黄某出具的《授权书》《声明书》及其身份证复印件。

北京立业文化公司据此主张其拥有权利作品的信息网络传播权。杭州信息科技公司、杭州网络科技公司对上述证据的真实性不持异议,但认为北京立业文化公司未提交《声明书》中所提及的《原创文学作品独家授权协议》,亦无法证明权利作品系黄某所创作,故对北京立业文化公司关于权利作品权属的主张不予认可。

二、与权利作品的使用情况相关的事实

为证明权利作品的发表情况,北京立业文化公司提交了暗夜文学网网页打印件,显示权利作品作者为花缘,总字数4172027字,总点击数9974980次,其中第1章于2016年10月14日更新,第470章于2017年1月16日更新,全文完结时间为2017年8月19日,自27章开始设置VIP有偿阅读,每章18暗夜币(100暗夜币=1元)。此外,北京立业文化公司还提交了发件人"窃玉生香"(邮箱地址:×××)与收件人"大可"(邮箱地址:×××)之间的电子邮件,附件中有以"1"命名的电子文档,发件时间为2016年10月12日,证明权利作品的最早投稿时间。

为证明权利作品具有较高的商业价值,北京立业文化公司提交了以下材料:1.2017年10月由江苏凤凰文艺出版社根据权利作品出版的《窃玉生香》图书,上中下3册总定价98元;2.北京立业文化公司于2019年1月30日出具的《情况说明》及暗夜文学网和第三方书库后台系统信息,显示权利作品在暗夜文学网上的总收入为1199565.34元,分成后收入为721195.31元,在其他第三方网站的收入为608142.5元;3.将权利作品对外授权进行影视改编、音频开发等合作的授权协议多份。

杭州信息科技公司、杭州网络科技公司对上述证据的真实性不持异议,但认为不足以证明权利作品具有较大的知名度和商业价值。

三、与被诉侵权行为相关的事实

2017年9月12日,经北京立业文化公司申请,北京市某公证处对北京立业文化公司代理人使用计算机和手机的相关情况进行了证据保全公证并分别制作了(2017)京某内经证第7015、7016号公证书(以下分别简称第7015、7016号公证书)。

第7015号公证书显示:使用公证处计算机进入杭州信息科技公司运营的"啃书星球原创小说中文网",登录后在网页地址栏中输入对应链接,跳转至小说《玉石圣手》的目录页面，全文共 619 章。从第 1 章开始逐章阅读至 25 章后，第 26 章显示阅读需付费 15 阅币，点击页面下方的"余额不足，请充值"跳转至充值页面，充值页面显示阅币兑换比例为 1 元＝100 阅币。充值 100 元后显示账户余额为 12000 阅币（其中 2000 阅币为赠送，并享单章 7 折优惠），返回第 26 章付费阅读，显示该章优惠后价格为 10 阅币，勾选"自动购买下一章不再提醒"按钮，持续点击"下一章"至 619 章，每章均可正常阅读。取证过程中，北京立业文化公司将全部 619 章内容进行了下载保存。

第 7016 号公证书显示：使用代理人的安卓手机进行初始化设置后进入杭州信息科技公司运营的"啃书星球原创小说网"，网站下方设置有"书架""推荐""排行""分类""我的"五个板块，浏览默认为主页面的"推荐"至底部，显示有"微信公众号：啃书星球"字样及二维码。下载、安装并登录微信×××，在公众号添加栏搜索"啃书星球"，搜索结果唯一，点击搜索结果进入公众号主界面，显示认证主体为杭州网络科技公司。关注该公众号，跳转至对话界面，在对话框内输入"玉石圣手"并发送，公众号回复"点击继续阅读：《玉石圣手》"，点击该回复跳转至"啃书星球-玉石圣手"第 8 章的阅读页，浏览页面至底部后点击"目录"跳转至小说《玉石圣手》目录页面，显示有各章节的标题和更新时间，其中第 1 章的更新时间为 2017 年 3 月 25 日，浏览页面后点击返回按钮，跳转至"啃书星球原创小说网"的"推荐"页，该页所显示内容与上述使用手机浏览器浏览"啃书星球原创小说网"时所显示内容一致。点击"我的"选项，在"啃书星球"公众号 LOGO 下有"网页由该公众号开发，请确认授权以下信息，获得你的公开信息（昵称、头像等）"字样以及"确认登录"按钮，点击"确认登录"后跳转至新页面，新页面显示有"充值""手机绑定（全网通用）""会员等级""签到送币""充值记录""关于我们"等选项，点击"签到送币"签到后成功领取 100 阅币。返回选择"书架"选项，跳转至"啃书星球-我的书架"页，《玉石圣手》排于书架第一位，小说标题下显示有"更新至 619 章已读 1%"字样，选择小说《玉石圣手》后跳转至第 8 章的阅读页，滑动页面至底部后选择目录页，点击第 1 章可免费阅读；点击第 100 章、第 200 章、第 300 章、第 400 章、第 500 章、第 619 章后均提示"码字不易，请购买阅读""价格：15 阅币"，点击"购买阅读"后均可正常阅读,浏览至第 619 章阅读页底部后点击"下一章"跳出"已是最后一章"的提示,点击页面底部的"本书主页",跳转至小说《玉石圣手》的对应主页,显示有"作者:赎罪""阅读:2375263 次""字数:1721110 字"等信息。

2017 年 12 月 4 日,经北京立业文化公司申请,北京市某公证处对北京立业文化公司代理人使用手机的相关情况进行了保全公证。根据保全过程制作的(2017)京某内经证第 09884 号公证书显示:使用代理人的安卓手机进行初始化设置后,进行与第 7016 号公证书相同的取证过程,在微信×××中阅读完小说《玉石圣手》第 619 章后长按阅读界面,弹出阅读设置界面,点击其中的"客户端下载"跳转至"啃书星球"安卓版下载页面,使用浏览器打开该页面后下载并安装"啃书星球"×××。打开"啃书星球"×××后显示其主页面有"书架""书城""排行""分类""我的"五个版块。进入"我的"页面,选择"设置-关于我们"进入×××详情页,其上显示"啃书星球原创小说网成立于 2016 年,是杭州沃驰旗下的大型原创文学门户"。"联系我们"页面中公示的微信公众号为"啃书星球"。进入"书架"页面,选择小说《玉石圣手》浏览目录,显示共有 619 章,共 3009269 人读过。进入"我的"页面,点击"充值"进入充值界面,其上显示阅币兑换比例为 1 元=100 阅币,有多种充值优惠方式。充值后回到小说阅读界面,随机点击第 1 章、第 2 章、第 17 章、第 18 章均可免费阅读,点击第 27 章后弹出付费阅读提示,其上显示价格 14 阅币、余额 3690 阅币,点击"确定"付费后可继续阅读第 27 章,随后随机点击后续章节,大部分均弹出有付费阅读提示,但第 123 章、第 130 章、第 143 章、第 181 章、第 192 章、第 203 章、第 224 章、第 244 章、第 270 章、第 287 章未提示需付费即可正常阅读。阅读完毕后返回"书架"页面,显示《玉石圣手》共 3009860 人读过。

北京立业文化公司主张被诉作品为侵权作品,被诉作品全部 619 章的内容在人物设置、人物关系、故事情节等方面与权利作品前 470 章构成实质性相似。杭州信息科技公司和杭州网络科技公司通过合作在"啃书星球"网站、×××及微信公众号上提供了被诉作品的付费阅读服务,共同侵害了其就权利作品享有的信息网络传播权。

杭州信息科技公司和杭州网络科技公司对上述公证书的真实性不持异议，认可"啃书星球"网站、×××由杭州信息科技公司运营，"啃书星球"微信公众号由杭州网络科技公司运营，二被告共同合作在上述三个平台上通过付费阅读的方式同步传播了被诉作品，但不认可构成侵权，其认为被诉作品和权利作品不构成实质性相似，且上述三个平台上被诉作品的阅读量存在重复计算的情况，付费阅读也设置了多种充值优惠方式，不能证明二被告的获利大。

四、与权利作品和被诉作品的比对相关的事实

为证明被诉作品与权利作品前470章在人物设置、人物关系、故事情节上构成实质性相似，北京立业文化公司向本院提交了权利作品的电子文件及对比图，具体如下：

（一）关于人物设置及关系

关于人物设置，权利作品主要围绕以下人物展开：邵飞、韩凌、陈玲、田光、马欣、马玲、肥猪张、瘦猴、陈希、刘东、赵奎、杨瑞、张奇、马武、马文、马炮。被诉作品主要围绕以下人物展开：陈逸、凌晗、崔月、王木生、林悦、林娇、王忠、许成功、张青、苏城、王昊、孙鹏、韩飞、林海泉、王二爷、王大麻。

北京立业文化公司主张上述两部作品中的人物姓名虽不相同，但其人物之间的关系和人物特征均构成实质性相似，并具有对应关系。为此北京立业文化公司提交了人物关系对比图（详见附件1、附件2），显示权利作品中的韩凌和陈玲均为男主人公邵飞的同学，其中陈玲为邵飞父亲老板的女儿，田光为当地帮派马帮的主要人物同时也是邵飞的上司。邵飞有手下赵奎、杨瑞、张奇三人，其中赵奎为退役特种兵，杨瑞的特征是独腿，张奇为切割师。马武为马帮总锅头，其有两个女儿，女儿马欣为田光的女朋友，女儿马玲对邵飞有好感。马文为马帮的元老，马炮为马文的儿子。被诉作品中的凌晗和崔月为男主人公陈逸的同学，其中崔月为陈逸父亲老板的女儿，王木生为当地帮派洪沙帮的主要人物同时也是陈逸的上司。陈逸有手下王昊、孙鹏、韩飞三人，其中王昊为退役特种兵，孙鹏的特征是独腿，韩飞为切割师。林海泉为洪沙帮的三爷，其有两个女儿，女儿林悦为王木生的女朋友，女儿林娇对

陈逸有好感。王二爷为洪沙帮的元老，王大麻为王二爷儿子。

杭州信息科技公司和杭州网络科技公司认可被诉作品和权利作品在人物设置上存在对应关系，但认为二者在针对人物展开的故事设定上存在不同，不构成实质性相似。

（二）关于故事情节

权利作品和被诉作品均讲述了穷苦人家出身的男主人公因赌石结识云南当地帮派，经历各种阴谋诡计和权力纷争后，凭借自己的赌石技术和计谋，赢得地位、财富和爱情的故事。北京立业文化公司主张二者在故事情节的设定上构成实质性相似，并按章节的对应关系提交了故事情节比对表。

列举部分内容如下：

权利作品第1章：邵飞的爸爸邵德中喜欢研究赌石，他的老板陈大富邀请邵飞全家去瑞丽旅游。陈大富带邵飞全家去姐告赌石一条街，陈大富赌石赢了300万元，邵飞的爸爸很眼馋，于是抵押了房子去赌石，结果被骗得倾家荡产，最后上吊自杀。与此同时，邵飞家的房子也要被老板陈大富改名，邵飞向陈大富的女儿陈玲求情，暗地里却被陈玲奚落一番。

对应被诉作品第1章：陈逸的爸爸陈忠力喜欢研究赌石，他的老板崔丰财邀请陈逸全家去腾冲旅游。崔丰财带陈逸全家去姐告赌石一条街，崔丰财赌石赢了350万元，陈逸的爸爸很眼馋，于是借钱去赌石，结果被骗得倾家荡产，最后跳楼自杀。与此同时，陈逸家的房子也被老板崔丰财改了名，陈逸向崔丰财的女儿崔月求情，暗地里却被崔月奚落一番。

权利作品第60章：邵飞见到了张奇的朋友赵奎，但是赵奎看到邵飞的样子后并不打算跟邵飞混。邵飞和张奇看到陈玲等人欺负邵飞的妈妈，于是出手教训了陈玲。王青带着人要教训邵飞等人，邵飞带着张奇和妈妈跑掉了。

对应被诉作品第64章：陈逸见到了韩飞的朋友王昊，但是王昊看到陈逸的样子后并不打算跟陈逸混。陈逸和韩飞看到崔月等人欺负陈逸的妈妈，于是出手教训了崔月。李逸飞等人要教训陈逸等人，陈逸带着韩飞和妈妈跑掉了。

权利作品第151章：邵飞准备在公盘上给陈老板挖个坑，也终于说服了陈老板到时候参加公盘的赌石，并在临走时拒绝了陈玲。

对应被诉作品第 194 章：陈逸准备在公盘上给崔老板挖个坑，也终于说服了崔老板到时候参加公盘的赌石，并在临走时拒绝了崔月。

权利作品第 447 章：邵飞看到一块被坤西丢掉的原石料子，觉得料子有戏，想捡个漏。让张奇开料，但张奇觉得料子没戏，不想开。最后在邵飞的坚持下，居然开出了红紫色紫罗兰，大家非常兴奋。坤西出价 2 亿想要购买开出的紫罗兰，邵飞等人商量后决定卖给他。大丰收后，坤西准备做东给大家接风，并有意示好马欣。

对应被诉作品第 588、589 章：陈逸看到一块被杰奥丢掉的原石料子，觉得料子像蓝水翡翠，让韩飞开料，但韩飞觉得料子没戏，不想开。最后在陈逸的坚持下，居然开出了顶级蓝水翡翠，大家非常兴奋。杰奥出价 2 亿想要购买开出的蓝水翡翠，陈逸等人商量后决定卖给他。大丰收后，杰奥准备做东给大家接风，并有意示好林悦。

北京立业文化公司提交的情节对比表显示被诉作品全部 619 章和权利作品前 470 章在其主张的故事情节设定上均存在上述基本相同的情况。杭州信息科技公司和杭州网络科技公司亦认可该情节比对表中均为权利作品和被诉作品中内容的概括，没有超出权利作品和被诉作品的内容，但其认为该情节比对表的内容不够全面，主张被诉作品和权利作品在具体情节的开展、关键情节的设置、各个情节之间的逻辑关系等方面存在显著差别，被诉作品中亦有作者的独创部分，不构成抄袭。为此，杭州信息科技公司和杭州网络科技公司也提交了情节比对概况表。

列举部分内容如下：

权利作品第 1 章：邵飞的爸爸邵德中喜欢研究赌石，他的老板陈大富邀请其全家去瑞丽旅游。陈大富带他们去姐告赌石一条街，陈大富赌石赢了 300 万元，邵爸爸很眼馋，于是抵押了房子去瑞丽赌石，找陈老板做担保人，结果被骗得倾家荡产，最后上吊自杀。陈老板逼着邵飞母子给房子改名，邵飞向陈大富的女儿陈玲求情，暗地里却被陈玲奚落一番。

被诉作品第 1 章：陈逸的爸爸陈忠力喜欢研究赌石，他的老板崔丰财邀请其全家去腾冲旅游。崔丰财带他们去姐告赌石一条街，崔丰财赌石赢了 350 万元，陈爸爸很眼馋，于是卖了房子并且找崔老板借钱去赌石，结果被

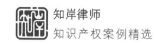

骗得倾家荡产，最后跳楼自杀。与此同时，陈家的房子也被老板崔丰财动用法院的关系改了名，陈逸向崔丰财的女儿崔月求情，暗地里却被崔月奚落一番。

北京立业文化公司认为被诉作品虽与权利作品在具体细节上存在不同，但不影响其在人物设置、人物关系、情节设定等方面与权利作品构成实质性相似。

五、与二被告的其他抗辩相关的事实

为证明其传播被诉作品系经合法授权，二被告共同提交了《文学作品转让协议》《承诺书》及《授权书》。其中《文学作品转让协议》为杭州某科技股份有限公司（甲方，以下简称杭州科技股份）与刘某（笔名：赎罪，乙方）于2017年4月2日所签订，约定乙方将被诉作品在全球范围内的著作权及邻接权全部永久转让给甲方。《承诺书》为刘某承诺其确保所授权杭州科技股份使用的被诉作品的合法性和相关授权的合法性，并承诺被诉作品的版权纠纷由其本人承担。《授权书》为杭州科技股份明确将包括被诉作品信息网络传播权在内的著作财产权授予杭州信息科技公司和杭州网络科技公司，授权期限自2017年3月22日起至2020年3月21日止。北京立业文化公司对《授权书》的真实性不持异议，但认为不能证明杭州科技股份有权对被诉作品进行授权。另因二被告未提交《文学作品转让协议》及《承诺书》的原件，北京立业文化公司对该两份证据的真实性、合法性及关联性均不予认可。

为证明被诉作品的实际收费及获利情况，二被告共同提交了杭州信息科技公司和杭州网络科技公司于2018年4月16日出具的《情况说明》、银行转账汇款电子回单及汇款财务人员金小修的工作证照片。其中《情况说明》载明杭州信息科技公司、杭州网络科技公司与杭州科技股份约定的授权费用结算方式为自被诉作品正式上架并开始更新付费章节后，杭州信息科技公司、杭州网络科技公司支付被诉作品阅读收入的50%给杭州科技股份作为授权费（具体金额以实际收入为准）。截至被诉作品下架之日，"啃书星球"网站及××××上的收入总计55200元，"啃书星球"微信公众号上的收入总计36800元，平均每章收费0.09元。杭州信息科技公司为被诉作品支付授权费27600元、推广费60200元，实际亏损32600元；杭州网络科技公司为被诉作品支付授权费 18400 元，实际获利 18400 元。银行转账汇款电子回单显示户名为金小修的银行账户进行了多次备注为"微信推广"的转账汇款，转账金额总计 60200 元。北京立业文化公司对上述证据均不予认可，认为不能证明二被告的实际获利情况。

上述事实，有北京立业文化公司提交的《授权书》《声明书》、电子文件、公证书、网页打印件、出版物、《合作授权协议》、人物关系对比图、情节比对表，杭州信息科技公司和杭州网络科技公司提交的《文学作品转让协议》《授权书》《承诺书》《情况说明》、银行转账汇款电子回单、照片、情节比对概况表及本院的证据交换笔录、开庭笔录等在案佐证。

▶ **裁判意见**

**法院认为：**

结合本案证据及双方的诉辩意见，本案争议焦点如下：第一，北京立业文化公司是否享有权利作品的信息网络传播权；第二，被诉侵权行为是否成立；第三，若侵权成立，二被告应承担的法律责任。本院对此逐一分析：

一、北京立业文化公司是否享有权利作品的信息网络传播权

根据《中华人民共和国著作权法》及相关司法解释的规定，如无相反证明，在作品上署名的公民、法人或者其他组织为作者；当事人提供的底稿、原件、合法出版物、取得权利的合同等，可以作为证明著作权的证据。本案中，北京立业文化公司所提交的证据相互印证，能够初步证明北京立业文化公司享有本案作品的独家信息网络传播权，杭州信息科技公司和杭州网络科技公司虽对此提出异议，但未提交相反证据，本院对其抗辩不予采信。

二、被诉侵权行为是否成立

北京立业文化公司主张被诉作品全部 619 章与权利作品前 470 章在人物设置、人物关系、故事情节上构成实质性相似，杭州信息科技公司和杭州网络科技公司未经许可，在"啃书星球"网站、×××及微信公众号上传播被诉作品供用户付费阅读，共同侵害了北京立业文化公司就权利作品享有的信息网络传播权。本院认为，认定侵权成立需满足以下要件：

（一）权利作品和被诉作品构成实质性相似

权利作品和被诉作品都属于文学作品，是以特定的人物设置为基础，以各人物之间的情节发展为主线创作而成的小说故事。鉴于双方作品不属于纪实类小说或他人作品基础上的演绎作品，故人物设置、故事情节属于体现作品独创性内容的主要部分。根据北京立业文化公司提交的人物关系比对图，被诉作品中虽设置了不同的人物姓名，但各人物与权利作品中的主要人物之间具有对应关系，且其中某些人物的身份、特征等也相同。如权利作品中邵飞有手下赵奎、杨瑞、张奇三人，其中赵奎为退役特种兵，杨瑞的特征是独腿，张奇为切割师。被诉作品中陈逸有手下王昊、孙鹏、韩飞三人，其中王昊为退役特种兵，孙鹏的特征是独腿，韩飞为切割师。杭州信息科技公司和杭州网络科技公司认可被诉作品和权利作品在人物设置上存在对应关系，本院对此予以确认。

因人物设置与故事情节为小说内容的重要组成部分，具有紧密的联系，故对双方小说进行实质性相似判断时，也应将之结合考虑，即故事情节是在特定人物关系、人物设置背景下的具体情节。根据北京立业文化公司提交的情节比对表，权利作品和被诉作品均讲述了穷苦人家出身的男主人公因赌石结识云南当地帮派，经历各种阴谋诡计和权力纷争后，凭借自己的赌石技术和计谋，赢得地位、财富和爱情的故事。被诉作品全部619章和权利作品前470章在北京立业文化公司主张的故事情节设定上均存在基本相同的情况。如权利作品中有邵飞的父亲因赌石而上吊自杀、邵飞因为赌石结识马帮主要人物田光、邵飞与韩凌为恋人关系、邵飞遭遇陈玲逼婚、邵飞与翡翠大王交流等情节。被诉作品中有陈逸的父亲因赌石而跳楼自杀、陈逸因为赌石结识洪沙帮主要人物王木生、陈逸与凌晗为恋人关系、陈逸遭遇崔月逼婚、陈逸与原石王交流等情节。本院认为，比对表中北京立业文化公司所主张权利作品的故事情节均包含了人物、场景、发展经过及结果等细节，足够具体，已经脱离了抽象的思想范畴，属于具体的独创性表达，应当受到法律保护。

鉴于杭州信息科技公司和杭州网络科技公司亦认可该比对表中均为权利作品和被诉作品中故事内容的概括，没有超出权利作品和被诉作品的内容，故本院认定被诉作品和权利作品在北京立业文化公司所主张的人物设置、人物关系及故事情节上构成实质性相似。

杭州信息科技公司和杭州网络科技公司主张情节比对表的内容不够全面，被诉作品和权利作品之间存在多处显著不同，被诉作品中亦有作者的独创部分，不构成抄袭。对此本院认为，被诉作品和权利作品作为字数不同的两部小说作品，在具体的文字表达上存在不同，甚至在对同一故事情节的具体表述上存在不同均不可避免。但一方面，北京立业文化公司对具体的表达及二者存在的不同之处并未主张；另一方面，北京立业文化公司主张特定故事情节属于独创性表达，二被告未充分举证被诉作品系原创的情况下，仅是部分细节表达的不同不足以影响本院认定被诉作品和权利作品在故事情节上构成实质性相似。故对杭州信息科技公司和杭州网络科技公司的抗辩，本院不予采信。

（二）二被告具有接触权利作品的可能性

通常只要权利人证明作品已经在先发表，处于公众可接触的状态下即可推定存在接触的可能性，无需举证证明产生了实际接触。

本案证据显示，权利作品于 2016 年 10 月 14 日在暗夜文学网上开始更新，第 470 章于 2017 年 1 月 16 日更新完成，且一直在网络中处于公开可见状态。被诉作品于 2017 年 3 月 25 日在"啃书星球"三个平台上线，结合在案无证据证明被诉作品的创作时间早于 2016 年 10 月，故本院认定，二被告在传播被诉作品前即有接触权利作品的可能性。

综合以上分析，被诉作品在北京立业文化公司所主张的人物设置、人物关系和故事情节上与权利作品构成实质性相似，在符合接触可能性要件的情况下，本院认定北京立业文化公司所主张的被诉作品内容构成对权利作品对应内容的抄袭。杭州信息科技公司和杭州网络科技公司基于合作，在杭州信息科技公司运营的"啃书星球"网站上提供了杭州网络科技公司运营的"啃书星球"微信公众号的二维码，并在涉案三个平台上同步传播了被诉作品，共同侵害了北京立业文化公司就权利作品享有的信息网络传播权。

三、二被告是否应承担法律责任

二被告构成侵权，应承担相应的法律责任。关于经济损失的具体数额，因现有证据均不足以证明北京立业文化公司的实际损失或杭州信息科技公司、杭州网络科技公司的违法所得，本院综合考虑以下因素依法酌情判定赔偿数额：1. 被诉作品使用了权利作品中的主要人物设置和主要故事情节，且所使用内容构成了被诉作品的主要内容，侵权使用比例较高；2. 被诉作品同时在涉案三个平台上进行了传播，且需付费后才可阅读全文，平台中显示的阅读量较大，侵权影响范围较广；3. 权利作品对权利人具有较大的经济价值，被诉作品上线时间与权利作品发布时间间隔较短，一定程度上影响了权利人的收益。综合以上因素，本院将经济损失酌定为 250000 元，北京立业文化公司主张的赔偿数额过高，本院不予全部支持。

综上，本院依照《中华人民共和国著作权法》第十条第一款第十二项、第四十八条第一项、第四十九条之规定，判决如下：

一、本判决生效之日起十日内，被告杭州信息科技公司、被告杭州网络科技公司共同赔偿原告北京立业文化公司经济损失 250000 元；

二、驳回原告北京立业文化公司的其他诉讼请求。

## ▶ 案情解析

本案是一起侵害作品信息网络传播权纠纷案件，该案件争议的焦点主要集中在被诉侵权行为是否成立。

判断被诉侵权行为是否成立，关键在于被诉作品与权利作品是否构成实质性相似。涉案作品系小说故事，判断小说故事类作品是否构成实质性相似应从人物设置、人物关系、人物身份地位以及人物间发生的故事情节方面着手，而这些方面是文学创作中对独创性要求较高的方面。作者在进行独立创作的过程中，鉴于个人在人生经历、思想认识、价值观、个人喜好、个人创造性等方面存在不同，所以创作出的作品内容也难以出现重合或基本重合。

在本案中，根据查明的事实可以看出，被诉作品所设定的人物以及人物的特点、人物的人际关系均与权利作品的人物设置、人物的特点、人物的人际关系完全重合，仅姓名等细节不同。两作品内容构成重合或基本重合难为巧合，被诉作品具有抄袭的可能。

结合原告已经在互联网公开了权利作品,且被诉作品是在权利作品全部更新完毕一段时间后在被告平台上线的,被告作为同行业者,被诉作品与权利作品内容几乎完全一致的情况下,可以推断被告理应知晓权利作品,在修改相关细节后将涉案作品上传至其经营的网络平台,具有侵权的故意,侵犯了原告享有的信息网络传播权,应对其侵权行为承担相应的法律责任。

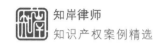

## 9. 网络环境下版式设计权的保护
——某工业出版社与太原市某教育科技有限公司侵害出版者权纠纷案

### 📖 裁判要旨

将图书、报刊扫描复制后在互联网上传播的,构成侵害版式设计权。

### ▶ 关键词

侵害版式设计权　版式设计　复制权　出版　侵权责任

### ▶ 当事人

原告:某工业出版社(以下简称工业出版社)
被告:太原市某教育科技有限公司(以下简称太原教育科技公司)

### ▶ 一审诉请

工业出版社向一审法院起诉请求:判令被告赔偿原告经济损失188000元(按照2350千字计,每千字按80元的稿酬标准计算)。

### ▶ 案件事实

**一审法院经审理查明:**

2014年2月19日,某部消防局出具《委托书》,写明某部消防局作为涉案图书等4本书的著作权人,拟交由工业出版社出版,并同意委托中国消防协会代表著作权人的意志,与工业出版社签订作品出版的有关合约,同意接受合约中约定的所有权利、义务的约束。同时,著作权人与中国消防协会还就作品出版的署名方式达成一致意见：封面、内封署名均为"某部消防局组织编写"。

2014年3月11日，中国消防协会代表某部消防局（甲方）与工业出版社（乙方）就涉案图书等4本书的出版事宜签订《出版合同》，该《出版合同》中与本案有关的主要约定内容如下：甲方授予乙方在合同有效期内，在世界范围内以图书形式出版发行本作品中文版的专有使用权。甲方保证是作品的著作权人，甲方应于2014年1月10日将本作品（并附电子文档）交付乙方。乙方有权对本作品进行文字性修饰、改动或进行有关编辑业务方面的技术性处理，但如需更改本作品的名称，增删图、表、前言、后记等，或对多本作品内容、体例进行实质性修改，应得到甲方同意或经甲方最后审定认可。本作品的校样由乙方根据原稿审校，甲方应全稿审读，乙方应向甲方提供一份校样。甲方收到校样后，在乙方要求的时间内完成全稿审读并签名，然后将校样退回乙方。如逾期不退，乙方可按原稿校对后付印。甲方审读校样时只对校样改错，不能对内容进行增删。否则，由此造成的生产费用增加及未能按期出版的责任由甲方承担。经乙方审读合格的稿件，乙方保证2014年3月前出版，乙方因故不能按时出版的，应在约定期限届满前30日通知甲方，双方另行约定出版日期。该合同自双方签字之日起生效，有效期为10年，合同期满，若双方无异议，本合同有效期自动延续1年。合同期满，乙方有优先续约权。

根据原告提供的涉案图书的版权信息可知，涉案图书，作者署名为"某部消防局组织编写"，字数为1042千字，共分五篇、四十五章，适用于参加注册消防工程师资格考试的人员及其指导教师，还可供消防相关人员使用。涉案图书于2016年6月第2版第2次印刷，由原告工业出版社出版，定价90元。

被告太原教育科技公司对涉案图书为原告出版的事实不持异议。

2017年6月13日，工业出版社委托代理人向北京市某公证处提出网络证据保全申请，同日，在该公证处，公证人员会同工业出版社委托代理人使用该公证处一部台式计算机（该计算机安装有"屏幕录像专家"软件并已通过该处网线、网口连接至互联网）进行了操作。主要操作步骤如下：运行"屏幕录像专家"软件后，1. 打开 IE 浏览器，进入相应页面；2. 在地址栏中输入 www.xinnet.com，敲击所操作的计算机键盘上的回车键，进入相对应页面；3. 展示第 2 步打开的页面，在搜索栏中输入涉案网站名，并点击"查域名"进入相应界面；4. 展示第 3 步打开的页面，点击屏幕界面中的"查看"，进入相应界面；5. 展示第 4 步打开的页面，在地址栏中输入涉案域名，敲击所操作的计算机键盘上的回车键，进入相应页面；6. 展示第 5 步打开的页面，点击屏幕界面中的"关于我们"，进入相应界面；7. 展示第 6 步打开的页面，返回第 5 步打开的页面，点击屏幕界面中的"免费下载"，进入相应界面；8. 展示第 7 步打开的页面，点击屏幕界面中的"下载"，下载文件另存为涉案域名同名文件夹；9. 按照上述步骤依次下载相关文档 3 个；10. 结束录像。在上述操作过程及视频播放过程中该计算机使用"屏幕录像专家软件"进行全程同步录制。录制生成的名称为"录像 1"，下载所得文件经该公证处工作人员刻录一式三张。上述过程均在公证人员监督下进行，与实际相符；刻录至光盘的文件内容为现场操作过程中实时录制及下载所得，所刻光盘一式三张经该公证处分别加封，其中一张留存在该处，其余均交给申请人自行保管。北京市某公证处于 2017 年 6 月 28 日出具（2017）京某内经证字第 18913 号公证书。

在本案审理中，经当庭拆封、查看封存完好的（2017）京某内经证字第 18913 号公证书所附电子光盘可知，在太原教育科技公司网站"免费下载"栏目中，查看相关下载文档，其内容与涉案图书一致，包括封面、版权页等信息在内。涉案页面呈现的该涉案纸质图书的电子扫描件（PDF 格式）与原告出版的涉案图书版式设计一致，对此，原、被告均认为属实。

在本案审理中，原告当庭陈述，被告涉案纸质图书的电子扫描件（PDF 格式）呈现的其涉案出版物版心、排式、用字、行距、标点等版面布局，属于原告版式设计权涵盖范围。

在本案审理中，被告太原教育科技公司当庭陈述，承认被告为涉案网站的主办单位；2018 年 1 月左右，在法院送达本案起诉状之时，太原教育科技公司就已经删除了网站中的涉案信息。对此，原告表示不认可，但原告同时承认，太原教育科技公司至庭审时已经停止了涉案行为。

在本案审理中，因审理范围的变化，原告当庭将其诉讼请求变更为要求判令被告赔偿原告经济损失82400元（按照1030千字计，每千字按80元标准计算）。

> **裁判意见**

**法院认为：**

版式设计权归属为本案主要焦点问题之一，根据原告提供的涉案图书及部分页面复印件（含版权页）、《图书出版合同》及《委托书》、（2017）京某内经证字第18913号公证书及该公证书所附的录像截屏等证据可以认定，原告为涉案图书的出版者。被告擅自将涉案纸质图书的电子扫描件上传至其经营的网站并向公众提供下载服务，且未提供证据证明其行为的合法性，被告太原教育科技公司的涉案行为构成侵权，侵犯了作品著作权利人的信息网络传播权及原告享有的涉案图书版式设计权中的复制权，应当依法承担相应的民事侵权责任，应当赔偿原告经济损失。鉴于原告认同被告现已停止涉案侵权行为，且在本案中未主张被告停止侵权，本院不持异议。

关于原告工业出版社主张的赔偿经济损失问题，鉴于原告并未提供证据证明其实际损失抑或被告因涉案行为获取的非法利益数额；文字作品图书版式设计权并非著作权，属于著作邻接权范畴。原告工业出版社按照有关文字稿酬字数计付办法作为赔偿计算标准的主张，没有法律依据，本院不予采纳。根据《中华人民共和国著作权法》的规定，本院将参酌原告工业出版社在编辑加工涉案作品进行图书出版时在版式设计上投入的智力劳动情况，以及被告太原教育科技公司的主观过错、侵权方式和范围等因素，确定被告应承担的经济损失赔偿数额。原告工业出版社要求被告太原教育科技公司赔偿经济损失的诉讼请求数额过高，本院予以部分支持。被告太原教育科技公司不同意赔偿原告经济损失的相关答辩意见，没有事实、法律依据，本院不予采信。

综上所述，依照《中华人民共和国侵权责任法》第六条第一款①、第十五条第一款第六项②，《中华人民共和国著作权法》第三十六条③、第四十七条第十一项④、第四十九条之规定，本院判决如下：

一、被告太原教育科技公司于本判决生效之日起十日内赔偿原告工业出版社经济损失 10000 元；

二、驳回原告工业出版社的其他诉讼请求。

### ▶ 案情解析

本案是一起侵害出版者权纠纷案件，该案件争议的焦点主要集中在两个方面：一是原告是否享有涉案图书的版式设计权；二是被告网站涉案行为是否侵犯了原告提出的版式设计权。此外，版式设计权在互联网环境下如何保护也值得关注。

一、原告是否享有涉案图书的版式设计权

现行《中华人民共和国著作权法》（以下简称《著作权法》）第三十七条分两款规定："出版者有权许可或者禁止他人使用其出版的图书、期刊的版式设计。""前款规定的权利的保护期为十年，截止于使用该版式设计的图书、期刊首次出版后第十年的 12 月 31 日。"

实施出版行为者需要同时满足横向的出版权资格和纵向的出版资格，即必须在依法原始取得或者继受取得相应出版权的同时，其自身还需具备出版资质资格。同时符合出版权资格和出版资质条件者，即可视之为我国现行《著作权法》所称的图书出版者。

---

① 对应现行《中华人民共和国民法典》第一千一百六十五条第一款，内容有修改，本书下同。

② 对应现行《中华人民共和国民法典》第一百七十九条第一款第八项，内容有修改，本书下同。

③ 对应现行《中华人民共和国著作权法》第三十七条，本书下同。

④ 对应现行《中华人民共和国著作权法》第五十二条第十一项，内容有修改，本书下同。

版式设计指对印刷品的版面格式的设计，包括对版心、排式、用字、行距、标点等版面布局因素的安排。版式设计是出版者在编辑加工作品时完成的劳动成果，属于邻接权保护范围。版式设计与作品不同，版式设计难以达到独创性的要求，无法作为作品受到狭义著作权的保护，即版式设计不完全享有现行《著作权法》第十条规定的所有十七个权项，其受保护范围一般仅限于复制权。

法院根据原告提供的涉案图书、原告与案外人于 2014 年 3 月 11 日签订的《出版合同》等证据认定，原告工业出版社系涉案图书的出版者，至其提交起诉状之日为止，其享有的涉案图书的版式设计权在我国《著作权法》有关邻接权的保护时效期间内。

二、被告网站涉案行为是否侵犯了原告提出的版式设计权

根据法律规定，未经许可擅自使用与出版的图书相同或者基本相同的版式设计出版同一作品的，构成侵害版式设计权的行为；同时，将图书、报刊扫描复制后在互联网上传播的行为，亦构成对出版者享有的图书版式设计权的侵害。图书出版者有权禁止他人通过扫描成电子版图书进行网络传播的方式使用涉案图书的版式设计。

被告太原教育科技公司作为从事教育培训的经营企业，擅自将涉案纸质图书的电子扫描件（PDF 格式）上传至其经营的网站并向公众提供下载服务，其目的系通过提供相关课件吸引学员以获取经济利益。在本案举证期限内，被告太原教育科技公司未提供证据证明其涉案行为具有合法依据，故被告太原教育科技公司涉案行为构成侵权，不仅侵犯了作品著作权利人的信息网络传播权，而且侵犯了原告工业出版社享有的涉案图书版式设计权中的复制权，应当依法承担相应的民事侵权责任。

三、版式设计权在互联网环境下如何保护

国务院 2006 年公布的《信息网络传播权保护条例》仅保护著作权人、表演者、录音录像制作者的信息网络传播权，而不保护出版者、广播组织的信息网络传播权。2020 年修正的《中华人民共和国著作权法》填补了广播组织信息网络传播权保护的空白。

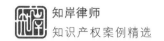

2018年颁布的《北京市高级人民法院侵害著作权案件审理指南》对互联网环境下的版式设计权保护进行了一定突破,规定"将图书、报刊扫描复制后在互联网上传播的,构成侵害版式设计权"。

在法律没有赋予出版者信息网络传播权的情况下,本案法院在认定被告网站侵权时也不可能认定其侵犯了原告作为出版者的信息网络传播权,但认定被告侵犯了原告涉案图书版式设计权中的复制权,对《北京市高级人民法院侵害著作权案件审理指南》的上述条款作了进一步阐述,这无疑是相当巧妙的。

未经许可通过互联网提供出版图书的浏览和下载的行为,对纸质正版图书的市场发行形成巨大冲击,而我国有不少出版社仅仅享有所出版图书的专有出版权,不享有信息网络传播权,故对互联网传播行为无计可施。

本案法院依据《北京市高级人民法院侵害著作权案件审理指南》的精神认定被告的信息网络传播行为构成侵权,无疑是一种司法实践上的突破,对于出版社打破上述困局具有一定的指引作用。

## (二) 间接侵权

### 10. P2P 资源分享平台侵权责任的承担
——上海某网络科技有限公司与某星科技（北京）有限公司侵害作品信息网络传播权纠纷案

#### 裁判要旨

互联网资源分享的网络服务商，在网站中专门开设了相关频道供网络用户上传和浏览、下载，即使针对注册用户发布了相关著作权声明，若没有对网络用户上传作品做任何的限制，也没有采取诸如限制上传资源大小、提交权利证明或其他有效防止未经许可的作品上传的措施的，也应认定为没有尽到合理的注意义务，需承担共同侵权责任。

#### 关键词

侵害著作　游戏　作品　网站　注意义务　侵权责任

#### 当事人

上诉人（一审被告）：上海某网络科技有限公司（以下简称上海网络科技公司）

被上诉人（一审原告）：某星科技（北京）有限公司（以下简称星科技公司）

#### 一审诉请

星科技公司向一审法院起诉请求：（1）被告停止侵权（包括删除游戏下

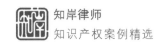

载链接及所有与游戏相关的简介、分类和推荐的内容）；（2）被告赔偿原告60000元。

## 案件事实

原告和资讯公司系涉案的计算机单机游戏《大富翁8》的著作权人，其于2005年12月1日取得了该游戏的计算机软件著作权登记证书，根据登记证书记载，作品首次发表日期为2005年9月25日。该游戏由北京某电子出版有限公司以光盘形式出版发行，光盘外包装上显示"建议零售价69元；制作：星科技公司；@2006星科技公司拥有本产品之著作权"。被告系涉案网站的运营单位。

2011年1月13日，资讯公司发布了游戏著作权声明一份，主要内容如下：资讯公司和星科技公司共同制作完成了单机游戏，为游戏的著作权人。双方经友好协商，一致同意星科技公司作为双方的著作权代表人和诉讼代表人，独家全权代表双方在中华人民共和国境内（不包括港澳台地区）行使游戏的出版权、复制权、发行权以及信息网络传播权等权利，并开展宣传和商务活动。当上述著作权权利遭受侵犯时，星科技公司有权单独以自己的名义对第三方的侵权行为实施保护著作权的法律行动，包括但不限于任何合法有效的法律行动以及民事诉讼和非诉讼法律行动，并有权独立承担并接受保护著作权法律行动的一切结果。星科技公司有权代表资讯公司行使上述著作权权利和著作权维权权利。原告提供的维权游戏列表中包括《大富翁8》在内的一系列单机游戏。

2011年1月28日，原告委派其代理人向北京市某公证处提出申请，要求公证处对从互联网网站上下载有关计算机游戏程序的过程进行现场监督，并对下载过程中取得的拷屏文件、下载所得的拷屏文件及下载所得计算机程序予以保全证据。同日，在公证员的监督下，在该公证处的计算机上进行了与本案相关的主要操作如下：打开IE浏览器，在浏览器地址栏输入涉案网站网址，进入相应页面，点击"游戏"链接，进入相应页面，在搜索栏输入"大富翁"，点击"搜索"链接，从打开的页面点击"《大富翁8》"链接，进入相应页面，点击"《大富翁8》（Richman8）完美破解版"链接，进入相应页面，点击"立即下载"，进入相应页面，点击"确定"，进入相应页面，打开电脑对应文件夹，进入相应页面，上述过程均进行了拷屏并打印，刻录保存在光盘内。同年 7 月 7 日，对于上述公证过程，该公证处出具了（2011）京某内经证字第 11004 号公证书一份，公证书附件中的拷屏文件记载了《大富翁 8》完美破解版在网站上的查找路径，该游戏的下载链接在网站上发布的时间为 2008 年 1 月 25 日，截至 2011 年 1 月 28 日被浏览的次数为 751618 次。审理中，被告对公证书所附的光盘进行了拆封演示，上述下载的《大富翁 8》（Richman8）完美破解版软件经测试可正常安装使用。

庭审中，双方均确认被告提供的是涉案游戏的链接服务，原告认为被告是间接侵权。

以上事实由原告提供的《大富翁 8》外包装、（2011）京某内经证字第 11004 号公证书、（2011）京某内经证字第 6116 号公证书、（2011）京某内经证字第 00226 号公证书及双方当事人的陈述等证据所证实。

### ▶ 二审诉请

上诉人上海网络科技公司向二审法院上诉请求：撤销原审判决，改判驳回被上诉人星科技公司的诉讼请求或发回重审。

### ▶ 案件事实

二审法院经审理查明涉案网站是基于 P2P 技术的互联网资源分享平台，网上资源的简介及链接地址等内容由网络用户根据网站设置的引导程序输入，在其网站上有针对不同资源进行的频道分类，其中"游戏"单列为一类。涉案游戏下载页面标注该资源为"普通资源"，制作发行为"寰宇之星"，资源发布者为"酷鱼"，该资源发布者共发布"精华资源" 3 项，"全部资源" 7 项。对一审法院查明的其他事实予以确认。

### ▶ 裁判意见

**一审法院认为：**

根据涉案游戏光盘上的署名、版权声明、著作权登记证书上的署名以及资讯公司发布的游戏著作权声明,可以确认原告系涉案游戏的著作权人,有权在涉案游戏的著作权遭到侵害时单独提起诉讼,系适格的原告。虽然被告辩称涉案游戏的链接系网友自行上传于其网站上,且游戏也没有保存在被告的服务器上,但考虑到涉案游戏的知名度较高以及该游戏下载链接在被告网站上存在的时间较长,被告作为网站管理者应知涉案游戏的著作权人并非上传者,而是另有他人。被告在应知涉案游戏侵权的情况下,仍然设置下载链接,供服务对象通过其设置的链接下载涉案游戏,其行为构成帮助侵权,侵害了原告作品的信息网络传播权,理应承担相应的赔偿责任。现原告认可被告已经删除相关游戏下载链接,故要求撤回第一项诉讼请求,与法无悖,本院予以准许。

至于具体的赔偿金额,鉴于被告因侵权获得利益及原告因被侵权所遭受的损失均难以确定,本院综合考虑涉案游戏的类型、首次发表时间、知名度、销售价格、被告侵权行为的性质、情节、持续时间等予以酌情确定。

据此,依照《中华人民共和国著作权法》第十条第一款第十二项、第十一条第一款①、第十一条第四款②、第四十八条第一项、第四十九条,《最高人民法院关于审理著作权民事纠纷案件适用法律若干问题的解释》第二十五条第一款、第二款,《信息网络传播权保护条例》③ 第二十三条④之规定,判决如下:

被告上海网络科技有限公司于本判决生效之日起十日内赔偿原告星科技公司经济损失 24000 元。

**二审法院认为:**

本案的主要争议焦点在于上诉人是否具有主观过错,是否应当承担赔偿责任。上诉人认为其已针对涉案网站注册用户发布相应的著作权声明以供阅

---

① 对应现行《中华人民共和国著作权法》第十一条第一款,本书下同。
② 对应现行《中华人民共和国著作权法》第十二条第一款,内容有修改,本书下同。
③ 此处引用的《信息网络传播权保护条例》为 2006 年通过本。
④ 对应现行《信息网络传播权保护条例》(2013 年修订)第二十三条,本书下同。

读，在目前网络环境未要求网络用户进行实名制登记的情况下，其有理由相信阅读并同意网站发布的著作权声明的注册用户即为涉案作品权利人，一审法院仅凭涉案游戏知名度及其在上诉人网站上的存续时间即认定上诉人应知涉案游戏著作权人并非网站资源上传者，上诉人主观上存在过错失之偏颇。对此本院认为，通常情况下游戏作品的相关权利人不会匿名地将作品在互联网上免费发布，而不谋求任何形式的商业利益，这些事实依据一般的社会生活经验就可以预见。上诉人作为一家专业从事互联网资源分享的网络服务商，更应当了解一般商业规则。上诉人在网站中专门开设了游戏频道，虽针对注册用户发布了相关著作权声明，但没有对网络用户上传的作品做任何的限制，也没有采取诸如限制上传资源大小、提交权利证明或其他有效防止未经许可的作品上传的措施。正如前面所分析的，权利人匿名免费上传其作品的可能性如此之小，侵权后果发生的概率也就较大，而上诉人不加限制地为网络用户提供专用于上传作品的交流平台这一行为对于信息网络传播权人又几无任何积极的效益。因此，原审法院认定本案上诉人具有过错，应当承担侵权损害赔偿责任具有事实和法律依据。

上诉人在庭审中陈述其有针对注册用户的"著作权声明"，网络用户必须阅读并同意该声明才能注册，此外，其还有审核团队针对网站海量资源进行内容审核，亦设置了关键字屏蔽措施。其认为若权利人想要制止侵权，完全可以根据上诉人在网站上发布的联系方式通知上诉人进行删除。上诉人在收到法院传票后就立即删除了涉案作品链接，尽到了合理注意义务，不应承担赔偿责任。对此本院认为，上诉人有关权利的警告性提示或要求权利人发出权利通知并不能替代其作为网络服务提供者应尽的合理注意义务。本院注意到，涉案作品在上诉人网站上的存续时间较长，上诉人在如此长的一段时间内只要对涉案游戏下载页面的相关信息施以一般的注意义务，就能发现涉案游戏下载页面显示的资源发布者与涉案游戏的发行者并非一致等极有可能存在侵权的信息。但是上诉人没有尽到合理的注意义务，从而导致侵害被上诉人著作权行为的发生，可见上诉人具有过错，应承担共同侵权责任。

综上，原审判决认定事实清楚，适用法律基本正确，所作判决并无不当，

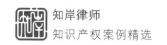

上诉人的上诉请求及其理由缺乏事实和法律依据，应予驳回。据此，本院判决如下：

驳回上诉，维持原判。

### ▶ 案情解析

本案是一起侵害作品信息网络传播权纠纷案件，争议的焦点为上诉人上海网络科技公司作为第三方网络平台是否应承担侵权责任。

现行《信息网络传播权保护条例》（2013年修订）第二十二条规定："网络服务提供者为服务对象提供信息存储空间，供服务对象通过信息网络向公众提供作品、表演、录音录像制品，并具备下列条件的，不承担赔偿责任：……（三）不知道也没有合理的理由应当知道服务对象提供的作品、表演、录音录像制品侵权……"

该条例第二十三条规定："网络服务提供者为服务对象提供搜索或者链接服务，在接到权利人的通知书后，根据本条例规定断开与侵权的作品、表演、录音录像制品的链接的，不承担赔偿责任；但是，明知或者应知所链接的作品、表演、录音录像制品侵权的，应当承担共同侵权责任。"

上述条例为网络平台不承担侵权赔偿责任提供了"避风港原则"，即网络服务提供者提供存储、搜索、链接等网络服务，其链接、存储的相关内容涉嫌侵权，如果能够证明自己并无恶意，并且及时删除侵权链接或者内容，则不承担赔偿责任，也即"通知加删除"规则。与之相对应的便是"红旗标准"，即在网络服务提供者提供的存储、链接等服务中，若侵权行为显而易见，像一面红旗一样冉冉升起，但其却像鸵鸟一样视而不见，即使权利人向其发出删除通知，也视为网络服务提供者知晓侵权事实构成共同侵权。

具体到本案，由于涉案单机游戏具有一定的知名度，再加上通常情况下游戏作品权利人不会匿名地将作品在互联网上免费发布这一通常的社会生活经验事实，上海网络科技公司如果稍微加以注意便可知晓，但其并未履行注意义务。因此，上诉人上海网络科技公司便驶出了"避风港"，没有履行注意义务，纳入到应知、明知范围内，应适用"红旗标准"，承担共同侵权责任。

## 11. 网络服务提供者"应知"判定之主管区长推荐
——北京某教育科技有限公司与中国某经济出版社侵害作品信息网络传播权纠纷案

### 裁判要旨

网络服务提供者指派的主管区长对涉案作品进行"精确分类""优秀推荐""资源合集"等主动行为的，可推定构成"应知"，应当承担帮助侵权的责任。

### 关键词

图书　论坛　帖子　赔偿　帮助侵权　避风港原则

### 当事人

上诉人（一审被告）：北京某教育科技有限公司（以下简称北京科技公司）

被上诉人（一审原告）：中国某经济出版社（以下简称经济出版社）

### 一审诉请

经济出版社向一审法院起诉请求：北京科技公司赔偿经济出版社经济损失 129920 元。

### 案件事实

一、与涉案图书权属相关的事实

涉案图书版权页记载：中国注册会计师协会（以下简称注会协会）编写；

经济出版社出版；2017年3月第1版；812千字；定价：51元。经济出版社与注会协会于2017年4月15日签订《版权许可备忘录》（以下简称《备忘录》），约定注会协会授权经济出版社出版图书的范围为包括涉案图书在内的合计6种图书；经济出版社享有上述图书的专有出版权和信息网络传播权，期限5年，约定期间注会协会不再另行授权任何第三方出版上述图书及享有信息网络传播权，同时授予经济出版社独立维权权利；授权自授权图书出版之日起生效。北京科技公司对经济出版社享有涉案图书的信息网络传播权不持异议。

二、与被诉侵权行为相关的事实

2017年9月8日，经经济出版社申请，北京市某公证处对经济出版社浏览相关网页的过程进行保全，并制作（2017）京某内经证字第61595号公证书（以下简称第61595号公证书），该公证书记载：涉案网站ICP备案记载该网站的主办单位为北京科技公司。点击进入该网站中的论坛栏目并登录，论坛中设有包括"注册执考区"在内的"版块导航"栏目，"注册执考区"下设"经管类考试"版块。点击进入"经管类考试"版块后显示该区的主管区长名，"资源"项下有标题为"【会计类】2017年从业会计、初级会计、中级会计、注会会计、注册税务师资源分享"的帖子（以下简称涉案帖子），作者为×××，发帖时间为2017年4月3日，浏览次数3442次；涉案帖子中包含注册会计师资料地址、登录密码等书籍内容，并注明"登录后可以看到您购买的资料文件，单击进去后就是资料的链接，点击链接弹出百度云盘页面（百度云盘的提取密码在链接右侧提示里）"。点击涉案帖子"注会资料地址"下方网址并进入，页面显示"Lily会考资料QQ×××"，页面含有"资料最新更新发布地址"等内容；使用涉案帖子提供的"税法密码2k30"登录后，显示"子账号目录"，点击该目录中"/注册会计/税法/"下的"2017-cpa-税法.url"并使用其后所附密码后，进入用户名为"mj××××的网盘"的百度网盘页面，页面中有名为"2017-cpa-税法"的文件夹。点击该文件夹，其中含有涉案图书同名文件；选中该文件并保存至百度网盘中，后可下载至本地磁盘查看。涉案帖子第5楼中，涉案区长回复"好资源"，并对涉案帖子打分为"五星级、优秀推荐"；查看主管区长的用户资料，显示其管辖"注册执考区",在"经管类考试"版块和"注册执考区"均担任区长;涉案帖子第13楼中,涉案版主对涉案帖子打分为"五星级,优秀推荐",查看版主的用户资料,显示其系管辖"分析"的版主。该公证书还对其他图书一并进行了公证。

经济出版社认可涉案帖子系用户上传,但认为该帖中集合了多部图书,且涉案图书为当时的热门教材,涉案区长、版主本应对涉案帖子进行监管,但进行了评论并推荐,具有主观故意;另外,论坛区长、版主的身份系北京科技公司赋予的,其行为代表了论坛行为,故北京科技公司构成帮助侵权。

北京科技公司认可上述公证书的真实性,认可涉案帖子中的涉案图书系全书内容,但认为其作为网络服务提供者应适用"避风港原则",并为此提交以下材料:1. 涉案网站用户协议,该用户协议记载知识产权、侵权举报、免责声明条款,北京科技公司据此认为涉案网站仅提供论坛服务,已提前告知用户不得侵权并明确了侵权投诉渠道,其仅应承担通知删除义务;2. 发布涉案帖子用户的后台注册信息截图,说明涉案帖子是用户所发布;3. 涉案论坛实习版主申请及转正规则,该规则中有"申请当版主"的选项,北京科技公司据此称涉案版主系用户而非其员工,其推荐行为系用户个人行为;4. 版主晋升规则,该规则记载了实习及正式区长的选任等程序,但未提及主管区长的选任,北京科技公司据此称涉案区长系用户而非其员工,其评论和推荐行为均属用户个人行为。

经济出版社认可北京科技公司提交的上述证据的真实性,但认为,涉案论坛中的版主和区长也可以由北京科技公司的员工注册为用户后担任;此外,涉案网站用户协议第二条显示,"凡用户存在如上行为,管理员或版主有权编辑、转移、锁定甚至删除帖子,并视情节轻重扣除用户金币,以示警告。屡屡违规者,管理员有权视情况禁止该账号并阻止其登录IP",说明北京科技公司对版主和区长的任命有控制权限和能力,故即便版主或区长系从普通用户中选任,他们也必须经北京科技公司授权和允许才具有管理权限。因此,涉案区长和版主实施的评论和推荐行为应视为北京科技公司的行为。

北京科技公司另称其在接到起诉书后，于2017年9月8日删除涉案帖子，经济出版社认可该事实。

三、与经济损失和合理开支相关的事实

关于经济损失，经济出版社未提交证据证明其实际损失或北京科技公司违法所得，称其主张的经济损失数额系根据《使用文字作品支付报酬办法》第五条关于稿酬的规定，以及《北京市高级人民法院关于确定著作权侵权损害赔偿责任的指导意见》[①]第二十五条、第二十六条、第三十二条中关于参照国家有关稿酬规定2至5倍确定赔偿数额的规定，以版权页载明字数812千字每千字乘80再乘2计算；另明确在本案中不再主张合理开支。

上述事实，有经济出版社提交的涉案图书封面及版权页打印件、《备忘录》、公证书，北京科技公司提交的网页打印件及本院证据交换笔录、开庭笔录等在案佐证。

## ▶ 二审诉请

上诉人北京科技公司向二审法院上诉请求：撤销一审判决的第一项，改判驳回经济出版社全部诉讼请求。

## ▶ 案件事实

二审法院经审理查明的事实与原审法院相同。

## ▶ 裁判意见

**一审法院认为：**

结合经济出版社提交的涉案图书版权页记载内容以及《备忘录》，本院认定经济出版社对涉案图书享有信息网络传播权，有权提起本案诉讼。

---

① 已被2020年4月公布的《北京市高级人民法院关于侵害知识产权及不正当竞争案件确定损害赔偿的指导意见及法定赔偿的裁判标准》废止。

涉案论坛用户未经经济出版社许可，擅自发布含有涉案图书网盘链接、密码的涉案帖子，使不特定公众可以在个人选定的时间和地点获得涉案图书，侵害了经济出版社对涉案图书享有的信息网络传播权。

北京科技公司运营的涉案网站系信息存储空间，双方对此不持异议，本院对该事实予以确认。至于其是否对上述用户的侵权行为构成帮助侵权，关键在于判断北京科技公司是否未尽合理注意义务，是否具有主观过错。对此，本院结合以下因素进行分析：

第一，根据第 61595 号公证书，涉案帖子所在的论坛位置系"注册执考区"栏目下"经管类考试"板块的"资料"一项，说明论坛对相应资源进行了精确分类。此外，涉案图书系注册会计师考试用书，而涉案帖子在标题处加注"会计类"，在涉案板块中很容易引起论坛管理者的注意；加之涉案帖子系会计类考试资源合集，除涉案图书之外，还包含多部考试类用书资源，且在每一种图书下载资源下附具体的下载链接、登录密码，发帖用户的侵权行为极为明显；北京科技公司作为专业的学习、考试论坛经营者，理应知晓涉案图书作为考试类用书，基本不可能授权给个人用户使用并进行传播，其对涉案帖子理应有更高的注意义务。

第二，本案中，涉案区长、版主对涉案帖子进行了评论和优秀推荐，说明其注意到了涉案帖子，且对发帖行为进行了鼓励，明显具有主观过错。根据北京科技公司提交的版主、区长选任、晋升规则，该规则系由其所制定，且规则记载的内容未能排除北京科技公司参与版主、区长的选任和确定的情形；在无相反证据的情形下，涉案版主、区长系由北京科技公司认可并选任，接受论坛版主、区长规则的约束和管理；其对涉案帖子进行评论和推荐的行为虽非北京科技公司而为，但系其代表北京科技公司所做出的论坛管理行为，即北京科技公司对涉案帖子的传播存在过错。

据此，本院认为，北京科技公司对涉案网站论坛的涉案帖子未尽合理注意义务，存在过错，为涉案直接侵权行为提供了帮助，侵害了经济出版社对涉案图书享有的信息网络传播权，应当承担相应的法律责任。经济出版社要求北京科技公司赔偿经济损失，具有事实和法律依据，本院予以支持。

关于经济损失的具体数额，因经济出版社未提交证据证明其所受损失和北京科技公司非法获利的数额，本院综合考虑以下因素依法酌情判定赔偿数额：1. 涉案图书系注册会计师考试辅导书目，具有一定的市场价值；2. 涉案版主、区长主动评论、推荐涉案帖子，使得涉案图书传播范围扩大的可能性提高；3. 涉案帖子自2017年4月3日持续发布至2017年9月8日，时间跨度数月；4. 涉案帖子的浏览量较高；5. 涉案图书版权页记载字数为812千字，定价为45元。综合以上意见，本院依法酌定赔偿数额为90000元；经济出版社主张的数额过高，本院不予全部支持。

综上，依照《中华人民共和国著作权法》第十条第一款第十二项、第四十八条第一项，《信息网络传播权保护条例》第二十三条以及《中华人民共和国民事诉讼法》第六十四条第一款之规定，判决如下：

一、本判决生效之日起十日内，被告北京科技公司赔偿原告经济出版社经济损失90000元；

二、驳回原告经济出版社的其他诉讼请求。

**二审法院认为：**

本案中，涉案论坛用户未经经济出版社许可，擅自发布含有涉案图书网盘链接、密码的涉案帖子，使不特定公众可以在个人选定的时间和地点获得涉案图书，一审法院认定该行为侵害了经济出版社对涉案图书享有的信息网络传播权，对此双方并无异议，本院予以确认。涉案图书系涉案论坛用户上传，北京科技公司运营的涉案网站系提供信息存储空间服务的行为，对此双方亦无异议，本院予以确认。如上所述，人民法院认定网络服务提供者构成帮助侵权行为，还需其明知或者应知网络用户利用网络服务侵害信息网络传播权。具体到本案中，根据涉案公证书的记载，涉案帖子所在的论坛位置系"注册执考区"栏目下"经管类考试"板块的"资料"一项，说明论坛对相应资源进行了精确分类。此外，涉案图书系注册会计师考试用书，而涉案帖子在标题处加注"会计类"，在涉案版块中很容易引起论坛管理者的注意；加之涉案帖子系会计类考试资源合集，除涉案图书外，还包含多部考试类用书资源，且在每一种图书下载资源下附具体的下载链接、登录密码，发帖用户的侵权行为极为明显；北京科技公司理应有更高的注意义务。一审法院据此认定北京科技公司应知涉案论坛用户利用网络服务实施涉案侵害信息网络传播权的行为，并无不当。

关于北京科技公司认为涉案行为为用户行为，其未为网络用户侵权提供帮助，应适用"避风港原则"，不应承担侵权责任的主张，本院认为，北京科技公司作为涉案网站的主办者，应当对网站负有法律规定的管理职责。虽然涉案图书为用户上传，但在案证据显示，涉案区长、版主对涉案帖子进行了评论和优秀推荐，说明其注意到了涉案帖子，且对发帖行为进行了鼓励，明显具有主观过错，说明北京科技公司对涉案论坛用户利用网络服务实施涉案侵害信息网络传播权行为的主观状态为应知。故对于北京科技公司关于"未为网络用户侵权提供帮助，应适用'避风港原则'"的上诉理由，本院不予采纳。

综上，一审法院认定北京科技公司的涉案行为构成了帮助侵权，并应承担损害赔偿责任，于法有据，本院予以确认。

关于一审法院对侵权损害赔偿数额的判定是否合理。《中华人民共和国著作权法》第二十八条规定："使用作品的付酬标准可以由当事人约定，也可以按照国务院著作权行政管理部门会同有关部门制定的付酬标准支付报酬。当事人约定不明确的，按照国务院著作权行政管理部门会同有关部门制定的付酬标准支付报酬。"第四十九条规定："侵犯著作权或者与著作权有关的权利的，侵权人应当按照权利人的实际损失给予赔偿；实际损失难以计算的，可以按照侵权人的违法所得给予赔偿。赔偿数额还应当包括权利人为制止侵权行为所支付的合理开支。权利人的实际损失或者侵权人的违法所得不能确定的，由人民法院根据侵权行为的情节，判决给予五十万元以下的赔偿。"

本案中，双方当事人并未提交证据证明权利人的实际损失或者侵权人的违法所得，故应当依据法定赔偿标准确定赔偿数额。一审法院综合涉案图书的市场价值、受众范围，侵权行为的性质、侵权时间、侵权网站影响力等因素，参考国家版权局、国家发展和改革委员会颁行的《使用文字作品支付报酬办法》规定的标准，酌定赔偿标准并无不当，本院予以确认。

综上，一审判决认定事实清楚，适用法律正确，本院依法予以维持。北京科技公司的上诉请求缺乏事实与法律依据，本院不予支持。依照《中华人民共和国民事诉讼法》第一百七十条第一款第一项之规定，本院判决如下：

驳回上诉，维持原判。

### ▶ 案情解析

本案是一起侵害作品信息网络传播权纠纷案件，该案件的争议焦点主要集中在北京科技公司的涉案行为是否构成帮助侵权，如构成应承担损害赔偿责任。

现行《中华人民共和国著作权法》第五十三条规定："有下列侵权行为的，应当根据情况，承担本法第五十二条规定的民事责任；侵权行为同时损害公共利益的，由主管著作权的部门责令停止侵权行为，予以警告，没收违法所得，没收、无害化销毁处理侵权复制品以及主要用于制作侵权复制品的材料、工具、设备等，违法经营额五万元以上的，可以并处违法经营额一倍以上五倍以下的罚款；没有违法经营额、违法经营额难以计算或者不足五万元的，可以并处二十五万元以下的罚款；构成犯罪的，依法追究刑事责任：（一）未经著作权人许可，复制、发行、表演、放映、广播、汇编、通过信息网络向公众传播其作品的，本法另有规定的除外……"

现行《最高人民法院关于审理侵害信息网络传播权民事纠纷案件适用法律若干问题的规定》第七条第三款规定："网络服务提供者明知或者应知网络用户利用网络服务侵害信息网络传播权，未采取删除、屏蔽、断开链接等必要措施，或者提供技术支持等帮助行为的，人民法院应当认定其构成帮助侵权行为。"第十二条规定："有下列情形之一的，人民法院可以根据案件具体情况，认定提供信息存储空间服务的网络服务提供者应知网络用户侵害信息网络传播权：……（二）对热播影视作品等的主题、内容主动进行选择、编辑、整理、推荐，或者为其设立专门的排行榜的；（三）其他可以明显感知相关作品、表演、录音录像制品为未经许可提供，仍未采取合理措施的情形。"

本案中，尽管北京科技公司并非该帖的直接发布者，但其作为网站经营者，应当对用户发布的帖子内容施以合理的注意，并进行适当的管理。特别对于"注册执考区"栏目下的"经管类考试"板块，其更应当采取审慎的态度，对于明显涉及侵权的内容及时采取移除、断链、屏蔽等措施，尽量避免侵权范围的扩大和结果的加重。在北京科技公司运营的网站中，板块的主管区长及另一版主，均对涉案帖做了五星级优秀推荐。由此可见，无论是从上述帖子在论坛中的位置、包含的图书类别及数目，还是从版主对该帖子的鼓励、推荐等情况看，北京科技公司对该帖子的存在应当尽到更高的注意义务，其作为专业的学习、考试论坛经营者，理应知晓涉案图书作为考试类用书，基本不可能授权给个人用户使用并进行传播，故不适用"避风港原则"，构成帮助侵权，应承担相应的损害赔偿责任。

## 12. 网络服务提供者"应知"判定之直接获取经济利益
——四川某网络科技有限公司与中国某出版社侵害作品信息网络传播权纠纷案

### 裁判要旨

网络服务提供者如果从服务对象提供的作品、表演、录音录像制品中直接获得经济利益,则应认定为具有更高的注意义务,应当承担帮助侵权责任。

### 关键词

文档  平台  上传  下载  经济利益  免责条款

### 当事人

上诉人(一审被告):四川某网络科技有限公司(以下简称四川网络公司)

被上诉人(一审原告):中国某出版社有限公司(以下简称中国出版社)

### 一审诉请

中国出版社向一审法院起诉:(1)请求法院判令被告立即停止侵权(庭审中,原告撤回该项诉讼请求);(2)请求法院判令被告赔偿原告经济损失及合理开支187280元;(3)请求法院判令被告承担本案诉讼费。

### 案件事实

一、关于原告主张权利的相关事实

涉案图书首页和版权页显示:2018年版涉案图书甲系注册消防工程师资

格考试辅导教材，由中国消防协会组织编写，中国出版社出版发行。2018年7月第1版，2018年7月第2次印刷，字数461千字，定价55元。2018年版涉案图书乙系注册消防工程师资格考试辅导教材，由中国消防协会组织编写，中国出版社出版发行。2018年7月第1版，2018年7月第2次印刷，字数1015千字，定价112元。2018年版涉案图书丙系注册消防工程师资格辅导教材，由中国消防协会组织编写，中国出版社出版发行。2018年7月第1版，2018年7月第2次印刷，字数865千字，定价98元。

2019年1月3日签署的《版权许可备忘录》显示：中国消防协会授权中国出版社独占享有涉案三本书的专有出版权和信息网络传播权，期限三年，自2018年4月26日起，在约定期限内，中国消防协会不再另行授权任何第三方机构、个人享有上述图书的专有出版权及信息网络传播权。对于上述授权，中国出版社有权单独以自己的名义对任何侵权行为进行调查、取证、鉴定、投诉和提起诉讼。

2019年1月29日，经核准，中国出版社名称变更为中国出版社有限公司。

二、关于被控侵权行为的相关事实

2019年6月24日，北京市某公证处出具的（2019）京某内民证字第741号公证书显示，2019年6月18日原告中国出版社委托代理人到北京市某公证处进行证据保全。在搜索地址栏输入www.beian.miit.gov.cn，点击"公共查询""备案信息查询"，在"网站域名"输入涉案网站域名后输入验证码，显示网站主办单位名称是王某，主办单位性质是个人。在搜索地址栏输入涉案网站网址，点击显示四川网络公司的增值电信业务经营许可证，在网站页面底部有某原创力网络科技有限公司（以下简称原创力公司）字样。庭审中，被告认可其系该网站的经营者且已经做了ICP备案信息的变更。在搜索地址栏中输入www.gsxt.gov.cn，复制"原创力公司"，点击"查询"，显示原创力公司企业信用信息，法定代表人是王某。在涉案网站页面，输入登录名、密码及验证码进入界面，在文档搜索框内输入"2018年注册消防工程师教材"并点击搜索，搜索结果页面显示有搜索筛选项及搜索结果列表，点击"大于100页"筛选项，点击搜索结果中的"300金币2018年注册消防工程师

WORD版教材可编辑版.docx",进入的页面显示付费提示对话框载明"1. 本文为非原创文档,但已获得作者授权"字样,文档信息载明:上传用户为×××,上传时间为2019-1-25,页码为539页,文档大小为1.52M,点击"下载源文档"进入支付界面,点击"立即支付",用手机端支付宝扫描电脑屏幕中二维码,在手机端支付宝进行支付,支付30元成功后,设置下载存储路径,点击"保存"。回到搜索结果列表页面,点击"100金币2018年注册消防工程师电子版教材.pdf"进入结果页面,该页面中下载提示载明"1. 文档由网友收集上传,文档内容全部免费浏览,下载前请自行识别文档完整性;2. 该文档所得收入归上传者、原创作者,如果您是本文档原作者,请点此认领",文档信息载明:上传者为×××,上传时间为2019-1-16,页码638页,文档大小为47.97M,点击"下载源文档"进入支付界面,点击"立即支付",用手机端支付宝扫描电脑屏幕中二维码,在手机端支付宝进行支付,支付10元成功后,设置下载存储路径,点击"保存"。回到搜索结果列表页面,点击"300金币2018版注册消防工程师教材.pdf",进入的结果页面显示"您可以全文免费在线阅读后下载本文档",文档信息载明:上传者为×××,上传时间为2018-10-19,页数292页,文档大小为41.05M,点击"下载源文档"进入支付界面,点击"立即支付",用手机端支付宝扫描电脑屏幕中二维码,在手机端支付宝进行支付,支付30元成功后,设置下载存储路径,点击"保存"。

经比对,被控侵权作品与涉案作品一致,下载文件的页数及文档大小与前述页面信息内容基本一致。

三、关于被告答辩的相关事实

被告提交了四川省成都市某公证处出具的(2019)川成某证内经字第234602号公证书(以下简称第234602号公证书)及(2019)川成某证内经字第234603号公证书(以下简称第234603号公证书)(以上两公证书均在2019年12月10日申请),用以证明以下事实:

一是被告系网络平台提供者,提供的是存储空间服务。第234602号公证书显示,涉案平台是被告下的文档上传平台,用户在注册时已同意并确认相应的《用户服务条款》《免责声明》《版权声明》《侵权处理》《用户协议》,平台为用户提供信息存储空间服务，网络用户在该空间中可以上传发布内容，平台不对上传内容本身进行任何编辑或选择，同时用户保证取得上传文件所必要的权利或取得必要的许可或授权。被告在注册页面底部注明了网络服务提供者的名称、联系人及网络地址。被告从未主动对诉争作品进行选择、编辑、整理、推荐，或者为其设立专门的排行榜。用户上传文档时，由其自行选择分类。

二是涉诉的文学作品系由经实名注册的用户陈某自行上传发布，系平台用户的个人行为。第234603号公证书显示，被告代理人登录其涉案网站后台，在ID地址栏中输入一列数字，出现的搜索结果显示文档名称为"2018版消防安全案例分析教材.pdf"，原创（否），删除时间2019-10-30，上传时间为2018-9-14，页数288，大小117.1M，登录名为158××××＊＊＊＊；类似的步骤，被告还搜索ID，找到文档名称为"2018年消防安全技术实务教材.pdf"，原创（否），删除时间2019-10-30，上传时间为2018-9-14，页数635，大小58.05M，登录名为158××××＊＊＊＊；被告再次搜索ID，找到文档名称为"2018版消防安全技术综合能力教材.pdf"，原创（否），删除时间2019-10-30，上传时间为2018-9-14，页数542，大小42.79M，登录名为158××××＊＊＊＊。在以上操作过程中展示了登录名为158××××＊＊＊＊的账号的实名注册主体为陈某。被告称涉案图书均系该人上传，确认的依据是原告公证过程中有ID。

三是被告已主动删除侵权文档，平台中已不存在诉争文档。第234602号公证书显示被告严格适用通知-删除规则。

四是被告已尽合理的事前审查义务，不存在过错，不应承担任何责任。第234602号公证书和第234603号公证书显示，被告建立包含知名作家、知名作品的数据库，如上传的文档信息包含知名作家或知名作品，则无法上传。如上传的文档为重复作品，无论作品名称或内容与平台此前有的文档重复，均无法上传。如上传的文档涉及非法关键词等，则无法上传。被告平台管理人员还将对文档进行实质性审查，如上传的文档可在百度中检索到同类文档，则无法上传。

五是被告未就涉诉文学作品获得任何经济利益，未给原告造成任何经济损失。被告仅就网络服务收取一般性的广告费、服务费。第234602号公证书和第234603号公证书显示，用户上传文档时，自行选择文档的分类及下载所需金币。普通文档是指您通过各种合法途径收集、整理，可被任何互联网用户全文浏览的文档。原创文档是指文档内容从创作开始到结束由上传用户本人亲自完成，并享有版权的文档。独家文档是指上传用户拥有所上传文档授权且半年内全互联网并没有出现过的文档。用户若上传原创文档，则文档所产生收益的100%归于用户，平台不收取任何服务费。若用户上传普通文档或独家文档，平台从成交金币中提取一定比例作为服务费。平台为鼓励用户，使用户可通过各种途径从平台处无偿获取（包括且不限于注册、实名认证、关注微信公众号、每日签到等多种途径），用户无需实际付费下载，故平台并未直接从用户上传文档中获得经济利益。在网站使用帮助中的投稿赚钱的收益如何支付给用户中载明："文档上传后，有人下载，就会有收益。原创文档获得95%的收益，独家文档获得90%的收益，普通文档获得65%的收益。"上传者陈某从原创文档通道上传，根据平台的网站收益规则，则原创文档所产生收益的100%归于用户，平台不收取任何服务费；同时，涉诉上传文学作品在收到法院传票后已删除，且上传者陈某的账号已做封号处理，无论上传者陈某还是平台并未因涉诉文学作品获得任何经济利益，且未给原告造成任何经济损失，故不应当承担赔偿责任。

被告称其公司名称在2018年6月变更为现名。

被告还提交了其他民事判决书证明其系信息存储空间服务提供者，其不构成侵权。

上述事实，有涉案三本图书版权页、《版权许可备忘录》、公证书、发票、账单截图、判决书及本院庭审笔录等在案佐证。

## ▶ 二审诉请

上诉人北京科技公司向二审法院上诉请求：撤销一审判决的第一项，改判驳回经济出版社全部诉讼请求。

# 第一部分 著作权纠纷

## ▶ 案件事实

二审法院经审理查明：四川网络公司提供后台信息截屏及后台信息查询视频记录，用以证明涉案图书由真实网络用户上传，四川网络公司仅为网络服务提供者，同时后台信息显示涉案图书的浏览量、下载量均不高，收益有限。四川网络公司还提供其工商登记信息，用以证明其注册资本较低，请法院根据其实际经济状况考虑判赔金额。经质证，中国出版社对上述证据的证明目的均不予认可。对一审法院查明的其他事实予以确认。

## ▶ 裁判意见

**一审法院认为：**

如无相反证明，在作品上署名的公民、法人或者其他组织为作者。本案中，原告主张权利的涉案三本图书署名为中国消防协会。原告出具的《版权许可备忘录》显示，中国消防协会授权原告享有资料集的专有出版权和信息网络传播权，且原告有权单独以自己的名义对任何侵权行为进行调查、取证、鉴定、投诉和提起诉讼。

根据四川网络公司提交的证据，涉案网络平台是该公司经营的文档上传平台，用户在注册时已同意并确认相应的《用户服务条款》《免责声明》《版权声明》《侵权处理》《用户协议》，网络用户在该空间中可以上传发布内容，平台不对上传内容本身进行任何编辑或选择，同时用户保证取得上传文件所必要的权利或取得必要的许可或授权。被告还在注册页面底部注明了网络服务提供者的名称、联系人及网络地址。故从涉案平台的经营情况来看，符合提供信息存储空间服务的基本特征。但被告对于涉案作品的传播行为是否需要承担侵权责任，还需根据具体情况予以判断。根据相关法律及司法解释的规定，被告主张提供信息存储空间服务的，需承担举证责任，结合本案情况，被告还需证明涉案图书系真实网络用户上传，故需要提供该实际上传者的相关信息予以证明。被告主张涉案作品系网络用户陈某从原创文档通道上传并提交了后台记录予以证实，但是被告提交的涉案三本图书的后台记录显示文档的详细名称、文档的页码、电子文档大小、文档的上传时间与原告取证的涉案三个文档均不一致，且上传者的名称与被告提供的网络用户陈某后台信息中载明的用户名、昵称均不一致，故本院认定被告提交的证据不足以证明涉案作品系真实的网络用户上传，其作为网站经营者应当对涉案提供行为承担侵权责任。同时，本院认为，即使被告嗣后能够提供涉案作品的实际上传者，但根据被告网站的经营模式，不能仅以用户选择上传文档的方式并径行按照网站收益规则认定涉案作品的收益分配情况，尤其是被告在网站公示的网站收益规则中原创文档的收益比例与网站帮助中载明的收益如何支付给用户的比例并不一致，故关于涉案每一个文档的收益情况被告应承担举证责任，以证明其并未从该作品的传播中直接获取经济利益，否则应认定为具有更高的注意义务。综上，被告应当对其网站中传播涉案作品的行为承担赔偿经济损失及合理支出的侵权责任。

关于赔偿损失的具体数额，鉴于原被告未提交证据能够明确证明原告的实际损失以及被告的侵权获利，本院将综合考虑涉案作品知名度、侵权行为的性质、情节等因素予以酌定，不再全额支持原告的诉讼请求。

关于原告主张的合理费用，其提交了一张面额为1010元的公证费发票，载明的信息与涉案取证公证书相符，本院予以支持，原告为下载涉案作品支付的费用亦应由被告负担。

综上所述，依照《中华人民共和国著作权法》第四十八条第一项、第四十九条之规定，判决如下：

一、被告四川网络公司于本判决生效之日起十日内赔偿原告中国出版社经济损失117050元及合理支出1080元；

二、驳回原告中国出版社其他诉讼请求。

**二审法院认为：**

一审法院根据中国出版社提供涉案图书署名信息及《版权许可备忘录》等证据认定中国出版社享有涉案图书的专有信息网络传播权，并有权单独以自己的名义提起诉讼，此认定正确，本院予以确认。同时，一审法院根据在案证据认定，四川网络公司在其运营的文档上传平台传播涉案图书，侵犯了中国出版社的信息网络传播权,应当承担相应的侵权责任。此认定亦正确,本院亦予以确认。

结合双方当事人的诉辩称意见,本案的争议焦点问题是一审判决确定的经济损失赔偿数额是否合理。《中华人民共和国著作权法》第四十九条规定:"侵犯著作权或者与著作权有关的权利的,侵权人应当按照权利人的实际损失给予赔偿;实际损失难以计算的,可以按照侵权人的违法所得给予赔偿。赔偿数额还应当包括权利人为制止侵权行为所支付的合理开支。权利人的实际损失或者侵权人的违法所得不能确定的,由人民法院根据侵权行为的情节,判决给予五十万元以下的赔偿。"

本案中,四川网络公司主张一审判决赔偿金额过高。本院认为,文字作品的赔偿额确定问题,应当考虑文字作品的独创性、创作成本、作品或者作者的知名度、作品的潜在市场价值、取得相关权利付出的合理成本、许可使用费、侵权情节、主观过错等多方因素。本案中,中国出版社未提供证据证明其实际损失及四川网络公司的违法所得,亦未提供可参照的许可使用费相关证据,一审法院综合考虑涉案图书的知名度、侵权行为的性质、情节等因素,酌情确定赔偿金额117050元,所确定金额在合理范围内,并无不当,本院予以确认。四川网络公司主张一审判赔金额过高的上诉意见缺乏事实与法律依据,本院不予采纳。

综上,四川网络公司的上诉请求不能成立,应予以驳回。一审判决认定事实清楚,适用法律正确,应予维持。依照《中华人民共和国民事诉讼法》第一百七十条第一款第一项之规定,判决如下:

驳回上诉,维持原判。

▶ **案情解析**

本案是一起侵害作品信息网络传播权纠纷案件,该案件争议的焦点主要集中在四川网络公司是否侵犯了中国出版社的信息网络传播权并构成帮助侵权。

根据现行《信息网络传播权保护条例》(2013修订)第二十二条的规定,网络服务提供者为服务对象提供信息存储空间,供服务对象通过信息网络向公众提供作品、表演、录音录像制品，想要不承担赔偿责任，需要满足五个条款所规定的条件，本案涉及第四款"未从服务对象提供作品、表演、录音录像制品中直接获得经济利益"这一条件。

现行《最高人民法院关于审理侵害信息网络传播权民事纠纷案件适用法律若干问题的规定》第七条第三款规定："网络服务提供者明知或者应知网络用户利用网络服务侵害信息网络传播权，未采取删除、屏蔽、断开链接等必要措施，或者提供技术支持等帮助行为的，人民法院应当认定其构成帮助侵权行为。"第十一条第一款规定："网络服务提供者从网络用户提供的作品、表演、录音录像制品中直接获得经济利益的，人民法院应当认定其对该网络用户侵害信息网络传播权的行为负有较高的注意义务。"

四川网络公司指定法定代表人王某作为网站直接收款人，依据庭审自认、后期与网络用户对收益进行分配等相关证据，未能证明其未从上传文档中获取经济利益，应负有较高的注意义务。四川网络公司作为网络服务提供者，在获取经济利益的前提下，不能适用免责条款。根据现行《信息网络传播权保护条例》第二十二条第四项的规定，免责的构成要件包括未"直接获得经济利益"，故四川网络公司在获取经济利益的前提下不能适用免责条款，应当承担帮助侵权责任。

## 13. 网络服务提供者"应知"判定之编辑推荐、获利
——北京某科技发展有限公司与北京某网络科技有限公司著作权权属、侵权纠纷案

### 裁判要旨

信息网络存储空间的网络服务提供者，欲免除间接侵权责任，需要证明其符合对被控侵权作品在网站上传播的行为并不明知或应知的情形。被告对被控侵权游戏审查通过并进行了编辑推荐，并在该游戏的标题上加注"完结、过审、编推"的标签，且通过商业合作方式对外宣传涉案游戏，从网络用户提供的作品中直接获得经济利益的，应当认定其对该网络用户侵害信息网络传播权的行为负有较高的注意义务。

### 关键词

侵害著作权　美术作品　游戏　下载　注意义务

### 当事人

原告：北京某科技发展有限公司（以下简称北京科技公司）
被告：北京某网络科技有限公司（以下简称北京网络公司）

### 一审诉请

原告北京科技公司向一审法院起诉请求：（1）判令被告北京网络公司立即停止侵权，具体方式为停止涉案游戏作品中美术作品的使用（原告在庭审中申请撤回了该项诉讼请求）；（2）判令被告北京网络公司向我公司赔偿经济损失50万元及取证费1010元，合计501010元；（3）诉讼费由被告承担。

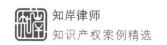

## ▶ 案件事实

北京科技公司向本院提交了游戏软件《红楼梦》。游戏软件封底记载了软件著作权登记号,并发布了《版权声明》,声明内容如下:"本产品版权归北京科技公司所有,禁止任何单位和个人以任何形式进行本地化制作、复制、出版和发行。禁止进行改编、反编译,非法破解加密程序或制作免 CD 补丁,禁止在网络上提供收费或免费下载。敬请关注,后果自负。"

2016 年 10 月 26 日,北京某电子出版社出具《版权声明》:"我公司与北京科技公司共同享有《红楼梦》电脑游戏软件和《红楼梦:林黛玉与北静王》电脑游戏软件(以下简称上述电脑游戏软件)的著作权。现我公司声明如下:我公司将享有的上述电脑游戏软件的著作权全部转让给北京科技公司,北京科技公司享有上述电脑游戏软件的完整著作权。"

北京网络公司系网站名称为"橙光游戏中心"的 ICP 备案主体及实际经营主体。

为了证明涉案游戏是一部优秀且经典的游戏作品,北京科技公司向本院提交了涉案作品获得的荣誉证书予以佐证,其中包括北京大观园管理委员会、北京红楼文化艺术博物馆于 2009 年 3 月 12 日向北京科技公司颁发的红楼梦动漫游戏软件收藏证书及中国出版工作者协会于 2010 年 12 月向北京科技公司颁发的"第三届中华优秀出版物游戏提名奖""第三届中华优秀出版物奖游戏奖"荣誉证书。

(2015)京某内经证字第 32398 号公证书载明:2015 年 10 月 20 日,原告委派其法定代表人通过公证处的电脑对其从互联网上下载相关网页的过程及下载网页的内容进行了证据保全,对 IE 浏览器进行清空历史记录处理并通过屏幕录像专家软件开始录像,通过 IE 浏览器对涉案网站进行了 ICP 备案主体查询及备案网站信息查询,进入页面后,点击网站首页网址栏进入"橙光首页",在搜索栏中输入"女权之垂帘听政",进入相应页面,点击页面中的第一个链接,进入相应页面,点击"开始"进入游戏,相关页面显示,第一条搜索结果为名称为"【宫斗】女权:垂帘听政"(以下该游戏名称简称为《垂》游戏)的游戏,该游戏名称的前边有"过审""完结""编推"三个标签,该游戏名称的后边有"付费章节打折,分享赢免费"的广告宣传语,显示上传人为网络用户"尼宝",下方有该游戏的内容简介,该简介下方有"二次元""宫斗""古风""宫廷""签约""皇后""原创""完结""周刊""月刊""银殿堂"等关键词介绍。该游戏的评分为9.55分(61295人评分),字数:43.3万,玩家:199.5万,鲜花:89721,收藏:22311,更新时间为2015年10月6日。点开该游戏,该游戏页面的首页有以下广告内容:"【分享游戏免费游玩开始啦!】本游戏分享次数达8万次时,永久取消付费剧情锁。点击分享就可以永久免费玩游戏啦,分享按钮就在游戏右下方哦,每天分享都可以增加分享次数哦。"该页面的右下方有分享按钮,在按钮上有"分享得积分"字样。该游戏的片头还有贴片广告。该游戏的初始画面中有以下文字声明:"本游戏为《女权·宫》系列文字策略游戏简装版,所有图片均来自百度,如有侵权还请告知。剧本为原创,与历史无关,引用唐代官制、紫禁城宫殿名。未经本人允许任何人不得以任何形式篡改、传阅、二次加工或做其他用途,侵权必究。"该游戏主要以场景加文字的形式向玩家展现,场景图和文字剧情是该游戏的重要要素。

北京科技公司主张《垂》游戏中的20张背景图侵犯了其20张原版图所示的美术作品的复制权和信息网络传播权。北京科技公司向本院提交了《红楼梦》游戏作品的对应背景图原版图片,并同意《垂》游戏背景图中的第23、24、25、26、27、28、30页这七幅图片另案处理。起诉时主张《垂》游戏侵犯该公司25张美术作品的著作权,诉讼中撤回5张作品的诉讼请求,仅主张侵犯20张作品的著作权,撤回明细为:《红楼梦》游戏第1页"蓝天(有树叶)"对应《垂》游戏的第1页蓝天有树有叶,第5页"元妃房间外"对应《垂》游戏的第5页"景仁宫",第9页"凹晶馆"对应《垂》游戏的第9页"凹晶馆",第16页"荣国府庭园(下雪)"对应《垂》游戏的第16页"湖中小亭下雪",第17页"养和殿"对应《垂》游戏的第17页"养心殿"。本案原告主张原版图所示的20张美术作品的著作权,撤回原版PSD图第21页"蘅芜院薛宝钗房间内"的美术作品著作权侵权请求。原告认为《垂》游戏与《红楼梦》游戏其余图片存在高度相似的情况。

第一组图:被告辩称被诉图片画面模糊不清,原图片清晰可见;被诉图片没有牌匾；原图片中没有皇后人物画像、没有对话框。原告主张被诉图片叫"慈宁宫"，因此不能出现原图片牌匾名"赤霞宫"，被诉图片系由本图牌匾部分整体裁剪掉，云雾部分被对话框挡住了，构成实质性相似。

第二组图：被告辩称被诉图片假山锥形有雪，原图片塔形没雪；被诉图片树木凋零，原图片树木有雪；被诉图片花团稀疏，原图片紧密；被诉图片系远景，原图片系近景。原告主张被诉图片只是把原图片的图片镜头拉远而已，构成实质性相似。

第三、四组图：被告辩称被诉图片两侧没有书架、古玩、玉器、茶几、椅子，没有地毯；原图片没有对话框。原告主张第三幅被诉图片系将原图片剪切后采用的部分图片，被诉图片和原图片构成实质性相似。

第五组图：被告意见同第三组图，认为原图片和第三幅图片仅屏风不同，其他格局均相同，没有独创性。原告认为，屏风有独创性，符合最低限度的创造性构成作品。

第六组图：被告辩称被诉图片左侧有一棵开红色花朵的绿叶树，右下侧有开红花的植物，右后侧有宽阔的池塘，原图没有；被诉图片下侧没有茂盛的绿色植物。

第七、九、十一、十三、十四、十六、十七组图：被告辩称被诉图片和原图片在明暗程度、颜色深浅或是否有对话框上存在区别；针对第十七组图，被告还辩称被诉图片有弯刀形状的月亮；针对第九组图，被告还辩称被诉图片相对于原告有水中倒影等。

第八组图：被告辩称被诉图片上有书架、青铜器、瓷器、书箱、对话框，原图片没有；被诉图片左侧窗帘在原图片右侧，且大小不同。原告则认为该原图和被诉图片的翊坤宫相同。

第十组图：被告辩称被诉图片相对于原图没有台阶、系远景、琉璃瓦不同且有对话框。原告则主张构成实质性相似。

第十二、十五组图：被告辩称原图"荣国府庭院（秋）""荣国府庭院（春）"和第三组原图"荣国府庭院（冬）"系同一幅作品，没有独创性。原告则主张前述三幅图拥有不同的场景，是秋、春、冬不同季节，权利人付出了创造性劳动，是不同的作品。

第十八、十九组图：被告辩称《怡红院大门》《钟粹宫有帘》系另案行为，原告应单独起诉；对此原告则主张《怡红院大门》和被诉图片《假山春》构成实质性相似；《钟粹宫有帘》和被诉图片《潇湘馆林黛玉房间（有帘）》构成实质性相似。

第二十组图：被告辩称不构成独立作品，几条树干，没有独创性。原告认为构成实质性相似。

《垂》游戏在十个游戏网站上提供在线传播服务，这些网站上传播的该游戏有"橙光游戏"的标签。

北京科技公司为证明其为涉案游戏作品进行了广泛的宣传，使涉案游戏作品具备了较高的知名度，深受玩家喜爱，具有较大的商业价值，向本院提交了该公司进行各种市场宣传及接受采访活动的若干照片、网络传播工作汇报综述材料、论坛社区重点帖列表、重点帖截图、论坛重点稿件、新闻传播稿件、新闻链接列表、新闻截图。

北京网络公司为证明该公司仅提供网络游戏的平台服务，涉案被控侵权网络游戏的上传网络用户为"尼宝"，就此向本院提交了该网络用户的身份信息，该公司提供的信息显示网络昵称为"尼宝"的网络用户，姓名为杨某，身份证号为×××，QQ账号为×××。北京科技公司向本院表示不追加该网络用户作为被告，仅要求北京网络公司承担间接侵权的责任。此外，北京网络公司向本院提交了（2016）京某内经证字第07865号公证书，以证明涉案被控侵权游戏作品是由网络用户上传，该公司在接到起诉状后及时进行了删除，而且该公司在网站上告知了权利人投诉路径及提供文件说明、联系方式等，说明该公司提供的网站服务性质系存储空间服务，该公司已经尽到了注意义务，并不存在相应过错。该公证书显示：2016年5月27日上午，北京网络公司委托代理人景某使用北京市某公证处计算机进行了证据保全的取证操作。该公证书显示的经典专区显示"编辑推荐"栏目，对应的作品都标有"编推"字样。其中《橙光用户服务协议》第二条服务内容中明确："橙光是一个向广大用户提供上传空间和技术的服务平台，本身不直接上传内容。"该协议第四条资费政策中明确："橙光在提供网络服务时，可能会对部分网络服务（例如VIP作品阅读）的用户收取一定的费用。在此情况下，橙光会在相关页面上做明确的提示。如用户拒绝支付该等费用，则不能使用相关的网络服务。"该协议第五条关于用户付费的特别提示中明确："在橙光中，用户通过任何支付手段（包括但不限于银行卡充值、实物卡充值、网吧充值、一点充充值、手机卡充值等）为其账号充值所直接获得的均为'彩虹币'（或橙光更新发布的其他支付工具）。"该协议第八条用户的义务中明确："橙光向用户提供的网络服务本身属于商业行为，用户需支付相应的费用。"《橙光网络免责声明》第一条内容说明载明："1. 凡注明橙光游戏的内容（包括但不限于游戏、文章、图像等），非橙光游戏内容合作媒体，请勿转载。你若需此方面的服务，请和本网站相关部门人员接洽。2. 橙光网站内全部游戏均为玩家独立制作上传发布，橙光网站默认其中的素材版权（包括但不限于文字、图表、标识、按钮图标、图像、声音片段等）不存在争议。如果游戏中的素材版权产生纠纷，橙光网站将不承担任何责任。对于此纠纷，橙光网站将携出版权方采取对侵权的素材进行替换、对侵权游戏进行下架等措施。"在该网站的《权利保护投诉指引》中公示了通知程序、反通知程序、注意事项争议解决等内容，在争议解决中提供了联系方式、邮寄地址、法律服务电子邮箱、法律服务 QQ 等内容，并提供了附件一《侵权投诉通知书》、附件二《侵权投诉反通知书》。该公司在接到起诉状后对《垂》游戏进行了下架处理。

## ▶ 裁判意见

**法院认为：**

如无相反证据，在作品上署名的公民、法人或其他组织为作者。涉案游戏软件公开发行物声明其版权归北京科技公司。《红楼梦》游戏软件进行了著作权软件登记，北京某电子出版社出具《版权声明》将该出版社与北京科技公司共同享有《红楼梦》游戏软件的著作权全部转让给北京科技公司。故在无相反证据证明的情况下，北京科技公司对上述游戏软件享有完整的著作权。北京科技公司作为上述游戏软件的著作权利人，有权单独就本案提起侵权之诉，以维护自己的合法权益。

上述游戏软件中明确发布了《版权声明》，禁止任何单位和个人以任何形式进行本地化制作、复制、出版和发行。现被控侵权游戏作品中前述 20 幅图片与北京科技公司享有著作权的上述游戏软件中 20 幅图片的表达形式具有高度的实质性相似,且无相反证据证明相似部分属于公有领域或并未接触涉案游戏软件中美术作品等合理理由,在未经北京科技公司许可的情况下,案外第三人擅自复制该美术作品并在信息网络上向公众提供该游戏中的美术作品,使公众在选定的时间和地点获得该美术作品,故本院认定该案外第三人侵犯了北京科技公司对上述游戏软件中 20 幅美术作品享有的信息网络传播权。被告虽辩称涉案作品与原告主张权属的美术作品不构成实质性相似,但从涉案图片的构成要素、整体布局、明暗程度、远近视角等方面综合考量、对比,被诉的 20 张图片与原告主张权属的 20 张美术作品构成实质性相似。

关于被告北京网络公司涉案行为性质的认定。原告北京科技公司主张虽然被控侵权游戏系网络用户上传,被告北京网络公司也构成帮助侵权的间接侵权。被告北京网络公司则认为,被控侵权游戏系网络用户"尼宝"制作上传,就此向本院披露了网络用户"尼宝"的真实身份信息,该公司系提供网络空间存储服务,对网站中的游戏内容不负有审查义务,不应承担帮助侵权的责任。结合侵权网站的运营模式,网站公布的《橙光用户服务协议》《橙光网络免责声明》《权利保护投诉指引》及其附件一《侵权投诉通知书》、附件二《侵权投诉反通知书》,被控侵权游戏系网络用户利用北京网络公司网站提供的游戏制作工具制作并上传至该公司网站,该公司网站仅仅为网络用户提供了信息存储空间及制作工具,系信息存储空间服务提供者。该公司并未参与到游戏的制作过程,故不能认定该公司承担游戏制作者的直接侵权责任。

关于北京网络公司是否应当承担间接侵权责任,本院需审查其作为网络服务提供者是否具有主观过错。北京网络公司作为提供信息网络存储空间的网络服务提供者,欲免除其在本案中的间接侵权责任,则需要证明其符合对被控侵权作品在其网站上传播的行为并不明知或应知的情形。此外,《最高人民法院关于审理侵害信息网络传播权民事纠纷案件适用法律若干问题的规定》第十一条①中规定网络服务提供者从网络用户提供的作品中直接获得经济利

---

① 对应现行《最高人民法院关于审理侵害信息网络传播权民事纠纷案件适用法律若干问题的规定》第十一条,本书下同。

益的,人民法院应当认定其对该网络用户侵害信息网络传播权的行为负有较高的注意义务。该司法解释第十二条第二项①明确规定提供信息存储空间服务的网络服务提供者对热播影视作品等的主题、内容主动进行选择、编辑、整理、推荐的或者为其设立专门的排行榜的,可以认定应知网络用户侵害信息网络传播权。而本案被告北京网络公司显然并不符合免责的条件,主要理由如下:

1. 被告网站在《橙光用户服务协议》中明确"橙光向用户提供的网络服务本身属于商业行为,用户需支付相应的费用",其后在网站提供《垂》游戏时又明确声明"本游戏分享次数达8万次时,永久取消付费剧情锁",这说明被告网站对被控侵权游戏是提供付费服务的,至少在该游戏被分享8万次之前是收费的,北京网络公司存在直接获利的情形。此外,被告网站在《橙光网络免责声明》第一条内容说明中明确载明:"1. 凡注明橙光游戏的内容(包括但不限于游戏、文章、图像等),非橙光游戏内容合作媒体,请勿转载。你若需此方面的服务,请和本网站相关部门人员接洽。"然而被控侵权游戏在十个游戏网站上提供在线传播服务,这些网站上传播的该游戏有"橙光游戏"的标签,这说明被告网站与多家网站对被控侵权游戏存在商业合作行为,存在直接获利的情形。综上,被告网站从被控侵权游戏中获得了直接的经济利益,应当对被控侵权游戏在其网站上传播的行为负有较高的注意义务。

2. 鉴于被控侵权游戏上传时,被告网站事先进行了审查,虽然被控侵权游戏侵犯北京科技公司对涉案20幅美术作品享有的复制权及信息网络传播权并不属于对色情、暴力和反动内容等法定审查的范畴,作为信息网络存储空间的网站确实不负有对网络用户上传的作品进行全面主动审查的义务,但是被控侵权游戏是一款文字策略游戏,整个游戏是采用场景图加文字剧情的形式向玩家展现的,其中场景图是该游戏的重要组成要素。而且该游戏最开始有"本游戏为《女权·宫》系列文字策略游戏简装版,所有图片均来自百度,如有侵权还请告知"的特别提示,在此情况下,北京网络公司应当对该被控

---

① 对应现行《最高人民法院关于审理侵害信息网络传播权民事纠纷案件适用法律若干问题的规定》第十二条第二项,本书下同。

侵权游戏的图片版权情况予以较高的关注，应当知道该游戏有可能涉嫌侵犯他人美术作品的复制权及信息网络传播权，应当积极主动采取有效的预防及排除侵权的有效措施。该公司却对被控侵权游戏审查通过并进行了编辑推荐，并在该游戏的标题上加注"完结、过审、编推"的标签，未对被控侵权游戏是否已获得美术作品权利人授权的事实作任何形式的审查，放任其网站用户利用其游戏制作软件制作成游戏后在其网站上进行传播，该游戏的玩家多达199.5万，北京网络公司从中获得了直接的经济利益。该公司为网络用户实施上述侵权行为提供了帮助，其行为显然侵犯了北京科技公司对涉案20幅美术作品享有的信息网络传播权，应当承担相应的赔偿责任。因此，北京网络公司提出应当适用"避风港原则"免除该公司侵权责任的抗辩主张不能成立。鉴于本案涉及的侵权行为系将美术作品上传到互联网环境下并进行交互式传播，系信息网络传播权调整的范围，不属于复制权的控制范围，故对于原告关于侵犯其复制权的主张，本院不予支持。

鉴于北京网络公司对被控侵权游戏已经进行了下架处理，北京科技公司向本院申请撤回要求该公司停止侵权的诉讼请求，本院不持异议。关于赔偿金额的确定，虽然本案涉及被控侵权游戏作品的赔偿问题，但是本案主要涉及对北京科技公司享有著作权的20幅美术作品的侵犯，应当参照侵犯美术作品著作权的赔偿方式进行处理。虽然北京科技公司未能举证证明其因被侵权所遭受的实际损失或者北京网络公司因侵权所获得的利益，但是考虑到被控侵权游戏玩家众多，与《红楼梦》游戏同属于文字策略游戏，二者之间容易形成一定程度的市场替代关系，从而损害北京科技公司的经济利益。北京网络公司的涉案网站具有一定的规模，该公司从被控侵权游戏中获得了直接的经济利益；而且系专业的游戏网站，明知美术作品的使用需要经过权利人的许可，而且被控侵权游戏存在侵犯他人合法权利的较大可能性，但北京网络公司却未采取有效措施预防及排除侵权，反而放任侵权行为在其网站上发生，主观故意明显；《红楼梦》游戏具有较高的知名度及美誉度，具有一定的商业价值。本院同时考虑到北京网络公司并非直接侵权人，在接到本案诉状以后也对被控侵权作品采取了下架处理，减少了北京科技公司经济损失的进一步扩大。综合考虑以上情节，本院酌定北京网络公司的赔偿额度为10万。北京科技公司为了保全本案的相应证据所花费的取证费用系合理支出，本院对此予以支持。

据此，本院判决如下：

一、被告北京网络公司赔偿原告北京科技公司经济损失 100000 元；

二、被告北京网络公司赔偿原告北京科技公司为制止侵权行为而支出的合理费用 1010 元；

三、驳回原告北京科技公司的其他诉讼请求。

### ▶ 案情解析

本案是一起著作权侵权纠纷案件，该案件争议的焦点在于被告北京网络公司作为网络服务提供者是否应当承担间接侵权责任。

本案同样适用"红旗标准"，不同之处在于被告北京网络公司作为网络服务提供者，明确向网络服务对象收取上传费用。因此，根据现行《最高人民法院关于审理侵害信息网络传播权民事纠纷案件适用法律若干问题的规定》第十一条规定，被告从网络用户提供的作品中直接获利，应负较高的注意义务。在此基础上，被告在游戏最开始标注"本游戏为《女权·宫》系列文字策略游戏简装版，所有图片均来自百度，如有侵权还请告知"的特别提示，且在该游戏的标题上加注"完结、过审、编推"的标签，可以知晓被告在知道游戏中可能涉嫌侵犯他人美术作品著作权的情况下，进行了审核并进行了编辑推荐，未尽到应尽的注意义务，落入现行《信息网络传播权保护条例》（2013 年修订）关于网络服务提供者"应知或者明知"的范围，构成对原告信息网络传播权的间接侵权。

## （三）间接侵权转化为直接侵权

### 14. 通过多重信息推定论坛的实际经营人
——某科学出版社与上海某教育培训有限公司侵害作品信息网络传播权纠纷案

#### 裁判要旨

涉案平台的论坛中发布了含有侵权图书的网盘链接并提供密码的帖子，且根据论坛的栏目、涉案网站、微信公众号、微信公众号中所记载的客服电话及二维码等，在所有证据相互印证的情况下，平台方无法提供该论坛发布的运营主体信息，亦未能提交用户的注册 IP 地址、注册时间、上传 IP 地址等相关证据，基本推定论坛的实际运营由被告直接掌控，从而产生了由间接侵权向直接侵权的转化，认定该平台承担侵害作品信息网络传播权的直接侵权责任。

#### 关键词

侵害著作权　百度网盘　CPA 栏目　论坛　直接侵权

#### 当事人

原告：某科学出版社（以下简称科学出版社）
被告：上海某教育培训有限公司（以下简称上海教育培训公司）

#### 一审诉请

科学出版社向一审法院起诉请求：上海教育培训公司赔偿科学出版社经济损失 393600 元。

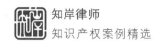

### 案件事实

**一审法院经审理查明：**

**一、与涉案图书权属相关的事实**

涉案图书甲版权页记载：中国注册会计师协会（以下简称注会协会）编；科学出版社出版、发行，新华书店经销；2016年3月第1版；930千字；定价51元。涉案图书乙版权页记载：注会协会编；科学出版社出版、发行，新华书店经销；2016年3月第1版；660千字；定价36元。涉案图书丙版权页记载：注会协会编；科学出版社出版、发行，新华书店经销；2016年3月第1版；870千字；定价49元。科学出版社与注会协会于2016年9月27日签订《版权许可备忘录》（以下简称《备忘录》），约定：注会协会授权科学出版社出版图书的范围为2011—2016年度注册会计师全国统一考试辅导教材，包括涉案3种书在内，合计18种图书；科学出版社享有上述图书的专有出版权、信息网络传播权，期限八年，授权期间注会协会不再另行授权任何第三方出版上述图书及享有信息网络传播权，同时授予科学出版社以其自己名义独立维权的权利；授权自授权图书出版之日起生效。上海教育培训公司认可涉案图书版权页以及《备忘录》形式的真实性，但认为科学出版社应同时提交涉案图书的出版合同。

**二、与被诉侵权行为相关的事实**

2017年5月2日，经科学出版社申请，北京市某公证处对科学出版社浏览相关网页的过程进行保全，并制作（2017）京某内经证字第44738号公证书（以下简称第44738号公证书），该公证书记载：涉案网站ICP备案记载，上海教育培训公司系该网站的主办单位；点击进入涉案网站，在"会计类"项下的"CPA"栏目中点击"进入CPA项目"按钮，再在跳转界面点击下方标注有"2016年注册会计师（CPA）学习礼包免…"字样的图片，进入《2016年注册会计师（CPA）学习礼包免费下载》文章，该文章发表时间为2016年6月15日11:56，编辑为CPA，文章内包含"2016年cpa六科电子版教材"在内的CPA相关内容，并附有资料下载地址；点击该网址进入涉案论坛，涉案论坛上方有"CPA"栏目，右下方有"站长推荐"弹窗，该弹窗显示"CPA考试论坛上线。微博号：上海教育培训公司 _ CPA；微信公众号：××CPA（ID：×××）（以下简称涉案微信公众号）；微信学习交流群：添加小助手个人微信号（×××）……"，涉案论坛下方有客服热线以及涉案微信公众号二维码；点击"CPA"后进入涉案网站首页，涉案网站首页显示APP下载及涉案微信公众号的二维码，并有电话；登录涉案论坛后页面显示3个涉案帖子，涉案帖子后均标有"火"字标志；点击进入涉案帖子，显示发布者均为涉案用户，涉案用户头像为"CPA"二维码，并有"管理员"标签；查看涉案用户信息，显示其所在管理组为管理员，用户组为管理员。涉案帖子发帖时间均为2015年3月31日，查看数量分别为20933、26072、18234，回复数量分别为1347、1475、1223，涉案帖子均附有相应图书的封面图片，帖子内容分别附百度网盘下载链接，分别点击下载链接并输入密码后均显示用户名为"CP＊＊＊资料库"（以下简称涉案百度网盘账号）的百度网盘页面，页面中分别出现与涉案图书同名PDF文件（以下简称涉案文件），上传日期均为2016年6月1日，失效时间均为永久有效。使用用户名和密码登录百度网盘后，选中涉案文件夹并点击"保存到网盘"，涉案文件可保存至所登录的百度网盘中；后进入该百度网盘并分别点击下载，涉案文件可下载至本地磁盘并查看全部内容。涉案帖子下方均有"关于CPA学习及课程问题，点击咨询"链接以及涉案微信公众号的二维码，点击咨询链接后弹出聊天对话框，显示上海教育培训公司老师开始为您服务，对话框右侧显示部门为客服，姓名为上海教育培训公司老师。

此外，科学出版社提交涉案微信公众号信息打印件，显示微信号为×××，账号主体为上海教育培训公司及客服电话。经法庭现场勘验，扫描涉案用户头像二维码即出现涉案微信公众号。

科学出版社认为，虽无法查询涉案论坛的ICP备案信息，但根据涉案论坛中有"CPA"字样且链接到涉案网站，"站长推荐"弹窗中均为上海教育培训公司相关信息，点击涉案帖子中咨询链接出现上海教育培训公司老师提供咨询服务，涉案微信公众号客服电话与涉案论坛客服电话相同，涉案用户头像二维码为涉案微信公众号二维码，可证明涉案论坛系上海教育培训公司运营，且涉案帖子系上海教育培训公司发布，故上海教育培训公司构成直接侵权。

上海教育培训公司认可上述公证书的真实性，认可公证的系涉案图书全书内容，亦认可科学出版社所述的涉案论坛中多处显示上海教育培训公司相关信息，但不认可公证书的证明目的，理由如下：1. 科学出版社未对其在涉案论坛中注册账号的行为进行公证；2. 涉案论坛并非其经营管理，进入涉案论坛与涉案网站需分别注册账号，涉案论坛与涉案网站之间仅存在双向链接，其与上海教育培训公司的合作是浅层次的关系；3. 涉案帖子的最早发帖时间为 2015 年 3 月 31 日，但百度网盘提供的涉案图书下载起始日为 2016 年 6 月 1 日，涉案图书均于 2016 年 3 月才在市场公开发行，显然涉案帖子的发帖时间早于涉案图书公开发行时间和涉案文件的上传时间；4. 涉案网站发布的《2016 注册会计师（CPA）学习礼包免费下载》的时间为 2016 年 6 月 15 日；5. 用户通过回帖的方式获得下载密码，但涉案图书的回复数只有 1000 余个，且回复也并非均是索要密码的回复。

科学出版社称其使用的是之前即已注册的涉案论坛账号，故公证步骤中未再另行注册，且是否有该公证步骤对公证结果没有影响。对于涉案帖子发帖时间早于涉案图书出版发行时间，科学出版社认为，涉案帖子的发帖时间可编辑修改，且百度网盘中涉案图书的上传时间晚于图书出版时间。

对于涉案微信公众号截图打印件，上海教育培训公司认可其真实性，但认为涉案论坛的用户也有参与课程培训的需求，因此其与涉案论坛之间存在链接是合理的，不能就此认为涉案论坛即其经营管理。

上海教育培训公司于 2017 年 5 月 11 日收到（2017）沪某律函字第 L148 号律师函，该律师函载明：上海教育培训公司运营的涉案网站以及涉案论坛中公开提供注册会计师考试辅导教材的下载，构成侵权，要求上海教育培训公司删除侵权链接及其中的侵权图书文件。上海教育培训公司称其在收到律师函后即删除了涉案图书文件，并终止了与涉案论坛的合作。科学出版社认可上海教育培训公司已经停止侵权及其所述的停止侵权的时间。

三、与经济损失和合理开支相关的事实

关于经济损失，科学出版社未提交证据证明其实际损失或上海教育培训公司违法所得，称其主张的经济损失数额系根据《使用文字作品支付报酬办法》第五条关于稿酬的规定以及《北京市高级人民法院关于确定著作权侵权损害赔偿责任的指导意见》第二十五条、第二十六条、第三十二条中关于参照国家有关稿酬规定 2 至 5 倍确定赔偿数额的规定,以版权页载明字数总计 2460 千字,每千字乘 80 再乘 2 计算;另明确在本案中不再主张合理开支。

上海教育培训公司认为,本案系信息网络传播权纠纷,不应适用按字数计算的经济损失计算方式,应当按照有效下载数量乘图书的单本利润计算;由于涉案帖子系回复后才可获取密码下载,且回复内容并非完全针对涉案图书的下载,故有效下载数量应当小于涉案帖子的回复数量,而涉案图书的单本利润一般低于图书定价的 20%,故以此计算涉案图书的经济损失应当在 4631.4 元至 37051.2 元之间;即使按照涉案图书定价乘实际销售数乘版税率计算,科学出版社的经济损失也应当在 2778.84 元至 18525.6 元之间;且即使下载涉案图书后,用户也可能购买纸质版涉案图书,故科学出版社的实际经济损失应当少于上述计算出的数额。上海教育培训公司就此提交书籍价格表,以及其单方制作的科学出版社就涉案图书产生的利润和损失估算表(以下简称估算表);科学出版社认可书籍价格表的真实性,但不认可估算表的真实性。

上述事实,有科学出版社提交的《备忘录》、公证书、涉案图书封面、版权页打印件及手机截图打印件,上海教育培训公司提交的律师函、涉案图书版权页打印件、估算表及本院证据交换笔录、开庭笔录等在案佐证。

### ▶ 裁判意见

**法院认为:**

结合涉案图书版权页记载的"注会协会编;科学出版社出版、发行"字样以及科学出版社与注会协会签订的《备忘录》,在上海教育培训公司未提交相反证据的情形下,本院认定科学出版社对涉案图书享有信息网络传播权,有权提起本案诉讼。

原告所提出的证据显示,论坛栏目、涉案网站、微信公众号、微信公众号所记载的客服电话及二维码等信息表明,上海教育培训公司为涉案论坛实际运营方,涉案百度网盘也由其控制,其侵害了科学出版社对涉案图书享有的信息网络传播权。上海教育培训公司辩称涉案论坛并非其运营,且其仅提供链接,缺乏事实依据,本院不予采纳。至于上海教育培训公司另提出的涉案帖子的发帖时间早于涉案图书公开发行及涉案文件的上传时间的抗辩意见,结合上述关于涉案论坛由上海教育培训公司控制,涉案帖子的相关信息存在被编辑修改的可能,以及涉案图书发行时间早于其被上传于涉案百度网盘账号的时间等事实,本院对上海教育培训公司该项抗辩意见亦不予采纳。据此,科学出版社要求上海教育培训公司赔偿经济损失,具有事实和法律依据,本院予以支持。

关于经济损失的具体数额,因科学出版社未提交证据证明其所受损失和上海教育培训公司非法获利的数额,故由本院酌定赔偿的具体数额。上海教育培训公司认为本案系侵害作品信息网络传播权纠纷,故不应按版权页字数计算经济损失,本院认为,由于目前出版社对作者的付酬方式已经转变为基础稿酬加版税的情况,故书稿计费采用千字付酬方式在一定程度上应属合理。因此,本院结合涉案图书版权页记载字数,并综合考虑以下因素依法酌情判定赔偿数额:1. 涉案图书系注册会计师考试辅导书目,具有一定的市场价值;2. 涉案帖子注有"火"字样,使得涉案图书传播范围扩大的可能性提高;3. 涉案帖子自 2015 年 3 月 31 日持续发布至 2017 年 5 月 11 日,时间跨度较长;4. 涉案帖子的查看和回复量较多;5. 涉案图书的纸质版定价不高;6. 注册会计师考试辅导用书具有一定时效性,而涉案图书为 2016 年版辅导用书。综合以上因素,本院依法酌定赔偿数额为 230000 元。科学出版社主张的数额过高,本院不予全部支持。

综上,依照《中华人民共和国著作权法》第十条第一款第十二项、第四十八条第一项以及《中华人民共和国民事诉讼法》第六十四条第一款之规定,判决如下:

一、本判决生效之日起十日内,被告上海教育培训公司赔偿原告科学出版社经济损失 230000 元;

二、驳回原告科学出版社的其他诉讼请求。

## ▶ 案情解析

本案是一起侵害作品信息网络传播权纠纷案件,该案件争议的焦点主要集中在上海教育培训公司是否是侵害科学出版社就涉案图书享有的信息网络传播权的直接侵权人。

本案中原本涉案论坛为网络服务提供者，涉案用户将涉案百度网盘链接及密码上传至涉案论坛供其他用户下载。但从在案证据来看，被告上海教育培训公司实为涉案论坛的实际运营者，涉案用户也为上海教育培训公司，其提供的百度网盘也由上海教育培训公司实际控制。因此，综合所有在案证据可以证明被告上海教育培训公司并非帮助侵权，而系未经权利人许可，直接将涉案作品上传至网络空间并提供下载链接，使公众可以在个人选定的时间和地点获得涉案图书，侵害了科学出版社对涉案图书享有的信息网络传播权，构成直接侵权。

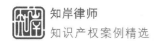

## 15. 通过百度网盘用户名及分享内容推定直接侵权者
——中国某经济出版社、北京某教育科技股份有限公司侵害作品信息网络传播权纠纷案

### 📖 裁判要旨

网络用户未经权利人许可,擅自发布作品并分享百度网盘链接以及提供密码。涉案帖子位于"版块主题"首位并拥有相应标志,涉案百度网盘账号头像与网络服务提供者图标一致,且涉案侵权下载文件中含有大量侵权者相关信息。如网络服务提供者无法提供上传者用户名、注册 IP 地址、注册时间、上传 IP 地址、联系方式等相关证据,则依据现有证据推定网络服务提供者制作了侵权文件包,上传至百度网盘中,并在其经营网站中发布了涉案帖子,从而产生了由间接侵权向直接侵权的转化。

### ▶ 关键词

直接侵权　图书　帖子　百度网盘　避风港原则

### ▶ 当事人

原告:中国某经济出版社(以下简称经济出版社)
被告:北京某教育科技股份有限公司(以下简称北京教育科技)

### ▶ 一审诉请

经济出版社向一审法院起诉请求:北京教育科技赔偿经济出版社经济损失 149280 元。

▶ **案件事实**

一、与涉案图书权属相关的事实

涉案图书版权页记载：中国注册会计师协会（以下简称注会协会）编；经济出版社出版；2015年3月第1版；933千字；定价54元。经济出版社与注会协会于2015年3月10日签订《关于版权许可备忘录》（以下简称《备忘录》），约定：注会协会授权经济出版社出版图书的范围为包括涉案图书在内的合计8种图书；经济出版社享有上述图书的专有出版权和信息网络传播权，期限5年，授权期间注会协会不再另行授权任何第三方出版上述图书及享有信息网络传播权，同时授予经济出版社以其自己名义独立维权的权利；授权自授权图书出版之日起生效。北京教育科技对经济出版社享有涉案图书的信息网络传播权不持异议。

二、与被诉侵权行为相关的事实

2017年4月28日，经经济出版社申请，北京市某公证处对经济出版社浏览相关网页的过程进行保全，并制作（2017）京某内经证字第17647号公证书（以下简称第17647号公证书），该公证书记载：北京教育科技学习网 ICP 备案记载，北京教育科技系该网站的主办单位；点击进入北京教育科技学习网并登录，后点击进入论坛，该页面左侧有"电子书"图标；随后点击进入"财会类"板块，该板块包括"注册会计师（CPA）"类别，其下显示"主题：654，帖数：1269"；"版块主题"中首个帖子为"【全科目】注册会计师教材电子版分享下载．【PDF】【百度云盘】"（以下简称涉案帖子），后标有"火"字；点击进入涉案帖子，显示发布者为涉案用户，并有"实名"标签，发帖时间为2015年8月14日14:19:28，查看数量为6588，回复数量为124，涉案帖子内容为"一共六本，需要的可速度下载，下载地址回复可见"，下方列有包括以"2015会计"作为名称的涉案图书在内的6个文件；回复后出现百度网盘链接地址，并附密码。复制链接并输入密码后显示用户名为"54＊＊＊935"（以下简称涉案百度网盘账号）的百度网盘页面，涉案百度网盘账号头像与涉案论坛中的"电子书"图标一致，页面中有名为"2015电子版教材"的文件夹（以下简称涉案文件夹）。使用用户名和密码登录百度网盘后，选中涉案文件夹并点击"保存到网盘"，文件可保存至所登录的百度网盘中；后进入该百度网盘并点开涉案文件夹，该文件夹中含涉案图书在内的 6 个 PDF 文件。公证过程中还查看了涉案百度网盘账号全部分享内容，在"9 管理类"的"其他"文件夹中包含"编辑、制作 e 书、题库的注意事项【2013.10.19 以此为准】.exe"（以下简称注意事项）和"2014 e 书（题库）代理商招募书 2013.11.11.exe"（以下简称招募书）两个文件。随后下载涉案图书、注意事项及招募书并浏览，其中招募书中包含 e 书（题库）代理及分成的相关信息。该公证书还对其他图书一并进行了公证。

经济出版社认为，根据涉案百度网盘账号头像与论坛中的"电子书"图标一致，以及百度网盘账号中分享的制作 e 书过程、招募书内容等，可证明涉案帖子系北京教育科技发布，故北京教育科技构成直接侵权。

北京教育科技认可上述公证书的真实性，认可公证的系涉案图书全书内容，但认为公证取证时间为 2017 年 4 月，而公证书的出具时间为 2017 年 6 月，间隔时间过久；且经其与发布涉案帖子的用户联系，该用户并非北京教育科技员工或论坛版主；另外，点击涉案链接进入的是百度网盘页面，涉案百度网盘账号系用户自行注册，不能因涉案百度网盘账号头像与涉案论坛首页中的"电子书"图标相同即证明涉案百度网盘账号系北京教育科技所有，涉案图书的发布上传均与北京教育科技无关，北京教育科技不构成侵权。对于涉案帖子标注"火"字样，北京教育科技称并非其编辑加入，而是被点击超过一定次数自动添加。

庭审中，经济出版社认可北京教育科技在签收诉讼材料后删除涉案帖子。北京教育科技于庭审后提交关于涉案用户后台注册信息的补充说明，称经其核实，该用户与北京教育科技无关，系个人用户，并在说明中附该用户后台注册截图以及与该用户的 QQ 聊天记录截图；但该截图未能体现该注册信息与涉案用户相对应的信息，北京教育科技亦未提供其他证据证明涉案用户的用户名、注册 IP 地址、注册时间、上传 IP 地址、联系方式以及上传时间、上传信息等。

三、与经济损失和合理开支相关的事实

关于经济损失，经济出版社未提交证据证明其实际损失或北京教育科技违法所得,称其主张的经济损失数额系根据《使用文字作品支付报酬办法》第五条关于稿酬的规定以及《北京市高级人民法院关于确定著作权侵权损害赔偿责任的指导意见》第二十五条、第二十六条、第三十二条中关于参照国家有关稿酬规定 2 至 5 倍确定赔偿数额的规定,以版权页载明字数,总计 933 千字,每千字乘 80 再乘 2 计算;另明确在本案中不再主张合理开支。北京教育科技认为,涉案帖子并未对涉案图书内容进行完全展示且包含其他图书,涉案图书系存储在百度网盘中,并需回复后才能下载,且涉案图书的回复数仅为 124 次,用户回复了也不一定下载,故经济出版社主张以版权页载明字数计算经济损失不合理,应以涉案图书定价乘折扣乘回复数 124 计算。

上述事实,有经济出版社提交的《备忘录》、公证书、涉案图书封面及版权页打印件,北京教育科技提交的民事判决书复印件及本院证据交换笔录、开庭笔录等在案佐证。

▶ **裁判意见**

**法院认为:**

结合涉案图书版权页记载的"注会协会编;经济出版社出版"字样以及经济出版社与注会协会签订的《备忘录》,本院认定经济出版社对涉案图书享有信息网络传播权,有权提起本案诉讼。

北京教育科技将涉案帖子位于"板块主题"首位并添加标志,且与涉案百度网盘账号头像标志一致,亦未提供涉案用户的用户名、联系方式及注册 IP 地址等。其辩称作为信息网络存储空间,应当适用"避风港原则"缺乏事实依据,本院不予采纳,其侵害了经济出版社对涉案图书享有的信息网络传播权,构成直接侵权。对于北京教育科技提出的仅提供链接的抗辩意见,结合上述关于北京教育科技系涉案帖子发布者的论述,以及涉案帖子在用户回复后即提供涉案百度网盘链接地址及密码的事实,本院认为涉案百度网盘亦由北京教育科技控制,并通过所经营的网站向公众传播由其控制的百度网盘中的涉案图书,故北京教育科技关于仅提供链接的辩称不能成立。至于北京教育科技提出的第 17647 号公证书出具时间晚于公证时间故不认可公证内容证明目的等其他抗辩意见,在未提交相反证据的情形下,亦缺乏事实依据,

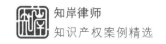

本院均不予采纳。

据此，经济出版社要求北京教育科技赔偿经济损失，具有事实和法律依据，本院予以支持。关于经济损失的具体数额，因经济出版社未提交证据证明其所受损失和北京教育科技非法获利的数额，本院结合涉案图书版权页记载字数，并综合考虑以下因素依法酌情判定赔偿数额：1. 涉案图书系注册会计师考试辅导书目，具有一定的市场价值；2. 涉案帖子处于论坛相应版块首位且注有"火"字样，使得涉案图书的传播范围扩大的可能性提高；3. 涉案帖子自 2015 年 8 月 14 日持续发布至 2017 年 9 月 5 日，时间跨度较长；4. 涉案帖子的查看和回复、下载量较少；5. 涉案图书的纸质版定价不高；6. 注册会计师考试辅导用书具有一定时效性，而涉案图书为 2015 年版辅导用书。综合以上因素，本院依法酌定赔偿数额为 50000 元。经济出版社主张的数额过高，本院不予全部支持。

综上，依照《中华人民共和国著作权法》第十条第一款第十二项、第四十八条第一项以及《中华人民共和国民事诉讼法》第六十四条第一款之规定，判决如下：

一、本判决生效之日起十日内，被告北京教育科技赔偿原告经济出版社经济损失 50000 元；

二、驳回原告经济出版社的其他诉讼请求。

▶ 案情解析

本案是一起侵害作品信息网络传播权纠纷案件，该案件争议的焦点主要集中在北京教育科技是否适用"避风港原则"，承担何种侵权责任。

北京教育科技经营论坛的模式符合信息存储空间服务的认定，在符合现行《信息网络传播权保护条例》（2013 年修订）第二十二条的规定时，可以适用"避风港原则"，不承担赔偿责任。但本案中，依据第 17647 号公证书记载的相关信息，可以看出涉案帖子位于"版块主题"首位并添加"火"标志，涉案百度网盘账号头像与"电子书"图标一致，且分享了 e 书制作方法，载有 e 书（题库）代理及分成内容的招募书，以及北京教育科技亦未能提供涉案用户的用户名、注册 IP 地址、注册时间、上传 IP 地址、联系方式以及上传时间、上传信息等相关证据。一般来讲，非北京教育科技人员，大概率不会以此名称命名百度网盘的名称，并在网盘中发布大量北京教育科技的相关信息。据此，法院根据现有证据，采用高度盖然性证明标准推定北京教育科技在其经营的网站中发布了涉案帖子，涉案百度网盘亦由北京教育科技控制，其未经经济出版社许可，擅自发布含有涉案图书的百度网盘链接并提供密码，使公众可以在个人选定的时间和地点获得涉案图书，侵害了经济出版社对涉案图书享有的信息网络传播权，从而产生了由间接侵权向直接侵权的转化，需承担直接侵权的责任。

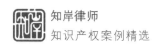

## 16. 论坛管理员认证信息不明推定直接侵权

——上海某娱乐信息科技有限公司、北京某互动教育科技有限公司侵害作品信息网络传播权纠纷案

### 裁判要旨

论坛发帖人未经权利人许可,将作品上传至网站中供用户下载,若该发帖人为网站管理员,网站亦未能提供该用户的注册信息等内容,推定平台是涉案作品的直接提供者,侵害了信息网络传播权,由平台承担直接侵权的责任,是一种间接侵权模式在举证不能的情况下被推定为直接侵权的情形。

### 关键词

信息网络传播权　文字作品　帖子　论坛

### 当事人

原告:上海某娱乐信息科技有限公司(以下简称上海娱乐信息)
被告:北京某互动教育科技有限公司(以下简称北京互动教育)

### 一审诉请

上海娱乐信息向一审法院起诉请求:(1)判令被告立即停止侵权;(2)判令被告赔偿原告经济损失 140000 元及合理开支 10000 元。

### 案件事实

一、涉案文字作品的权属

2011 年 8 月 11 日,上海娱乐信息作为甲方与刘某(笔名:海宴)作为乙方签订文学作品独家授权协议。协议约定作品名称为《琅琊榜》,协议 3.2.1 条约定乙方将协议作品在全球范围内的信息网络传播权、游戏改编权及协议作品电子形式的汇编权、改编权、复制权、发行权等全部永久转让予甲方。

文字作品《琅琊榜》在上海娱乐信息运营的网站上进行刊载,已完本,字数为 74.39 万字,共 178 章,订阅全部章节应支付的金额为 7.44 元。《琅琊榜》的实体书于 2007 年 12 月出版。

上海娱乐信息在获得《琅琊榜》相关著作权后,与多家公司签订授权协议,对文字作品《琅琊榜》进行在线阅读的转授权、游戏开发、影视剧改编等。改编的同名影视剧于 2015 年 9 月 19 日播出。

二、原告主张的侵权行为

2019 年 7 月 12 日,上海娱乐信息的委托代理人向北京市某公证处提出证据保全申请,在两名公证人员的现场监督下,使用公证处提供已连接网络的电脑,进行了以下主要操作:1. 在 ICP/IP 域名备案系统查询涉案域名,显示主办单位名称为北京互动教育;2. 进入涉案域名的网站,首页显示"北京互动教育网│中高级教师 1 对 1",并有"1 对 1 课程""师资力量""资料库""社区""教育头条""客户端"等栏目,点击"社区"进入论坛,并使用手机号进行注册和登录,论坛显示有多个板块,其中热门板块有"真题试卷""家长吐槽""学生趴""资料下载""学习答疑"等;3. 进入"学生趴"论坛板块,内有大量发帖。在帖子第六页开始显示有标题名为"《琅琊榜》第×××章"的大量帖子,每个帖子的阅读数量多在一千次以上。上述帖子的发帖时间自 2015 年 10 月 21 日至 2016 年 1 月 9 日不等,几乎每日发出一帖。帖子内显示发帖人为"小编编"。每个帖子内均有一至三章的文字内容,这些帖子发布的文字内容涵盖了涉案文字作品《琅琊榜》的全文。部分帖子末尾有"本主题由 admin 于 2018-7-24 移动"的字样,点击该行字,显示帖子于 2016 年 5 月 9 日进行了分类,并于 2018 年 7 月 24 日进行了移动。经点击查询,用户"小编编"和"admin"的用户组均为"管理员",其中"小编编"的拓展用户组为"超级版主",注册时间为 2014 年 12 月 13 日,在线时间 3262 小时。北京市某公证处就上述公证保全过程进行录像并出具(2019)京某内民证字第 1260 号公证书。

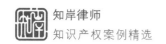

2021年4月15日，原告当庭确认，上述网站所载的涉案文章已经不存在。

## ▶ 裁判意见

**法院认为：**

《最高人民法院关于审理著作权民事纠纷案件适用法律若干问题的解释》①第七条规定："当事人提供的涉及著作权的底稿、原件、合法出版物、著作权登记证书、认证机构出具的证明、取得权利的合同等，可以作为证据。在作品或者制品上署名的自然人、法人或者非法人组织视为著作权、与著作权有关权益的权利人，但有相反证明的除外。"在无相反证据的情况下，这可以作为认定权利归属的依据。著作权自作品创作完成之日起产生，受我国著作权法保护的作品不以作品是否进行著作权登记为条件，而作品的公开发表亦可以有多种形式。涉案小说在原告的网站上公开发表，作者署名为"海宴"，根据原告与刘某签订的协议，"海宴"为刘某的笔名，因此在没有相反证据的情况下，可以认定涉案小说的作者为刘某。原告与刘某签订的协议约定涉案小说的信息网络传播权等权利已经转让给原告，因此原告享有涉案小说的信息网络传播权，其作为本案原告主体适格。

根据《中华人民共和国著作权法》的规定，信息网络传播权是指以有线或者无线方式向公众提供作品，使公众可以在其个人选定的时间和地点获得作品的权利；未经著作权人许可，通过信息网络向公众传播其作品的，构成侵害信息网络传播权。涉案文字作品《琅琊榜》经用户"小编编"发布于社区论坛供他人阅读。涉案作品未经权利人许可，被上传于北京互动教育网站供用户下载，构成侵害信息网络传播权。网站中发布帖子用户为该论坛管理员，其注册时间比较早，活跃度较强，几乎占领了整个"学生趴"板块，且用户下载量较大。北京互动教育在无法提供该用户的具体注册信息的情况下，

---

① 此处引用的《最高人民法院关于审理著作权民事纠纷案件适用法律若干问题的解释》为2002年发布本。

主张该用户为普通用户显然不合理。故本院认为系被告北京互动教育直接提供了涉案文字作品《琅琊榜》，侵害了原告上海娱乐信息的信息网络传播权，应由被告北京互动教育承担直接侵权的责任。

审理中，鉴于北京互动教育网站所载的涉案文章已经不存在，原告上海娱乐信息申请撤回停止侵权的诉讼请求，系其对诉讼权利的合法处分，于法不悖，本院予以准许。关于被告北京互动教育承担的赔偿数额，鉴于上海娱乐信息、北京互动教育均未举证证明因本案侵权行为造成上海娱乐信息的实际损失或北京互动教育的侵权获利，故本院根据上海娱乐信息的请求依照法定赔偿方式，综合考虑以下因素予以酌定：第一，根据《使用文字作品支付报酬办法》第五条之规定，原创作品的基本稿酬标准为每千字 80—300 元；第二，作品《琅琊榜》的字数、篇幅、创作难度及市场知名度；第三，北京互动教育系直接侵权；第四，北京互动教育在本案诉讼期间已停止侵权行为；第五，涉案帖子的浏览量；第六，社区论坛虽未对涉案作品提供付费阅读获取直接经济利益，但论坛是为被告北京互动教育提供中小学教育服务产品所设置，通过小说转载等方式客观上能够吸引网络用户从而扩大服务受众，并进而提升网站的访问量。

综上，被告行为已构成对原告作品信息网络传播权的侵害，理应承担相应的民事责任。据此，依照《中华人民共和国著作权法》第十条第一款第十二项、第四十八条第一项、第四十九条，《最高人民法院关于审理著作权民事纠纷案件适用法律若干问题的解释》[①] 第七条、第二十五条第一款、第二十五条第二款、第二十六条，《中华人民共和国民事诉讼法》第一百四十四条的规定，判决如下：

一、被告北京互动教育于本判决生效之日起十日内赔偿原告上海娱乐信息经济损失 30000 元及为制止侵权行为所支付的合理开支 3000 元；

二、驳回原告上海娱乐信息的其余诉讼请求。

---

① 此处引用的《最高人民法院关于审理著作权民事纠纷案件适用法律若干问题的解释》为 2020 年修正本。

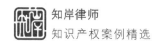

▶ **案情解析**

本案是一起侵害作品信息网络传播权纠纷案件,该案件争议的焦点主要集中在北京互动教育是否侵害原告信息网络传播权,如侵害,承担何种侵权责任。

一般情况下,论坛管理员不一定为网络服务提供者的工作人员,网络用户注册论坛账号后可以作为论坛管理员。网络用户上传侵犯他人著作权的作品后侵权责任一般由网络用户自行承担,网络服务提供者仅在其有过错的情况下承担共同侵权责任。

但本案中,虽然涉案作品被名称为"小编编"的发帖人上传于被告经营的网站论坛中,但根据现有证据可以看出发帖人"小编编"不仅为网站管理员,而且为"超级版主",社区的"学生趴"板块中几乎全都是该用户发布的帖子,而且注册时间较早,在线时间长。在被告不能提供该用户的注册信息的情况下,结合上述事实,有理由相信管理员"小编编"即为被告公司。因此可以推定被告北京互动教育是涉案作品的直接提供者,其未经许可将涉案作品上传至网站中侵害了原告的信息网络传播权,构成直接侵权,应承担相应的侵权责任,属于间接侵权模式在举证不能的情况下被推定为直接侵权的情形。

## 17. 著作权与商标权之间的冲突
### ——某国际文化（北京）有限公司与苏州某服饰有限公司著作权纠纷案

### 📖 裁判要旨

我国著作权法和商标法均未规定"善意取得"制度。对于商标申请晚于作品公开发表时间及办理著作权登记时间的，即便第三人从商标注册人处购买该商标且已办理转让登记，取得了该商标的商标权，该权利亦不得损害他人现有的在先权利。

### ▶ 关键词

侵犯著作权　美术作品　独创性　在先权利　善意取得

### ▶ 当事人

上诉人（一审被告）：苏州某服饰有限公司（以下简称服饰公司）
被上诉人（一审原告）：某国际文化（北京）有限公司（以下简称国际文化公司）
一审被告：浙江某网络有限公司（以下简称网络公司）

### ▶ 一审诉请

国际文化公司向一审法院起诉请求：（1）判令网络公司立即停止侵权产品销售链接，服饰公司停止销售并销毁库存侵权产品；（2）网络公司和服饰公司共同赔偿经济损失和合理开支共计464236元。

## 案件事实

一审法院经审理查明:2011年11月29日,国家版权局颁发著作权登记证书,记载国际文化公司对余某2011年3月10日创作完成的美术作品《龙小弟(KAMO)》以职务作品著作权人身份依法享有著作权。该作品由一条卡通龙形象、龙小弟、KAMO三部分组成,其中"龙小弟"三字为经过美术设计的艺术字体。该美术作品曾于2011年发表于由网络公司经营的网站。2016年5月16日下午,在北京市某公证处公证人员监督下,国际文化公司的委托代理人使用公证处电脑连接互联网后登录该网站,进入服饰公司经营的名为"龙小弟旗舰店"的店铺,首页显示有涉案作品"龙小弟"三个美术字和注册商标®标志。店铺内有各种儿童服装展示销售,每款服装图片左上方显示有"龙小弟"三个美术字。随机点击一款儿童马甲产品,可以在线下单购买。在支付78元后订单生成。2016年5月19日,国际文化公司的委托代理人收到上述订单对应货物包裹。现场打开包裹,内有一件儿童马甲服装产品,吊牌上显示有"龙小弟"三个字。上述访问互联网及收货过程均由北京市某公证处现场监督并出具公证书,国际文化公司共计支付公证费5000元。

经比对,上述服饰公司使用的"龙小弟"三字图案与国际文化公司涉案作品图案基本相同。

"龙小弟"商标注册人为谢某,核定使用商品为第25类服装、裤子、童装等,有效期自2013年4月28日至2023年4月27日。该注册商标图案与涉案作品图案相同,申请日为2012年3月5日。2016年4月6日,该商标经商标局核准转让,受让人为服饰公司。根据服饰公司提供的证据,该注册商标系其委托苏州某知识产权代理有限公司从谢某处购买,服饰公司共计支付19000元。谢某委托广州市某知识产权服务有限公司转让该商标。

网络公司提供的公证书复印件及网页打印件显示,会员入驻网络公司平台时应签署《服务协议》并进行相关认证、考试等,不得发布侵犯他人知识产权的信息。涉案龙小弟旗舰店由服饰公司开设经营,其向网络公司提供了相关营业执照、商标注册证等文件。

2016年8月,国际文化公司向商标局商评委递交申请,要求对涉案龙小弟注册商标进行无效宣告，该案尚未审结。另，国际文化公司解释称其经济损失计算依据为涉案网店中产品单价乘以销售量所得数据。国际文化公司未就其涉案作品的知名度方面提供证据。

以上事实，有著作权登记证书、公证书、商标证、合同、付款凭证、网页打印件、申请书及当事人陈述等证据在案佐证。

▶ 二审诉请

上诉人服饰公司向二审法院上诉请求：撤销一审民事判决并依法改判驳回国际文化公司的诉讼请求。

▶ 案件事实

二审法院经审理查明：涉案商标图案与涉案作品中文部分"龙小弟"基本相同，对一审法院查明的其他事实予以确认。

▶ 裁判意见

**一审法院认为：**

《最高人民法院关于审理著作权民事纠纷案件适用法律若干问题的解释》第七条第一款规定："当事人提供的涉及著作权的底稿、原件、合法出版物、著作权登记证书、认证机构出具的证明、取得权利的合同等，可以作为证据。"根据国际文化公司提供的著作权登记证书及发表涉案作品的网页打印件，在无相反证据的情况下，可以认定涉案作品著作财产权由国际文化公司享有。"龙小弟"三字是涉案作品的组成部分之一，经过美术设计，具有一定的审美意义，属于著作权法上的美术作品。但是，由于该三字主要为汉字笔画书写，结构较为简单，表达空间有限，故独创性程度不高。

服饰公司未经国际文化公司许可，将国际文化公司享有著作权的涉案作品作为网络公司网店和服装产品配图以及商标标志在对外宣传和服装吊牌上使用，使公众可以在其个人选定的时间和地点获得作品，服饰公司的上述行为侵害了国际文化公司对涉案作品享有的复制权和信息网络传播权。服饰公司应当承担停止侵权、赔偿经济损失及为制止侵权而支出的合理费用的法律责任。因销毁库存并非侵权责任的法定承担方式，相关服装在不使用涉案作品的条件下仍可流通和使用，故本院对国际文化公司要求销毁库存的诉讼请求，不予支持。

关于服饰公司提出其注册商标系合法购得故不构成侵权的答辩意见，本院认为：首先，《中华人民共和国商标法》第三十二条[①]明确规定，申请商标注册不得损害他人现有的在先权利。涉案龙小弟注册商标申请日期为2012年3月5日，晚于涉案作品的公开发表时间及办理著作权登记的时间，故可以认定该商标属于侵害他人现有在先权利的注册商标，其权利行使应当受到限制。其次，《中华人民共和国著作权法》第五十三条规定："复制品的出版者、制作者不能证明其出版、制作有合法授权的……应当承担法律责任。"本案中，服饰公司购买涉案注册商标的手续齐全，且办理了商标转让登记，但该系列转让行为并不属于著作权法意义上的合法授权，商标标志本身不具有合法性基础，系侵权作品。再次，尽管服饰公司并非涉案"龙小弟"商标注册申请人，没有实施恶意抢注行为，且支付了合理对价，但是，我国著作权法和商标法均没有规定"善意取得"制度，购买者不能仅因为支付对价而将不合法的侵权商标变得合法化。若如此，商标注册秩序和著作权人专有性权利都将受到巨大冲击，大量侵害他人在先合法权利的注册商标均可借此方式得以"漂白"，有悖法理。最后，服饰公司在注册商标交易过程中，没有充分尽到谨慎注意义务，审查该商标标志本身是否存在权利瑕疵，主观上存在一定过错。另外，如果相关经济损失确系商标注册人造成，服饰公司在承担本案侵权责任后，仍可通过相关合同救济权利。综上，对服饰公司相关辩称，本院不予支持。

网络公司系涉案网站平台经营者，非侵权信息发布者，审核了服饰公司营业执照、商标注册证等相关资质情况，且在入驻平台时以协议方式告知商家不得发布侵犯他人知识产权的信息，故不应承担赔偿责任，但仍应停止相关侵权作品链接。

---

① 对应现行《中华人民共和国商标法》第三十二条，本书下同。

对于赔偿经济损失的具体数额，国际文化公司未举证证明因服饰公司的侵权行为而遭受的实际损失，也未举证证明服饰公司的违法所得，其主张按照全部商品售价乘销售量计算经济损失数额，而不考虑经营成本、利润率、商标贡献率及侵权情节等因素，过于脱离实际，不予支持。本院将综合考虑涉案作品的独创性程度、美术作品稿酬情况，服饰公司的经营规模、利润率、商标贡献率、涉案侵权行为的性质和情节等因素酌情确定。对于国际文化公司主张的公证费，确有必要，全部予以支持。

综上所述，依照《中华人民共和国著作权法》第四十八条第一项、第四十九条、第五十三条①之规定，判决如下：

一、被告网络公司于本判决生效之日起立即停止发布含有涉案作品的商品链接；

二、被告服饰公司于本判决生效之日起立即停止销售含有涉案作品的服装产品；

三、被告服饰公司于本判决生效之日起十日内赔偿原告国际文化公司经济损失 70000 元；

四、被告服饰公司于本判决生效之日起十日内赔偿国际文化公司合理支出 5000 元；

五、驳回原告国际文化公司的其他诉讼请求。

**二审法院认为：**

涉案作品中文部分"龙小弟"，虽然结构较为简单，但经过巧妙设计，在"龙"字的龙尾和"弟"字的龙角上体现了龙的特征，具有一定程度的创造性。因此，涉案作品中文部分"龙小弟"构成著作权法意义上的美术作品，应当受到保护。服饰公司的相关上诉主张无事实和法律依据，本院不予支持。

服饰公司在注册商标交易过程中，未尽到谨慎注意义务，审查该商标标志本身是否存在权利瑕疵，主观上存在一定过错。据此，一审判决认定

---

① 对应现行《中华人民共和国著作权法》第五十九条，内容有修改，本书下同。

服饰公司侵犯了国际文化公司依法享有的著作权并承担侵权责任正确，本院予以确认，关于服饰公司的相关上诉主张无事实和法律依据，本院不予支持。

侵犯著作权或者著作权有关的权利的，侵权人应当按照权利人的实际损失给予赔偿；实际损失难以计算的，可以按照侵权人的违法所得给予赔偿。鉴于双方当事人在一审期间均未提交有效证据证明国际文化公司的经济损失或服饰公司的违法所得，一审法院综合考虑涉案作品的独创性程度、美术作品稿酬情况，服饰公司的经营规模、利润率、商标贡献率、涉案侵权行为的性质和情节等因素酌情确定的经济损失赔偿数额并无不当之处，本院应予支持。此外，一审法院认定公证费用确有必要正确，本院予以支持。服饰公司关于涉案作品与涉案商标均不具有知名度，且国际文化公司未举证证明自己的损失，服饰公司亦无获利的情况下，服饰公司使用涉案商标应当免除赔偿责任的上诉主张并无事实和法律依据，本院不予支持。

综上，服饰公司的上诉理由均缺乏事实与法律依据，本院不予支持。一审判决认定事实清楚，适用法律正确，本院依法应予维持。依据《中华人民共和国民事诉讼法》第一百七十条第一款第一项之规定，本院判决如下：

驳回上诉，维持原判。

▶ **案情解析**

本案是一起著作权纠纷案件，该案件争议的焦点主要集中在三个方面：一是涉案作品的中文部分是否构成美术作品；二是服饰公司是否应当承担侵权责任；三是在实际损失难以计算的情况下，如何确定经济损失赔偿数额。

一、涉案作品的中文部分是否构成美术作品

美术作品是著作权法所保护的常见作品类型之一，是人类思想的可视性表达，也是作者智力劳动的成果。著作权法中美术作品侵权成立，要求权利人作品构成美术作品。在本案中，涉案作品中文部分"龙小弟"，虽然三个字主要为汉字笔画书写，结构较为简单，表达空间有限，但作者经过美术设计，对三个字进行抽象变形,且表现了作品的亲和力,系作者经过思考的、独立完成的智力成果,具有一定的审美意义,与公共领域的内容相比,亦具有一定程度的创造性。因此,涉案作品中文部分"龙小弟"构成著作权法意义上的美术作品,应当受到保护。

二、服饰公司是否应当承担侵权责任

根据本案查明事实,涉案商标申请日期晚于涉案作品的公开发表时间及办理著作权登记的时间,虽然服饰公司从商标注册人谢某处购买涉案商标,并办理了商标转让登记,取得了涉案商标的商标权,但该权利亦不得损害他人现有的在先权利,且我国著作权法和商标法均未规定"善意取得"制度。涉案商标与涉案作品中文部分"龙小弟"基本相同,且在案证据不能证明涉案商标系经独立创作完成或取得了著作权法意义上的合法授权,亦未尽谨慎注意义务,故而服饰公司需承担侵权责任。

三、在实际损失难以计算的情况下,如何确定经济损失赔偿数额

现行《中华人民共和国著作权法》第五十四条一、二款规定:"侵犯著作权或者与著作权有关的权利的,侵权人应当按照权利人因此受到的实际损失或者侵权人的违法所得给予赔偿;权利人的实际损失或者侵权人的违法所得难以计算的,可以参照该权利使用费给予赔偿。对故意侵犯著作权或者与著作权有关的权利,情节严重的,可以在按照上述方法确定数额的一倍以上五倍以下给予赔偿。权利人的实际损失、侵权人的违法所得、权利使用费难以计算的,由人民法院根据侵权行为的情节,判决给予五百元以上五百万元以下的赔偿。"现行《最高人民法院关于审理著作权民事纠纷案件适用法律若干问题的解释》第二十五条规定:"权利人的实际损失或者侵权人的违法所得无法确定的,人民法院根据当事人的请求或者依职权适用著作权法第四十九条第二款的规定确定赔偿数额。人民法院在确定赔偿数额时,应当考虑作品类型、合理使用费、侵权行为性质、后果等情节综合确定。当事人按照本条第一款的规定就赔偿数额达成协议的,应当准许。"现行《最高人民法院关于审理著作权民事纠纷案件适用法律若干问题的解释》第二十六条规定:"著作权法第四十九条第一款规定的制止侵权行为所支付的合理开支,包括权利人或者委托代理人对侵权行为进行调查、取证的合理费用。人民法院根据当事人

的诉讼请求和具体案情，可以将符合国家有关部门规定的律师费用计算在赔偿范围内。"

本案中，由于双方当事人未举证证明经济损失或违法所得，法院综合考虑涉案作品的独创性程度、美术作品稿酬情况，服饰公司的经营规模、利润率、商标贡献率、涉案侵权行为的性质和情节等因素酌情确定经济损失赔偿数额。

## 第二部分
## 商标权纠纷

# 一、商标授权行政纠纷

## 18. 判断商标是否近似标准之整体比对
——北京某股份有限公司与国家工商行政管理总局商标评审委员会商标申请驳回复审行政纠纷案

### 裁判要旨

判断商标是否近似应从文字字形、读音、含义或者图形的构图及颜色，或者其各要素组合后的整体结构去判断。本案申请商标整体构图比较复杂，视觉效果饱满，引证商标内容及视觉效果单一，两商标整体结构区别明显；申请商标与引证商标文字在呼叫、排列顺序及含义上也不相同。故申请商标与引证商标不近似。

### 关键词

商标要素　排列　视觉效果　内容单一

### 当事人

上诉人（一审被告）：国家工商行政管理总局商标评审委员会（以下简称商评委）

被上诉人（一审原告）：北京市某股份有限公司（以下简称北京公司）。

### ▶ 一审诉请

北京公司向一审法院起诉请求：撤销商标驳回复审决定，并责令商评委重新做出决定。

### ▶ 案件事实

一审法院经审理查明：申请商标为"新华网 NEWS 及网址"商标，该商标由北京公司于 2011 年 10 月 13 日向商标局提出注册申请，指定使用在国际分类第 42 类建设项目的开发、建筑学咨询、城市规划、计算机软件设计、替他人创建和维护网站等服务上。

引证商标为"華新"商标，该商标专用权人为某水泥股份有限公司，申请日为 1995 年 10 月 10 日，专用权期限至 2017 年 6 月 20 日，核定使用在国际分类第 42 类提供展览会设施、动物饲养、计算机程序编制等服务上。

2012 年 12 月 3 日，商标局决定部分驳回申请商标的注册申请，理由如下：申请商标在类似服务上与已注册的引证商标近似。北京公司不服该决定，于法定期限内向商评委申请复审。2014 年 3 月 25 日，商评委作出被诉第×××78 号决定。

在本案诉讼过程中，北京公司提交证明一份，证明某社是北京公司的控股股东。

庭审中，北京公司明确表示对被诉决定作出的行政程序没有异议。

上述事实，有经庭审质证的申请商标与引证商标档案、商标驳回通知书、复审申请书、北京公司在行政阶段及诉讼阶段提交的证据及当事人陈述等在案佐证。

### ▶ 二审诉请

上诉人商评委向二审法院上诉请求：撤销原审判决，维持第×××78 号决定。

## 案件事实

二审法院经审理查明：申请商标指定使用的全部服务如下：建设项目的研发；城市规划；建筑学咨询；把有形的数据和文件转换成电子媒体；计算机软件设计；替他人创建和维护网站；计算机程序和数据的数据转换（非有形转换）；提供互联网搜索引擎；计算机编程；托管计算机站（网站）。商标局初步审定在"建设项目的开发、建筑学咨询"上使用申请商标的注册申请，予以公告；驳回在"计算机编程、城市规划；把有形的数据和文件转换成电子媒体；计算机软件设计；替他人创建和维护网站；计算机程序和数据的数据转换（非有形转换）；提供互联网搜索引擎；托管计算机站（网站）"上使用申请商标的注册申请。北京公司复审申请针对的是商标局驳回的服务与引证商标核定使用服务不类似问题。对一审法院查明的其他事实予以确认。

## 裁判意见

**一审法院认为：**

2013年8月30日修正的《中华人民共和国商标法》（简称2013年《商标法》）已于2014年5月1日施行，鉴于本案被诉决定的作出时间处于2001年10月27日修正的《中华人民共和国商标法》（简称2001年《商标法》）施行期间，而本案审理时间处于2013年《商标法》施行期间，故本案涉及2001年《商标法》与2013年《商标法》的法律适用问题。鉴于本案被诉决定的作出日处于2001年《商标法》施行期间，因此，依据《中华人民共和国立法法》第八十四条①的规定，本案应适用2001年《商标法》进行审理。

根据2001年《商标法》第二十八条②的规定，申请注册的商标，不得同他人在同一种商品或者类似商品上已经注册的或者初步审定的商标相同或者近似。本案中申请商标为"新华网及英文"商标，该商标为上中下结构，包括两个网址及中文"新华网"、英文"NEWS"，该商标所包含的元素较多。

---

① 对应现行《中华人民共和国立法法》第九十三条，本书下同。
② 对应现行《中华人民共和国商标法》第三十条，本书下同。

而引证商标仅是汉字"華新",内容单一。申请商标汉字部分"新华网"与引证商标"華新",在呼叫、构成及含义上也有明显区别。因此,申请商标与引证商标在商标要素的组成及文字方面区别明显,不构成近似商标。商评委认定申请商标在部分服务上与引证商标未构成类似服务上的近似商标错误,本院予以纠正。

据此,依照《中华人民共和国行政诉讼法》[①] 第五十四条第二项第一目[②] 之规定,本院判决如下:

一、撤销商评委作出的商标驳回复审决定;
二、责令商评委重新作出复审决定。

**二审法院认为:**

2013 年 8 月 30 日修正的《中华人民共和国商标法》已于 2014 年 5 月 1 日施行,鉴于本案第×××78 号决定的作出时间处于 2001 年《商标法》施行期间,因此,依据《中华人民共和国立法法》第八十四条的规定,本案应适用 2001 年《商标法》进行审理。

2001 年《商标法》第二十八条规定:"申请注册的商标,凡不符合本法有关规定或者同他人在同一种商品或者类似商品上已经注册的或者初步审定的商标相同或者近似的,由商标局驳回申请,不予公告。"

商标近似是指商标的文字字形、读音、含义或者图形的构图及颜色,或者其各要素组合后的整体结构相似,或者其立体形状、颜色组合近似,易使相关公众对商品的来源产生误认或者认为其来源存在某种特定联系。判断商标是否近似,应当考虑商标的音、形、义等因素,采用隔离观察、整体比对的方法,并以相关公众的一般注意力为标准综合判断。

本案中,申请商标的设计元素包括汉字、英文、图形及两个网址,构图比较复杂,视觉效果饱满,引证商标仅由汉字"華新"组成,内容及视觉效果单一,两商标整体结构区别明显,且申请商标汉字部分"新华网"与引证

---

① 此处引用的《中华人民共和国行政诉讼法》为 1989 年通过本。
② 对应现行《中华人民共和国行政诉讼法》第七十条第一项,内容有修改,本书下同。

商标汉字部分"華新",在呼叫、文字排列顺序及含义上也不构成类似,故申请商标与引证商标不近似,二者同时使用在各自指定的类似服务上并不会造成相关公众的混淆误认。商评委的相关上诉理由不成立,对其上诉请求不予支持。

综上,原审判决认定事实清楚,适用法律正确,审理程序合法,依法应予维持。综上,依照《中华人民共和国行政诉讼法》[①]第六十一条第(一)项[②]之规定,判决如下:

驳回上诉,维持原判。

### ▶ 案情解析

本案是一起商标申请驳回复审行政纠纷案件,该案件争议的焦点主要是申请商标"新华网 NEWS 及网址"与引证商标"華新"是否构成指定使用于类似服务上的近似商标。

首先,判断二者商标指定服务是否构成类似服务。

根据《尼斯分类》,二者商标除 4220 群组重合以外,其他群组指定服务均不属于同一类别或同一群组,因此除 4220 群组服务外,两者商标其他服务不构成类似服务。同时,除 4220 群组服务外,两者商标其他服务在服务的目的、内容、方式、提供者、对象、场所等方面均不相同,因此两者商标指定服务除 4220 群组外均不构成类似服务。

其次,判断二者商标是否构成近似商标

判断商标是否构成近似,要以相关公众在隔离观察的情况下,施以一般注意力是否会引起其对商品或服务来源的混淆为依据。本案中,申请商标由中文"新华网"、英文"NEWS"、两个网址及图形多种要素构成,并进行了独特的设计排列,并且其中的两个网址均指向申请商标权利人。而引证商标仅由中文"華新"一种要素构成,构成要素较为单一,设计较为简单,且文

---

① 此处引用的《中华人民共和国行政诉讼法》为 1989 年通过本。
② 对应现行《《中华人民共和国行政诉讼法》第八十九条第一项,内容有修改,本书下同。

字为繁体，而中国大陆地区常用的文字为简体。两者商标从设计排列及构成要素上具有较大差距，再加上申请商标包含的两网址直指申请人，同时考虑到申请商标权利人与引证商标权利人所从事的行业及指定服务有一定差异，及申请人在全国的知名度，相关公众在隔离观察、整体对比的情况下，不易对服务来源产生混淆、误认。

综上，申请商标与引证商标不构成指定使用于相同或类似服务上的近似商标。

## 19. 商标显著特征判断之对商品或服务的直接描述
——某科技股份有限公司与国家工商行政管理总局商标评审委员会商标申请驳回复审行政纠纷案

### 裁判要旨

商标的显著特征是指商标应当具备的足以使相关公众区分商品来源的特征。判断商标是否具有显著特征，应当综合考虑构成商标的标志本身的含义、呼叫和外观构成，商标指定使用商品及相关公众的认知习惯，商标指定使用商品所属行业的实际使用情况等因素。若商标中包含的文字内容系对商标指定商品或服务的内容等特点的描述，则会构成《中华人民共和国商标法》第十一条①所指缺乏显著性的情形。

### 关键词

中文含义　显著特征　直接描述　服务特点

### 当事人

上诉人（一审被告）：国家工商行政管理总局商标评审委员会（以下简称商评委）

被上诉人（一审原告）：某科技股份有限公司（以下简称科技公司）

### 一审诉请

科技公司向一审法院起诉请求：撤销商标驳回复审决定，并判令商评委重新作出决定。

---

① 对应现行《中华人民共和国商标法》第十一条，本书下同。

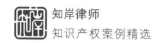

## ▶ 案件事实

**一审法院经审理查明：**

一、诉争商标

1. 申请人：科技公司。

2. 申请号：12985×××。

3. 申请日期：2013年7月26日。

4. 标识：CyberPower

5. 指定使用服务（第42类）：技术研究、替他人研究和开发新产品、质量控制、质量检测、质量评估、质量体系认证、计算机编程、计算机软件设计、计算机硬件设计和开发咨询、计算机软件维护、计算机系统分析、计算机系统设计、计算机程序和数据的数据转换（非有形转换）、计算机软件咨询、计算机系统远程监控。

二、其他事实

另查明，"CyberPower"并非英语固有词汇。根据商务印书馆、牛津大学出版社出版发行的《牛津高阶英汉双解词典（第7版）》第496页所示，"cyber-"的中文含义为"计算机的，电脑的，网络的（尤指互联网）"；根据外语教学与研究出版社出版发行的《当代高级英语辞典（英英·英汉双解）》第466页所示，"cyber-"的中文含义为"电脑的，与电脑有关的，［尤指］与互联网上的信息传递有关的"。

上述事实，有诉争商标档案、《牛津高阶英汉双解词典（第7版）》及《当代高级英语辞典（英英·英汉双解）》相关页以及当事人陈述等证据在案佐证。

## ▶ 二审诉请

上诉人商评委向二审法院上诉请求：撤销原审判决，维持被诉决定。

> **案件事实**

二审法院经审理查明：商标局于2014年11月7日作出第TMZC12985×××号《商标驳回通知书》，决定驳回申请商标的注册申请。科技公司不服，向商评委提出复审申请。在商标评审阶段，科技公司向商评委提交了申请商标的宣传使用证据。商评委在被诉决定中认为科技公司提交的证据不足以证明申请商标经宣传使用已获得显著性。以上事实有驳回决定书、被诉决定及科技公司在商标评审阶段提交的证据在案佐证。对一审法院查明的其他事实予以确认。

> **裁判意见**

**一审法院认为：**

根据《中华人民共和国商标法》第十一条第一款第三项[①]规定，其他缺乏显著特征的标志，不得作为商标注册。本院认为，《中华人民共和国商标法》第十一条是有关商标显著性的规定。其中，第一款第三项所规定的其他缺乏显著特征的标志，是指第一款第一项和第二项以外的、依照社会通常观念，作为商标使用在指定商品上不具备区分商品来源作用的标志，例如过于简单的线条、图形或过于复杂的文字、图形、数字及其组合等。对于本案诉争商标"CyberPower"，其是由"Cyber"和"Power"两个英文单词组合而成。虽然"Cyber"作为英文前缀，具有"计算机的，电脑的，网络的（尤指互联网）"等含义，与"Power"组合后可以被翻译为"计算机动力"，但"CyberPower"在整体上并不属于第一款第三项所规定的过于简单或过于复杂等其他缺乏显著特征的情形。商评委就此问题存在法律适用错误，本院予以指出。

此外，"CyberPower"及其所具有的中文含义也并非诉争商标指定服务经营者描述其服务特点的常用方式，相关公众需要经过一定想象才能认知其

---

[①] 对应现行《中华人民共和国商标法》第十一条第一款第三项，本书下同。

含义，尤其是在"技术研究、替他人研究和开发新产品、质量控制、质量检测、质量评估、质量体系认证"服务上，故诉争商标"CyberPower"亦不构成对诉争商标指定使用服务的直接描述，具备商标所应有的显著性。因此，商评委有关诉争商标构成《中华人民共和国商标法》第十一条第一款第三项所指情形的认定不当，本院不予支持。科技公司的相关诉讼主张具有事实和法律依据，本院予以支持。

据此，依照《中华人民共和国行政诉讼法》第七十条第一项、第二项①之规定，本院判决如下：

一、撤销商评委作出的商标驳回复审决定；

二、责令商评委针对第12985×××号"CyberPower"商标重新作出决定。

**二审法院认为：**

《中华人民共和国商标法》第十一条第一款规定："下列标志不得作为商标注册：……（三）缺乏显著特征的。"通常情况下，对于商标显著性的判断应结合具体的商品或服务的类别予以考虑。

本案中，申请商标标志为英文字母"CyberPower"，由"Cyber"和"Power"两个英文单词组合而成。"Cyber"作为英文前缀，具有"计算机的，电脑的，网络的（尤指互联网）"等含义，与"Power"组合后可以被翻译为"计算机动力"。

在申请商标指定使用的服务上，"CyberPower"及其所具有的中文含义并非上述服务经营者描述其服务特点的常用方式，相关公众需要经过一定想象才能认知其含义，申请商标标志亦不构成对上述服务的直接描述，故申请商标具备商标所应有的显著性，未构成《中华人民共和国商标法》第十一条第一款第三项所指的情形。商评委的上诉理由不能成立，本院不予支持。

---

① 对应现行《中华人民共和国行政诉讼法》第七十条第一项、第二项，本书下同。

综上，原审判决认定事实清楚，适用法律正确，程序合法，应予维持。商评委的上诉理由不能成立，对其上诉请求，本院不予支持。依照《中华人民共和国行政诉讼法》第八十九条第一款第一项①之规定，判决如下：

驳回上诉，维持原判。

### ▶ 案情解析

本案是一起商标申请驳回复审行政纠纷案件，该案件争议的焦点主要是涉案商标是否具有显著性。

现行《中华人民共和国商标法》第十一条第一款规定："下列标志不得作为商标注册：（一）仅有本商品的通用名称、图形、型号的；（二）仅直接表示商品的质量、主要原料、功能、用途、重量、数量及其他特点的；（三）其他缺乏显著特征的。"2021年国家知识产权局发布的《商标审查审理指南》中解释："商标的显著特征是指商标应当具备的足以使相关公众区分商品或者服务来源的特征。……判断商标是否具有显著特征，除了要考虑商标标志本身的含义、呼叫和外观构成，还要结合商标指定的商品或者服务、商标指定商品或者服务的相关公众的认知习惯、商标指定商品或者服务所属行业的实际使用情况等，进行具体的、综合的、整体的判断。"

其他缺乏显著特征的标志，是指《中华人民共和国商标法》第十一条第一款第一、二项以外的依照社会通常观念，其本身或者作为商标使用在指定使用商品上不具备表示商品来源作用的标志。主要包括：（一）过于简单的线条、普通几何图形；（二）过于复杂的文字、图形、数字、字母或上述要素的组合；（三）一个或者两个普通表现形式的字母；（四）普通形式的阿拉伯数字；（五）指定使用商品的常用包装、容器或者装饰性图案；（六）单一颜色；（七）表示商品或者服务特点的短语或者句子，普通广告宣传用语；（八）本行业或者相关行业常用的贸易场所名称、商贸用语或者标志；（九）企业的组织形式、本行业名称或者简称；（十）仅由电话、地址、门牌号等要素构成；（十一）常用祝颂语。

---

① 对应现行《中华人民共和国行政诉讼法》第八十九条第一款第一项，本书下同。

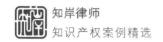

本案中,涉案商标在指定服务项目上使用并未直接描述商品的质量、原料、功能、用途等特点,也非商品的通用名称、型号等,也不符合其他缺乏显著特征的规定。诉争商标英文"CyberPower"翻译成中文为"计算机动力",并非中文及英文常用词汇,具有一定的创意,具有一定的显著性,因此并不符合《中华人民共和国商标法》第十一条第一款所指缺乏显著特征的情形。

## 20. 商标显著特征判断之直接描述商品或服务特点
——上海某电子商务有限公司与国家工商行政管理总局商标评审委员会商标申请驳回复审行政纠纷案

### 裁判要旨

商标所具有的中文含义若系对商标指定商品或服务的内容等特点的描述，则会构成现行《中华人民共和国商标法》第十一条所指缺乏显著性的情形。诉争商标若整体上不仅仅直接表示服务内容、特点，还包含其他要素，指向性明确，相关公众能够以该标志识别其所标识的服务来源的，则应当认定为具有显著性。

### 关键词

显著性　直接表示　内容特点　其他要素　指向明确

### 当事人

上诉人（一审被告）：国家工商行政管理总局商标评审委员会（以下简称商评委）

被上诉人（一审原告）：上海某电子商务有限公司（以下简称上海公司）

### 一审诉请

上海公司向一审法院起诉请求：撤销商标驳回复审决定，并责令商评委重新做出决定。

## 案件事实

**一审法院经审理查明：**

一、诉争商标

1. 申请人：上海公司。

2. 申请号：13485×××。

3. 申请日期：2013 年 11 月 5 日。

4. 标识：肉联网及图形网址

5. 指定使用服务（第 35 类、类似群 3501-3503；3506）：广告、计算机网络上的在线广告、为零售目的在通信媒体上展示商品、商业管理辅助、进出口代理、替他人推销、市场营销、对购买订单进行行政处理、计算机录入服务、替他人采购（替其他企业购买商品或服务）。

二、其他事实

上海公司在诉讼中提交了以下证据材料：上海公司的工商信息、软件著作权登记证、ICP 备案查询、诉争商标使用证据、上海公司采购商信息、订单信息、销售概况等。

上述事实，有诉争商标档案、驳回通知书、驳回商标注册申请复审申请书、上海公司在诉讼中补充提交的证据材料及其陈述等证据在案佐证。

## 二审诉请

上诉人商评委向二审法院上诉请求：撤销原审判决，维持被诉决定。

## 案件事实

二审法院经审理查明的事实与原审法院相同。

## 裁判意见

**一审法院认为：**

《中华人民共和国商标法》第十一条规定："下列标志不得作为商标注

册：……（二）仅直接表示商品的质量、主要原料、功能、用途、重量、数量及其他特点的……"商标是否具有显著性，应当从整体上判断，标志中含有的描述性要素不影响商标整体上具有显著特征的，相关公众能够以其识别商品来源的，应当认定其具有显著性。

本案中，诉争商标由汉字"肉联网"与网址组合而成，虽然"联网"一词用于互联网有关服务上具有一定描述性特点，但诉争商标指定使用的服务类别为广告、计算机网络上的在线广告、为零售目的在通信媒体上展示商品、商业管理辅助、进出口代理、替他人推销、市场营销、对购买订单进行行政处理、计算机录入服务、替他人采购（替其他企业购买商品或服务），上述服务虽然可以通过互联网开展，但其服务内容并非互联网本身，而是广告、展示商品、进出口代理、市场营销等，故诉争商标不属于仅仅直接表示服务内容、特点的情形。此外，诉争商标整体上还包含汉字"肉"及其网络地址，指向性明确，相关公众能够以该标志识别其所标识的服务来源，故诉争商标应当认定为具有显著性，不构成《中华人民共和国商标法》第十一条第一款第二项[①]所指情形。商评委对此认定有误，本院予以纠正。

综上，依据《中华人民共和国行政诉讼法》第七十条第一、二项之规定，本院判决如下：

一、撤销被告商评委作出的商标驳回复审决定；

二、被告商评委就原告上海公司针对第13485×××号"肉联网及图"商标所提复审申请重新作出决定。

**二审法院认为：**

根据《中华人民共和国商标法》第十一条第一款第二项规定，仅直接表示商品的质量、主要原料、功能、用途、重量、数量及其他特点的标志不得作为商标注册。商标是否具有显著性，应当从整体上判断，标志中含有的描述性要素不影响商标整体上具有显著特征的，相关公众能够以其识别商品来源的，应当认定其具有显著性。

---

① 对应现行《中华人民共和国商标法》第十一条第一款第二项，本书下同。

本案中，诉争商标由汉字"肉联网"与网址及图组合而成，虽然"联网"一词用于互联网有关服务上具有一定描述性特点，但诉争商标指定使用的服务类别为广告、计算机网络上的在线广告、为零售目的在通信媒体上展示商品、商业管理辅助、进出口代理、替他人推销、市场营销、对购买订单进行行政处理、计算机录入服务、替他人采购（替其他企业购买商品或服务），上述服务虽然可以通过互联网开展，但其服务内容并非互联网本身，而是广告、展示商品、进出口代理、市场营销等，故诉争商标不属于仅仅直接表示服务内容、特点的情形。此外，诉争商标整体上还包含汉字"肉"以及其网络地址，指向性明确，相关公众能够以该标志识别其所标识的服务来源，故诉争商标应当认定为具有显著性，不构成《中华人民共和国商标法》第十一条第一款第二项所指情形。商评委所持相关上诉理由缺乏依据，对此本院不予支持。

综上，原审判决认定事实清楚，适用法律正确，应予维持。商评委的上诉理由不能成立，对其上诉请求本院不予支持。依照《中华人民共和国行政诉讼法》第八十九条第一款第一项之规定，判决如下：

驳回上诉，维持原判。

## ▶ 案情解析

本案是一起商标申请驳回复审行政纠纷案件，该案件争议的焦点主要是申请商标是否直接表示了服务的质量、功能、用途等特点。

判断商标是否违反《中华人民共和国商标法》第十一条第一款第二项应从商标的整体去判断，不应以含有缺乏显著性的个别文字而判断商标整体不具显著性，且应结合商标内容与指定商品或服务间的关系进行判断。本案中，诉争商标中文"肉联网"虽然含有"网"字，有网络的含义，但诉争商标指定服务项目"广告、计算机网络上的在线广告、为零售目的在通信媒体上展示商品、商业管理辅助、进出口代理、替他人推销、市场营销、对购买订单进行行政处理、计算机录入服务、替他人采购"的功能、用途等与争议商标中文内容"肉联网"没有任何关联，诉争商标也非对服务项目质量的描述，也未含有该条款其他方面的缺乏显著性的情况。同时，诉争商标还包含网址，直接指向上海公司，不会使得相关消费者误认为该服务提供者为他人，不会引起市场的混乱。

综上所述，诉争商标具有一定的显著性，不构成《中华人民共和国商标法》第十一条第一款第二项所指情形。

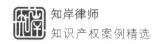

## 21. 商标行政授权中的情势变更

——北京某股份有限公司与国家工商行政管理总局商标评审委员会商标申请驳回复审行政纠纷案

### 📖 裁判要旨

引证商标在驳回复审及一审审理阶段处于有效状态时,能够阻碍诉争商标的核准注册,但案件进入二审诉讼阶段,引证商标已被公告撤销,不再构成诉争商标申请注册的权利障碍,基于此情势变更,诉争商标应予以核准注册。

### ▶ 关键词

情势变更　撤销　权利障碍　引证商标

### ▶ 当事人

上诉人(一审原告):北京某股份有限公司(以下简称北京公司)

被上诉人(一审被告):国家工商行政管理总局商标评审委员会(以下简称商评委)

### ▶ 一审诉请

北京公司向一审法院起诉请求:撤销商标驳回复审决定,并责令商评委重新做出决定。

### ▶ 案件事实

一审法院经审理查明:

一、诉争商标

1. 申请人：北京公司。

2. 申请号：17059×××。

3. 申请日期：2015年5月28日。

4. 标识：健康解码及图

5. 指定使用服务（第38类、类似群3801-3802）：电视播放；无线电广播；有线电视播放；无线广播；在线贺卡传送；计算机辅助信息和图像传送；信息传送；电子公告牌服务（通信服务）；数字文件传送。

二、引证商标

1. 注册人：湖南某集团生物科技有限责任公司。

2. 注册号：5917×××。

3. 申请日期：2007年2月13日。

4. 专用权期限至2020年2月13日。

5. 标识：健康密码

6. 核定使用服务（第38类、类似群3801-3802）：电视广播；新闻社；信息传送；光纤通信；计算机辅助信息和图像传送；提供与全球计算机网络的电信连接服务；电话通信；传真发送；卫星传送；有线电视播放。

三、其他事实

北京公司在庭审过程中明确表示对被诉决定作出的程序、诉争商标指定使用的服务与引证商标核定使用的服务类似均不持异议。

上述事实，有诉争商标和引证商标档案、行政阶段相关材料及当事人陈述等证据在案佐证。

▶ **二审诉请**

北京公司向二审法院上诉请求：撤销原审判决和被诉决定。

▶ **案件事实**

二审法院经审理查明：在商标评审阶段，北京公司向商评委提交了北京公司介绍、宣传使用证据等。在二审诉讼阶段，北京公司向本院补充提交了如下证据：

1. 商标局作出的商标撤三字［2017］第W004×××号《关于第5917×××号"健康密码"注册商标（即本案引证商标）连续三年不使用撤销申请的决定》复印件载明：商标局决定撤销引证商标，原第5917×××号《商标注册证》作废，并予公告。作出日期为2017年3月30日。

2. 上述决定邮寄信封复印件，载明邮戳日期为2017年4月12日。

证据1、2用以证明引证商标已被撤销，不再构成诉争商标申请注册的权利障碍。

经本院向商评委核实，商评委认可证据1、2的真实性、合法性和关联性及该撤销决定已经生效。以上事实有北京公司在商标评审阶段及二审诉讼阶段提交的公司介绍、宣传使用证据、撤销决定及信封、工作记录等证据在案佐证。对一审法院查明的其他事实予以确认。

### ▶ 裁判意见

**一审法院认为：**

根据当事人的诉辩主张，本案的争议焦点为诉争商标是否违反《中华人民共和国商标法》第三十条①的规定。

《中华人民共和国商标法》第三十条②规定："申请注册的商标，凡不符合本法有关规定或者同他人在同一种商品或者类似商品上已经注册的或者初步审定的商标相同或者近似的，由商标局驳回申请，不予公告。"

本案中，经查，至本案审理终结，引证商标尚处于在先有效注册状态。诉争商标标志由汉字"健康解码"和图形组成，均属于诉争商标的显著识别部分，而引证商标为纯文字商标，其显著识别部分即为"健康密码"。诉

---

① 对应现行《中华人民共和国商标法》第三十条，本书下同。
② 对应现行《中华人民共和国商标法》第三十条规定："申请注册的商标，凡不符合本法有关规定或者同他人在同一种商品或者类似商品上已经注册的或者初步审定的商标相同或者近似的，由商标局驳回申请，不予公告。"本书下同。

争商标的显著识别汉字部分"健康解码"与引证商标显著识别部分"健康密码"仅一字之差,文字构成、呼叫、含义等相近,构成近似商标。北京公司提交的证据不足以证明诉争商标经使用已经与北京公司形成了唯一对应关系。故商评委认定诉争商标违反了《中华人民共和国商标法》第三十条之规定并无不当,本院予以支持。

综上,被诉决定证据确凿,审查程序合法。北京公司的诉讼理由缺乏事实和法律依据,其诉讼请求本院不予支持。据此,依照《中华人民共和国行政诉讼法》第六十九条①的规定,本院判决如下:

驳回北京公司的诉讼请求。

**二审法院认为:**

鉴于在原审诉讼阶段北京公司明确表示对诉争商标指定使用的服务与引证商标核定使用的服务构成类似服务不持异议,本院经审查予以确认。本案二审的争议焦点如下:一、诉争商标与引证商标是否构成近似商标;二、引证商标能否作为诉争商标申请注册的权利障碍。

《中华人民共和国商标法》第三十条规定:"申请注册的商标,凡不符合本法有关规定或者同他人在同一种商品或者类似商品上已经注册的或者初步审定的商标相同或者近似的,由商标局驳回申请,不予公告。"商标近似是指两商标文字的字形、读音、含义或者图形的构图及颜色,或者其各要素组合后的整体结构相似,或者其立体形状、颜色组合近似,易使相关公众对商品或服务的来源产生误认或者误认为其来源之间存在特定的联系。

本案中,诉争商标标志由汉字"健康解码"及图形组成,"健康解码"是诉争商标的主要识别部分之一。引证商标标志由汉字"健康密码"构成。二者相比较,均由四个汉字构成,除第三个汉字不同外,其余三个汉字及排列顺序均相同,且就含义而言,"密码"与"解码"具有较大的关联。诉争商标与引证商标若同时使用在类似服务上,易使相关公众对服务的来源产生误认或者误认为其来源之间存在特定的联系。故诉争商标与引证商标构成近似商

---

① 对应现行《中华人民共和国行政诉讼法》第六十九条,本书下同。

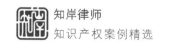

标。北京公司提交的证据不足以证明诉争商标经宣传使用已具有较高的知名度和影响力,进而不足以证明可与引证商标相区分。北京公司的相关上诉理由不能成立,本院不予支持。

商评委认可北京公司在二审诉讼阶提交的证据1、2,并认可引证商标的撤销决定已经生效,本院对此予以确认。故在二审诉讼阶段,引证商标已被公告撤销,不再构成诉争商标申请注册的权利障碍。北京公司的相关上诉理由成立,本院予以支持。

综上,依据新发生的事实,原审判决及被诉裁定的相关认定不妥,应予撤销。依照《中华人民共和国行政诉讼法》① 第八十九条第一款第二项、第三款之规定,判决如下:

一、撤销原审行政判决书;

二、撤销商评委作出的商标驳回复审决定书;

三、商评委针对第17059×××号"健康解码及图"商标重新作出商标驳回复审行政决定。

▶ **案情解析**

本案是一起商标申请驳回复审行政纠纷案件,该案件争议的焦点主要是引证商标是否构成对诉争商标核准注册的障碍。

本案中,北京公司明确诉争商标指定使用的服务与引证商标核定使用的服务构成类似服务。诉争商标中文部分"健康解码"与引证商标"健康密码"从含义上虽然有一定区别,但二者具有一定关联,容易使相关公众误认为诉争商标与引证商标指定的服务来源为同一服务提供者,或者认为诉争商标指定服务提供者与引证商标指定服务提供者具有某种关联,因此两商标构成近似商标。综上,诉争商标与引证商标构成指定使用于类似服务上的近似商标。

但引证商标在本案二审阶段因连续三年不使用被商标局予以撤销,并进行公告,因此虽然引证商标与诉争商标构成指定使用于类似服务上的近似商标,但引证商标已无效,诉争商标也就不具备在先权利障碍,应予以核准注册。

---

① 此处引用的《中华人民共和国行政诉讼法》为2017年修正本。

## 22. 商标显著性判断标准之经使用获得显著性
——某财富管理股份有限公司与国家工商行政管理总局商标评审委员会商标申请驳回复审行政纠纷案

### 裁判要旨

判断两商标是否构成近似商标，主要以是否会引起相关消费者的混淆误认为标准，既要考虑两商标是否构成近似，又要考虑两商标指定商品是否类似，同时还要考虑商标的知名度。若两商标指定服务构成类似服务，但文字部分有所不同，整体结构有明显差异，且诉争商标经过使用具有了较高的知名度的，即使两商标共存于同一种或类似服务上，也不构成近似商标。

### 关键词

显著性　标志本身　差别　经使用　误导

### 当事人

上诉人（一审被告）：国家工商行政管理总局商标评审委员会（以下简称商评委）

被上诉人（一审原告）：某财富管理股份有限公司（以下简称财富公司）

### 一审诉请

财富公司向一审法院起诉请求：撤销商标驳回复审决定，并责令商评委重新做出决定。

## ▶ 案件事实

**一审法院经审理查明：**

一、诉争商标

1. 申请人：财富公司。

2. 申请号：16982×××。

3. 申请日期：2015年5月19日。

4. 标识：优品

5. 指定使用服务（第36类、类似群3601-3604；3608）：保险信息；代管产业；基金投资；资本投资；金融管理；期货经纪；金融咨询；金融服务；艺术品估价；不动产管理。

二、引证商标

1. 注册人：成都某投资控股有限公司。

2. 注册号：4276×××。

3. 申请日期：2004年9月20日。

4. 专用权期限至2018年3月20日。

5. 标识：优品道 HIGH CLASS CIRCLE 及图形

6. 核定使用服务（第36类、类似群3601-3604；3606；3608）：保险；资本投资；珍宝估价；不动产出租；不动产代理；不动产评估；不动产管理；住所（公寓）；担保；代管产业。

三、其他事实

财富公司在庭审过程中明确表示对被诉决定作出的程序、诉争商标指定使用商品和引证商标的核定使用服务类似均不持异议，并向法院提交了财富公司的介绍及营业执照、财富公司的子公司及关联公司的资质和行业许可证书、优品财富标识VI系统设计制作合同、"优品"商标使用在公司前台和办公用品及礼品包装等物料上的照片、优品产品截图、部分业务合同及发票、诉争商标宣传和推广的合同及发票、优品软件产品在各软件网站上的推广、优品基金产品在第三方网站上的推广、优品与知名网络媒体联合举办活动建立战略合作的推广活动、数十家知名网络媒体对优品的报道截图、自媒体平台上的宣传和推广、财富公司和部分子公司及关联公司 2014—2015 年审计报告、财富公司和财富公司的部分子公司及关联公司 2015—2016 年纳税证明、财富公司和财富公司子公司及关联公司获得的荣誉、2016 年传统券商移动证券应用兴业报告节选、光盘等证据以支持其诉讼请求。

上述事实，有诉争商标和引证商标档案、行政阶段相关材料及当事人陈述等证据在案佐证。

### ▶ 二审诉请

上诉人商评委向二审法院上诉请求：撤销一审判决，维持被诉决定。

### ▶ 案件事实

二审法院经审理查明：财富公司在二审诉讼中向本院提交了业务合同、广告合同及荣誉证书三组证据。本院经审查认为，上述证据不是行政诉讼意义上的新证据，本院不予采纳。对一审法院查明的其他事实予以确认。

### ▶ 裁判意见

**一审法院认为：**

根据当事人的诉辩主张，本案的争议焦点为诉争商标是否违反《中华人民共和国商标法》第三十条的规定。《中华人民共和国商标法》第三十条规定："申请注册的商标，凡不符合本法有关规定或者同他人在同一种商品或者类似商品上已经注册的或者初步审定的商标相同或者近似的，由商标局驳回申请，不予公告。"

本案中，诉争商标为"优品"为纯汉字商标，而引证商标为汉字、字母和图形组合商标，即便是引证商标的汉字部分与诉争商标也有一定差别，总体二者在构成要素、整体视觉、含义等方面均存在一定差别。由财富公司提交的证据可知，财富公司子公司及其关联公司自 1996 年就已经成立，并持续运营至今，无论是财富公司还是其子公司及关联公司的企业名称中均含有"优品"字样且构成企业名称的主要识别部分，而财富公司提交的大量宣传使用证据证明诉争商标使用在指定使用的金融投资相关领域，获得了各大网络媒体的广泛宣传，并获得了相关荣誉，形成了稳定的消费群体与市场格局，在相关公众中具有较高的知名度和影响力，虽然其中部分显示的使用标志为"优品财富"，但是其中"财富"在投资领域显著性不高，故可以认定其突出使用的属于本案的诉争商标为"优品"。因此，诉争商标经过使用，已经获得了与引证商标相区别的显著特征，商评委认定诉争商标违反了《中华人民共和国商标法》第三十条的规定错误，本院依法予以纠正。

综上，被诉决定主要证据不足，本院应予撤销。财富公司的诉讼请求部分成立，本院予以支持。据此，依照《中华人民共和国行政诉讼法》第七十条第一项之规定，本院判决如下：

一、撤销被告商评委作出的商标驳回复审决定；

二、商评委重新作出审查决定。

**二审法院认为：**

《中华人民共和国商标法》第三十条规定："申请注册的商标，凡不符合本法有关规定或者同他人在同一种商品或者类似商品上已经注册的或者初步审定的商标相同或者近似的，由商标局驳回申请，不予公告。"鉴于各方当事人对服务类似的认定不持异议，本院经审查予以确认。

商标近似是指两商标相比较，其文字的字形、读音、含义或者图形的构图及颜色，或者其各要素组合后的整体结构相似，或者其立体形状、颜色组合近似，易使相关公众对商品的来源产生误认。判断商标是否近似，既要考虑商标标志构成要素及其整体的近似程度，又要考虑相关商标的显著性和知名度、所使用商品的关联程度等因素，以是否容易导致相关公众混淆作为判断标准。认定商标是否近似，应当以相关公众的认知水平进行判断。本案中，诉争商标"优品"为纯汉字商标，引证商标为汉字、字母和图形组合商标，二者在构成要素、整体视觉、含义等方面均存在一定的差别。根据财富公司提交的证据，财富公司的子公司及其关联公司自1996年就已经成立，并持续运营至今，无论是财富公司还是其子公司及关联公司的企业名称中均含有"优品"字样且构成企业名称的主要识别部分，而财富公司提交的大量的宣传使用证据证明诉争商标使用在指定使用的金融投资相关领域，获得了各大网络媒体的广泛宣传，并获得了相关荣誉，形成了稳定的消费群体与市场格局，在相关公众中具有较高的知名度和影响力，虽然其中部分显示的使用标志为"优品财富"，但是其中"财富"在投资领域显著性不高，故可以认定其突出使用的属于本案的诉争商标为"优品"。诉争商标与引证商标的标志本身有一定的差别，诉争商标经过使用又进一步增强了显著性，故诉争商标与引证商标共存于同一种或类似服务上，不会误导相关公众，一审法院认定诉争商标与引证商标未构成近似商标，并无不当，本院予以维持。

综上，一审判决认定事实清楚，适用法律正确，审理程序合法，应予维持。商评委的上诉理由缺乏事实和法律依据，对其上诉请求，本院不予支持。依照《中华人民共和国行政诉讼法》第八十九条第一款第一项之规定，判决如下：

驳回上诉，维持原判。

## ▶ 案情解析

本案是一起商标申请驳回复审行政纠纷案件，该案件争议的焦点主要是诉争商标"优品"与引证商标"优品道 HIGH CLASS CIRCLE 及图形"是否构成指定使用于类似服务上的近似商标。

判断两商标是否构成指定使用于类似服务上的近似商标，首先判断二者商标指定服务是否构成类似服务。本案中财富公司明确承认诉争商标指定服务与引证商标指定服务构成类似服务，因此应认定两商标指定服务构成类似服务。

其次判断二者商标是否构成近似商标。而判断两商标是否构成近似商标，要以相关公众在隔离观察的情况下，施以一般注意力是否会引起其对商品或服务来源的混淆为判断标准。本案中，诉争商标"优品"有"质量好"的意思，而引证商标中文"优品道"则不是日常生活常用词语，没有实际含义，因此两商标从含义上有一定区别；在中国大陆地区，相关消费者通常以商标的中文对其进行呼叫，因此从读音呼叫角度来看两商标也存在一定区别；申请商标仅为纯中文商标，引证商标则由中文、英文、图形三种要素构成，且进行了独特的设计，两商标从整体结构及视觉效果来看具有明显的区别。另外，现行《中华人民共和国商标法》第十一条第二款规定："前款所列标志经过使用取得显著特征，并便于识别的，可以作为商标注册。"本案中，诉争商标"优品"虽然显著性不高，但财富公司提交的使用证据能够证明诉争商标经使用具有了一定的显著性，符合《中华人民共和国商标法》第十一条第二款的规定，并形成了稳定的市场格局，不会引起相关消费者对服务来源的混淆误认。因此，诉争商标与引证商标未构成近似商标。

综上，申请商标与引证商标不构成指定使用于相同或类似服务上的近似商标。

## 23. 商品或服务类似认定中的交叉检索
——北京某股份有限公司与国家工商行政管理总局商标评审委员会商标申请驳回复审行政纠纷案

### 裁判要旨

判断商品或服务是否构成类似商品或服务，应根据《类似商品和服务区分表》划分，一个类似群内的商品和服务原则上是类似商品和服务，对于某些特殊情况，该类似群后面用加注形式详细说明的，类似商品和服务之间应交叉检索。本案即属于在第12类类似群后加注交叉检索的情况。

### 关键词

交叉检索　商品类似　撤三　在先障碍　产生影响

### 当事人

原告：北京某股份有限公司（以下简称北京公司）
被告：国家工商行政管理总局商标评审委员会（以下简称商评委）

### 诉讼请求

北京公司向一审法院起诉请求：撤销商标驳回复审决定，并责令商评委重新作出决定。

### 案件事实

一审法院经审理查明：
一、诉争商标
1. 申请人：北京公司

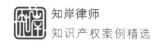

2. 申请号：20471×××。

3. 申请日期：2016年6月29日。

4. 标识：新华鹰

5. 指定使用商品（第12类、类似群1202；1208-1209；1211）：空中运载工具；飞机；军用无人机；民用无人机；航空装置、机器和设备；航空器；飞机轮胎；运载工具用悬置减震器；汽车；飞机的弹射座椅。

二、引证商标

（一）引证商标一

1. 注册人：周某。

2. 注册号：5349×××。

3. 申请日期：2006年5月15日。

4. 专用期限至2019年8月13日。

5. 标识：华鹰

6. 核定使用商品（第12类、类似群1208）：汽车内胎；车辆轮胎；车辆实心轮胎；自行车、三轮车车胎。

（二）引证商标二

1. 注册人：浙江某摩托车有限公司。

2. 注册号：5835×××。

3. 申请日期：2007年1月9日。

4. 专用期限至2019年12月27日。

5. 标识：华鹰 HUAYING

6. 核定使用商品（第12类、类似群1206；1210）：两轮手推车；游艇。

（三）引证商标三

1. 注册人：陈某。

2. 注册号：1717×××。

3. 申请日期：2000年4月12日。

4. 专用期限至2022年2月20日。

5. 标识：华鹰 HUAYING 及图形

6. 核定使用商品（第 12 类、类似群 1203）：摩托车；摩托车挎斗。

（四）引证商标四

1. 注册人：福建某塑胶模具有限公司。

2. 注册号：7410×××。

3. 申请日期：2009 年 5 月 20 日。

4. 专用期限至 2021 年 3 月 6 日。

5. 标识：华鹰

6. 核定使用商品（第 12 类、类似群 1202）：电动车辆；越野车；小汽车；陆地车辆传动齿轮；陆地车辆用离合器；陆地车辆刹车；陆地车辆用单向离合器；陆地车辆减速齿轮；陆地车辆刹车片。

（五）引证商标五

1. 注册人：北京某光学仪器有限公司。

2. 注册号：6500×××。

3. 申请日期：2008 年 1 月 9 日。

4. 专用期限至 2020 年 3 月 20 日。

5. 标识：华鹰

6. 核定使用商品（第 12 类、类似群 1209）：空中运载工具；飞机；航空器；航空仪器、机器和设备。

三、其他事实

北京公司在庭审过程中明确表示对被诉决定作出的程序不持异议，同时明确表示仅对诉争商标指定使用的"运载工具用悬置减震器"一项商品与引证商标核定使用的商品类似不认可，并提交了关于引证商标一、二的撤销公告和各引证商标的商标状态等证据以支持其诉讼请求。另查，引证商标一、二均已因连续三年不使用被撤销在全部商品上的使用，相关公告均发布在《商标公告》中。

上述事实，有诉争商标和引证商标档案、行政阶段相关材料及当事人陈述等证据在案佐证。

## 裁判意见

**法院认为：**

本案中，至本案审理终结，引证商标三、四、五仍为有效注册状态，构成诉争商标的在先注册障碍。诉争商标指定使用的"运载工具用悬置减震器"商品属于1211类似群组，而引证商标三核定使用的"摩托车"等属于1203群组，引证商标四核定使用的"陆地车辆用离合器"等属于1202群组。引证商标五核定使用的"空中运载工具"等属于1209群组，1211群组和1203群组、1202群组、1209群组分别构成交叉检索，故商评委认定上述商品构成类似并无不当。诉争商标"新华鹰"为纯文字商标，其与引证商标三、四、五的主要显著识别汉字部分"华鹰"，在文字构成、呼叫等方面相近，构成近似。但引证商标一、二均已因连续三年不使用被撤销，相关公告发布在《商标公告》中，故其已不再构成诉争商标申请注册的在先障碍，而且对本案的结论产生影响。故在本判决生效后，商评委应当重新进行审查。

综上，被诉决定证据不足，本院应予撤销。北京公司的诉讼请求部分成立，本院予以支持。

据此，依照《中华人民共和国行政诉讼法》第七十条第一项之规定，本院判决如下：

一、撤销被告商评委作出的商标驳回复审决定；

二、商评委重新作出审查决定。

## 案情解析

本案是一起商标申请驳回复审行政纠纷案件，该案件争议的焦点主要是诉争商标是否违反现行《中华人民共和国商标法》第三十条的规定。

类似商品是指商品在功能、用途、原材料、销售渠道、消费对象等方面具有一定共同性，如果使用相同、近似的商标，易使相关公众认为其存在特定联系，使消费者误认为是同一企业生产的商品。类似服务是指在服务的目的、内容、方式、对象等方面具有一定的共同性，如果使用相同、近似的商标，易使相关公众认为其存在特定联系，使消费者误认为是同一企业提供的服务。判断商品或服务是否构成类似，可参考《类似商品和服务区分表》中对商品或服务进行的划分进行判断，一般而言，一个类似群内的商品或服务原则上是类似商品或服务，但对于某些特殊情况，类似群后会用标"注"的形式进行说明何种类似的商品和服务项目之间交叉检索。

本案中，诉争商标指定使用的"运载工具用悬置减震器"属于第 12 类 1211 类似群组，而一审期间仍然有效的引证商标三、四、五指定商品分别属于 1203、1202、1209 群组，根据 1211 类似群组下的"注"，1211 群组与 1202、1203、1209 群组商品类似。因此，引证商标三、四、五仍然构成对诉争商标核准注册的障碍。

1211 群组注：

1. 本类似群与 1201，1202，1203，1204 第（一）部分，1205，1206，1207，1209，1210 类似；

2. 运载工具防盗设备，运载工具防盗报警器与 0920 第一自然段类似；

3. 运载工具防眩光装置，动载工具遮光装置与 1101 第（二）部分类似。

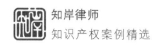

## 24. 诉争商标申请注册的在先权利障碍
——香港某广告有限公司与国家知识产权局商标申请驳回复审行政纠纷案

### 📖 裁判要旨

引证商标在商评委作出撤销决定生效前，仍构成诉争商标申请注册的在先权利障碍，若引证商标部分指定服务被公告撤销的事实发生于二审诉讼阶段时，则依据新发生的事实，不再构成诉争商标申请注册的权利障碍，应予撤销。

### ▶ 关键词

新发生的事实　近似　公告撤销认定事实

### ▶ 当事人

上诉人（一审原告）：香港某广告有限公司（以下简称香港公司）

被上诉人（一审被告）：国家知识产权局（原商标评审委员会，以下简称商评委）

### ▶ 一审诉请

香港公司向一审法院起诉请求：撤销商标驳回复审决定，并判令商评委重新作出复审决定。

### ▶ 案件事实

一审法院经审理查明：

一、诉争商标

1. 申请人：香港公司。

2. 申请号：22741×××。

3. 申请日期：2017年1月25日。

4. 标识：M

5. 指定使用服务（第35类，类似群3501-3503；3506）：广告宣传；为商品和服务的买卖双方提供在线市场；为零售目的在通信媒体上展示商品；计算机网络上的在线广告；通过网站提供商业信息；替他人推销；市场营销；将信息编入计算机数据库；计算机数据库信息系统化；为推销优化搜索引擎。

二、引证商标一

1. 注册人：郑州某空调清洁有限公司。

2. 注册号：8362×××。

3. 申请日期：2010年6月4日。

4. 专用权期限至：2021年7月6日。

5. 标识：M

6. 核定使用服务（第35类，类似群3501-3504）：户外广告；张贴广告；特许经营的商业管理；替他人推销；人员招收。

三、引证商标二

1. 注册人：广州某置业有限公司。

2. 注册号：9861×××。

3. 申请日期：2011年8月18日。

4. 专用权期限至：2022年12月20日。

5. 标识：M

6. 核定使用服务（第35类，类似群3501-3508）：广告；商业场所搬迁；特许经营的商业管理；进出口代理；人事管理咨询；自动售货机出租；计算机数据库信息系统化；会计；寻找赞助；饭店商业管理。

四、其他事实

诉讼过程中，香港公司向本院提交了引证商标一、二的撤销复审及撤销相关流程、引证商标一权利人的企业信用信息公示报告、北京市高级人民法院作出的在先生效判决等，用于证明引证商标一、二最终能否构成诉争商标的在先权利障碍尚未确定，且引证商标一权利人实际使用注册商标的可能性低，该商标很可能被撤销，因此应当暂缓或中止审理本案。

经查，截至本案一审判决前，引证商标一、二仍处于连续三年不使用撤销复审及撤销阶段。庭审过程中，香港公司明确认可诉争商标指定使用的服务与两引证商标核定使用的服务构成类似服务。

上述事实，有诉争商标及两引证商标档案、《商标驳回通知书》、《驳回商标注册申请复审申请书》、当事人陈述、当事人提供的证据材料等在案佐证。

### ▶ 二审诉请

香港公司向二审法院上诉请求：撤销原审判决，依法改判或发回重审，撤销被诉决定。

### ▶ 案件事实

二审法院经审理查明：根据中央机构改革部署，原国家工商行政管理总局商标局、商评委的相关职责由国家知识产权局统一行使。在二审诉讼阶段，香港公司向本院补充提交了商评委于2018年11月23日作出的商评字[2018]第219×××号《关于第8362×××号"M及图（指定颜色）"商标撤销复审决定书》（简称第219961号决定）打印件，载明：商评委决定撤销第8362×××号"M及图（指定颜色）"商标（即本案引证商标一）。商评委认可第219961号决定的真实性，但认为该决定并未生效，引证商标一为有效商标。引证商标二的撤销公告于2019年1月27日刊登在《注册商标撤销公告》上，引证商标二在"广告；特许经营的商业管理；进出口代理；计算机数据库信息系统化；饭店商业管理"服务上的注册被撤销。以上事实有第219×××号决定、《注册商标撤销公告》及工作笔录在案佐证。对一审法院查明的其他事实予以确认。

▶ **裁判意见**

**一审法院认为：**

根据双方当事人的诉辩主张，本案的争议焦点在于诉争商标与两引证商标是否构成《中华人民共和国商标法》第三十条规定的使用在同一种或类似服务上的近似商标。

鉴于香港公司明确认可诉争商标指定使用的服务与两引证商标核定使用的服务构成同一种或类似服务，本院经审查对此予以确认。本案中，诉争商标为图形商标，形似英文大写字母"M"，与引证商标一、二在字母组成、呼叫、整体视觉效果等方面构成近似，易使相关公众对服务的来源产生混淆误认，因此诉争商标与引证商标一、二构成近似商标。

关于香港公司引证商标一、二分别处于连续三年不使用撤销复审及撤销阶段，其权利状态不稳定，请求法院暂缓或中止审理本案的主张，本院认为，本案为商标授权案件，主要是对被诉决定合法性的审查，且上述撤销申请的结果待定，并不必然导致撤销被诉决定的后果，故上述理由并非本案暂缓或中止审理的当然理由；同时，截至本案一审判决前，引证商标一、二仍为在先有效商标，依然构成诉争商标注册申请的在先权利障碍。故香港公司提出的上述主张，本院不予支持。

综上，商评委作出的被诉决定认定事实清楚，适用法律法规正确，符合法定程序，香港公司的诉讼请求缺乏事实与法律依据，本院不予支持。本院依照《中华人民共和国行政诉讼法》第六十九条之规定，判决如下：

驳回香港公司的诉讼请求。

**二审法院认为：**

本案中，诉争商标标志与引证商标一、二标志均易被识别为英文字母"M"，在呼叫、整体视觉效果等方面相近，构成近似标志。诉争商标与引证商标一、二若同时使用在同一种或类似服务上，相关公众施以一般注意力时，容易导致对服务来源产生混淆、误认。诉争商标使用在除"将信息编入计算机数据库；计算机数据库信息系统化；为推销优化搜索引擎"外的服务上与

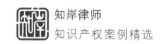

引证商标一、二分别构成使用在同一种或类似服务上的近似商标。香港公司的该项上诉理由不能成立,本院不予支持。

本案二审诉讼阶段引证商标二使用在部分服务上被公告撤销注册的事实发生于被诉决定及原审判决之后,并非上述裁决作出的依据,而本案二审裁判结果系主要依据上述事实,而并非商评委认定事实错误,故本案的一、二审诉讼费用应由香港公司承担。

综上,依据新发生的事实,原审判决及被诉裁定的相关认定不妥,应予撤销。依照《中华人民共和国行政诉讼法》①第八十九条第一款第二项、第三款之规定,判决如下:

一、撤销原审行政判决书;
二、撤销原商评委作出的图形商标驳回复审决定书;
三、国家知识产权局针对第22741×××号图形商标重新作出驳回复审决定。

### ▶ 案情解析

本案是一起商标申请驳回复审行政纠纷案件,该案件争议的焦点主要集中在两个方面:一是诉争商标与引证商标一、二是否构成近似商标;二是两引证商标在诉讼期间是否被终局地撤销。

一、诉争商标与引证商标一、二是否构成近似商标

现行《中华人民共和国商标法》第三十条规定:"申请注册的商标,凡不符合本法有关规定或者同他人在同一种商品或者类似商品上已经注册的或者初步审定的商标相同或者近似的,由商标局驳回申请,不予公告。"

商标近似是指商标文字的字形、读音、含义或者图形的构图及颜色,或者其各要素组合后的整体结构相似,或者其立体形状、颜色组合近似,易使相关公众对商品来源产生误认,或者认为其与他人在先注册商标具有特定联系。

---

① 此处引用的《中华人民共和国行政诉讼法》为2017年修正本。

本案诉争商标与引证商标一、二均为英文字母"M"的变形设计，且诉争商标与引证商标一、二的设计从视觉效果来看差异并不大，同时香港公司明确认可诉争商标指定使用服务与两引证商标核定使用服务构成类似服务，因此诉争商标与引证商标一、二构成指定使用于类似服务上的近似商标。

二、两引证商标在诉讼期间是否被终局地撤销

引证商标二因连续三年不使用在"广告；特许经营的商业管理；进出口代理；计算机数据库信息系统化；饭店商业管理"服务上被公告撤销注册，该事实导致诉争商标在"将信息编入计算机数据库；计算机数据库信息系统化；为推销优化搜索引擎"服务上权利障碍消除，可以予以初步审定。香港公司的相关上诉理由成立。

商评委虽作出了撤销引证商标一的第219×××号决定，但该决定并未生效，引证商标一为有效商标，构成诉争商标申请注册的在先权利障碍。引证商标二在除"广告；特许经营的商业管理；进出口代理；计算机数据库信息系统化；饭店商业管理"外的服务上构成诉争商标申请注册的在先权利障碍。但在二审期间，引证商标二经撤销程序被商标局予以撤销，并完成撤销的公告，引证商标二在二审期间被终局性撤销，不再成为诉争商标核准注册的障碍。

## 25. 共存协议在商标行政授权中的作用

——北京某股份有限公司与国家知识产权局商标申请驳回复审行政纠纷案

### 裁判要旨

在判定商标是否近似、商品或服务是否类似时，应当充分考虑和尊重在先商标权人的意见。在相同商品或服务上申请注册完全相同的商标，为避免当事人通过共存协议的形式规避商标法规定的商标权共有制度，不考虑商标共存协议。除此种情况之外，在相同或者类似商品或服务上，申请注册近似的商标，共存协议成为判断商标是否近似的重要依据。

### 关键词

共存协议　情势变更　完全相同　近似商标　差异

### 当事人

原告：北京某股份有限公司（以下简称北京公司）
被告：国家知识产权局（以下简称国知局）

### 诉讼请求

北京公司向一审法院起诉请求：依法撤销商标驳回复审决定书，并判令国知局重新作出决定。

### 案件事实

一审法院经审理查明：

一、诉争商标

1. 申请人：北京公司。

2. 申请号：28550×××。

3. 申请日期：2018年1月5日。

4. 标识：新华云

5. 指定使用商品或服务（第42类，待删类似群4220）：计算机软件出租；替他人创建和维护网站；托管计算机站（网站）等。

二、引证商标一

1. 注册人：北京某网络科技有限公司。

2. 注册号：13887×××。

3. 申请日期：2014年1月9日。

4. 注册公告日期：2015年4月21日。

5. 专用权有效期至：2025年4月20日。

6. 标识：新华云科 XINHUAYUNKE

7. 核定使用商品或服务（第42类，类似群4209-4210；4212-4214；4216；4218；4220；4227）：技术研究；测量；计算机编程等。

三、其他事实

在庭审过程中，北京公司提交了引证商标一权利人出具的《商标共存同意书》，证明引证商标一权利人已同意诉争商标的注册申请，二者不会造成消费者的混淆误认。

上述事实，有诉争商标及引证商标一商标档案、被诉决定、当事人陈述、当事人提供的证据材料等在案佐证。

▶ **裁判意见**

法院认为：

诉争商标"新华云"系文字商标，引证商标一"新华云科 XINHUA-YUNKE"系文字、拼音组合商标。在判定商标是否近似、商品或服务是否类似时，应当充分考虑和尊重在先商标权人的意见。在相同商品或服务上申请注册完全相同的商标，为避免当事人通过共存协议的形式规避商标法规定的商标权共有制度，不考虑商标共存协议。除此种情况之外，在相同或者类似商品或者服务上，申请注册近似的商标，应当将共存协议作为判断商标近似与否的重要依据。在先商标权人认为在后申请注册的商标标志不会造成混淆误认，或者允许在后近似的商标在相同或者类似商品或服务上申请注册的，通常不宜再认定两商标构成近似商标。

本案中，鉴于引证商标一权利人已经出具同意书，同意诉争商标在第42类指定服务上注册，且诉争商标与引证商标一存在一定差异，应认定诉争商标与引证商标一未构成近似商标。诉争商标与引证商标一即使在相同或类似服务上并存，亦不会使相关公众对服务来源产生混淆误认，故诉争商标与引证商标一未构成使用在相同或类似服务上的近似商标，应予核准注册。

综上，基于情势变更原则，本院对被诉决定予以撤销。北京公司的诉讼请求有事实和法律依据，本院予以支持。依照《中华人民共和国行政诉讼法》第七十条第一项之规定，本院判决如下：

一、撤销被告国知局作出的商标驳回复审决定书；

二、被告国知局就原告北京公司针对第28550×××号"新华云"商标提出的复审申请重新作出决定。

### ▶ 案情解析

本案是一起商标申请驳回复审行政纠纷案件，该案件争议的焦点主要是诉争商标与引证商标一是否违反现行《中华人民共和国商标法》（以下简称《商标法》）第三十条的规定，构成近似商标。

《商标法》第三十条规定："申请注册的商标，凡不符合本法有关规定或者同他人在同一种商品或者类似商品上已经注册的或者初步审定的商标相同或者近似的，由商标局驳回申请，不予公告。"

在近些年的商标行政授权及法院行政授权纠纷中，商标局及法院均高度重视并充分尊重在先商标权利人的意见，将在先商标权利人的意见（即在先商标权利人同意在后近似的商标在相同或者类似商品或服务上申请注册以及在先商标权利人认为在后申请注册的商标标志不会造成混淆误认），作为认定两商标不构成近似商标的依据，但相同商标在相同商品或服务上的注册申请除外。这一方面体现了民事意思自治原则，另一方面也更符合市场的实际需要。

本案中，引证商标一权利人出具了共存同意书，同意诉争商标在第42类上申请注册，且诉争商标与引证商标一具有一定的差异，并不属于相同商标，因此不宜再认定两商标构成近似商标。

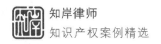

## 二、商标确权行政纠纷

### 26. 商标"撤三"案件中第三方证据的重要性
——姚某与国家知识产权局、第三人某欧洲两合公司商标撤销复审行政诉讼案

**裁判要旨**

在"撤三"案件中,需提供诉争商标商业使用的相关证据,对诉争商标进行宣传的合同及发票可证明诉争商标的宣传推广,而外观设计专利证书上的产品名称可证明诉争商标使用在该商品上。提供以上证据可形成完整证据链条证明诉争商标于指定期间内在指定商品上进行了真实、合法、有效的商业使用。

**关键词**

公证书 专利证书 合同发票 商业使用 撤三

**当事人**

原告:姚某

被告：中华人民共和国国家知识产权局（以下简称国知局）

第三人：某欧洲两合公司（以下简称两合公司）

## ▶ 诉讼请求

姚某向一审法院起诉请求：撤销商标撤销复审决定，并责令国知局重新作出裁定。

## ▶ 案件事实

**一审法院经审理查明：**

一、诉争商标

1. 注册人：姚某。

2. 注册号：5735×××。

3. 申请日期：2006年11月20日。

4. 核准日期：2009年10月7日。

5. 专用权期限至：2029年10月6日。

6. 标识：凯驰 KaiChi

7. 核定使用商品（第21类，类似群2103；2104；2107；2108；2110；2112）：刷制品等。

二、诉争商标使用证据提交情况

在行政阶段，原告提交如下主要证据：

1. 关于桐城市某涂装器材有限公司及其产品介绍的网页截图；

2. 中国电信黄页中相关页次的照片；

3. 产品生产场所照片、产品照片；

4. 武汉市某五金油漆辅料经营部等公司出具的证言等；

5. 桐城市国家税务局范岗税务分局出具的证明；

6. 姚某出具的商标使用授权书；

7. 桐城市某涂装器材有限公司销售单，以及相关托运单；

8. 桐城市某涂装器材有限公司与安徽某营业有限公司等公司签订的购销合同；

9. 安徽省桐城市某塑胶有限公司等公司出具的证言；

10. 关于桐城市某涂装器材有限公司介绍的网页截图；

11. 桐城市某涂装器材有限公司与北京某互联信息技术有限公司、某网络技术有限公司、安徽某网络有限公司、安徽某科技有限公司签订的合同，以及相关发票、收据；

12. 相关专利、商标信息；

13. 实物证据等。

在诉讼阶段，原告向本院提交如下主要证据（序号接以上）：

14. 北京市国信公证处公证书；

15. 北京市方圆公证处公证书；

16. 某网站网上服务订单、服务费银行转账凭证及发票、买卖通服务合同及发票与收据、推广服务合同及收据、外观设计专利证书；

17. 商品销售单、发货单、物流单、银行流水、商品销售合同；

18. 商品包装袋送货单、物流单、银行流水。

在诉讼阶段，两合公司向本院提交了第8506×××号商标信息页、两合公司在先商标注册信息页、第12486×××号商标信息页、第21799×××号商标信息页作为证据。

另查一，姚某为桐城市某涂装器材有限公司法定代表人。

另查二，根据中央机构改革部署，原中华人民共和国国家工商行政管理总局商标局、商标评审委员会（以下简称商评委）的相关职责由中华人民共和国国家知识产权局统一行使。

以上事实，有商标档案、各方当事人在行政程序及诉讼程序中提交的证据及当事人陈述等在案佐证。

> **裁判意见**

**法院认为：**

本案中姚某在行政阶段提交的使用证据部分为自制证据，部分未显示诉争商标核定使用的商品，部分未显示证据形成时间，证明力较弱。姚某在诉讼阶段提交的证据14、证据15公证书中的订单信息、交易记录、货品快照等证据显示时间在指定期间内，可证明姚某于指定期间内将诉争商标使用在刷子类商品上；证据16中部分合同及发票在指定期间内，可证明原告于指定期间内将诉争商标进行宣传推广，证据16中外观设计专利证书显示产品名称为包装袋（刷子）。综上，姚某提交的证据可形成完整证据链证明诉争商标于指定期间内在第21类刷制品商品上进行了真实、合法、有效的商业使用，应予以维持。

综上，商评委作出被诉决定的主要证据不足，本院依法予以撤销。姚某的诉讼请求具有事实及法律依据，应予支持。

依照《中华人民共和国行政诉讼法》第七十条第一项之规定，本院判决如下：

一、撤销原商评委作出的商标撤销复审决定；

二、被告国知局就第三人针对第5735×××号"凯驰KaiChi及图"商标提出的撤销复审申请重新作出决定。

## ▶ 案情解析

本案是一起商标撤销复审行政纠纷案件，该案件争议的焦点主要是原告提交的商标使用证据是否能够证明诉争商标真实、合法、有效的商业使用。

商标的使用包括将商标用于商品、商品包装、容器、服务场所以及交易文书上，或者将商标用于广告宣传、展览以及其他商业活动中，用以识别商品或者服务来源的行为。认定商标的使用还应具体对证据进行分析，在"撤三"案件中，提供使用证据的时间应落在规定的时间范围内，且证据应形成完整的证据链来证明对诉争商标的实际使用，如商品销售证据中，只包含商品及商品包装，没有销售合同、发票等来佐证商品的实际销售，则商品及商品包装为自制证据，不能证明对诉争商标进行了实际使用，不能形成完整的证据链，故不能认定诉争商标的实际使用。同时还应重视第三方提供的证据，如新闻报道、公证文件等，这些证据可以用于证明诉争商标进行了实际使用。

本案中，姚某提交了在规定时间范围内实际使用的公证文件，客观公正地证明了诉争商标进行了实际的商业使用。其中，姚某提交的使用证据包括公证书（订单交易信息）、销售合同及发票、外观专利证书，以上证据均非出自姚某自身，而是由第三方出具或与第三方相关，其证明力较强，可以作为姚某对诉争商标实际进行使用的证据。

## 27. 商标"撤三"案件中提供虚假使用证据不能实现证明目的
——北京某股份有限公司与国家知识产权局、福州某塑胶模具有限公司商标撤销复审行政诉讼案

### 裁判要旨

在"撤三"案件中，被申请撤销商标的权利人需提供该商标进行商业使用的相关证据，但权利人提供的使用证据若为虚假使用证据，则不能证明该商标的实际使用情况，被申请撤销商标应予以撤销。

### 关键词

虚假证据　实际使用　撤三　撤销　媒体报道

### 当事人

原告：北京某股份有限公司（以下简称北京公司）
被告：国家知识产权局（以下简称国知局）
第三人：福州某塑胶模具有限公司（以下简称福州公司）

### 诉讼请求

北京公司向一审法院起诉请求：撤销商标撤销复审决定，并责令国知局重新作出裁定。

### 案件事实

一审法院经审理查明：
一、诉争商标
1. 专用权人：福州公司。

2. 申请日期：2009 年 5 月 20 日。

3. 专用权期限至：2021 年 3 月 6 日。

4. 商标标识：华鹰

5. 核定使用商品（第 12 类；类似群：1202）：电动车辆；越野车；小汽车；陆地车辆传动齿轮；陆地车辆用离合器；陆地车辆刹车；陆地车辆用单向离合器；陆地车辆减速齿轮；陆地车辆刹车片。

二、其他事实

诉讼中，北京公司向本院提交了国家图书馆出具的检索报告，该报告附件涉及的复印文献包括以下内容：1.2015 年 3 月 30 日《福州晚报》的头版、A3 版；2.2016 年 11 月 13 日《福州晚报》的头版、A8 版；3.2016 年 12 月 28 日《海峡都市报》的头版、A13 版；4.2015 年 6 月 20 日《福建老年报》的头版。

庭审中，北京公司明确表示对于被诉决定作出的行政程序无异议。

另查，原国家工商行政管理总局商标评审委员会的相关职责由国家知识产权局统一行使，依据《中华人民共和国行政诉讼法》①第二十六条第六款的规定，行政机关被撤销或者职权变更的，继续行使其职权的行政机关是国知局。

以上事实，有经庭审质证的诉争商标与引证商标档案、当事人在评审程序和诉讼程序中提交的证据及各方当事人陈述等证据在案佐证。

### ▶ 裁判意见

**法院认为：**

根据各方当事人的诉辩主张，本案的争议焦点在于诉争商标在诉争期间是否在核定使用的商品上进行了商标法意义上的使用。

本案中，北京公司在诉讼阶段提交的 2015 年 3 月 30 日《福州晚报》A3 版右下角内容为《晋安北峰山区推广"医疗联合体"》的相关报道，而非诉争商标的宣传内容；北京公司在诉讼阶段提交的 2016 年 11 月 13 日《福州晚报》显示，该期内容仅 8 版，而福州公司在行政阶段提交的诉争商标在相应日期的《福州晚报》上宣传报道的内容在 A12 版上；北京公司在诉讼阶段提

---

① 此处引用的《中华人民共和国行政诉讼法》为 2017 年修正本，本篇下同。

交的 2015 年 6 月 20 日（星期六）《福建老年报》内容显示"《福建老年报》每周三期，周四、周六 16 版，周二逢单 8 版逢双 16 版"，即该报纸每周二、四、六发行，而福州公司在行政阶段提交的诉争商标在相应日期的《福建老年报》的发行日期为 2015 年 6 月 22 日星期一；北京公司在诉讼阶段提交的 2016 年 12 月 28 日《海峡都市报》A13 版的内容与福州公司在行政阶段提交的相应日期的《海峡都市报》A13 版的内容完全不同。因此，结合北京公司在诉讼阶段提交的证据可以认定，福州公司在行政阶段提交的前述用以证明诉争商标使用的媒体报道均系虚假证据，不能证明诉争商标的实际使用情况。因此，被诉决定认定错误，本院不予支持。

综上，被诉决定证据不足，本院应予撤销。北京公司的诉讼请求部分成立，本院予以支持。据此，依照《中华人民共和国行政诉讼法》第七十条第一项之规定，本院判决如下：

一、撤销原商评委作出的商标撤销复审决定；

二、国知局重新作出审查决定。

▶ **案情解析**

本案是一起商标撤销复审行政纠纷案件，该案件争议的焦点主要是诉争商标在诉争期间是否在核定使用的商品上进行了商标法意义上的使用。

《中华人民共和国商标法》第四十八条规定："本法所称商标的使用，是指将商标用于商品、商品包装或者容器以及商品交易文书上，或者将商标用于广告宣传、展览以及其他商业活动中，用于识别商品来源的行为。"

本案中被告国知局认定诉争商标在核定使用的商品上进行了商标法意义上的使用，其依据是福州公司提交的《福建老年报》《福州晚报》《海峡都市报》刊登的招商广告。而北京公司在国家图书馆存档报纸文献资料的查询结果显示，上述报刊证据均系福州公司伪造，属于虚假证据，故不能依据福州公司提供的前述报纸上的招商广告认定诉争商标进行了商标法意义上的使用。福州公司也未提供其他如商品、商品包装、商品交易文书、展览或其他商业活动中的有效使用证据，据此，诉争商标应认定为未进行商标法意义上的使用，应予以撤销。

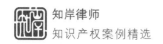

## 28. 类似商品或服务的判断及利害关系人的认定
——蛇口某有限公司与国家工商行政管理总局商标评审委员会、陈某商标权无效宣告请求行政纠纷案

### 裁判要旨

认定商品或服务是否类似，应当以相关公众对商品和服务的一般认识综合判断。如在商品和服务上使用相同或近似的商标，容易导致相关公众认为服务的提供者亦为商品的提供者，或者认为服务和商品的提供者之间存在某种特定联系，则应当认定两者构成类似商品与服务。

### 关键词

利害关系人　在先权利人　类似商品　显著识别

### 当事人

原告：蛇口某有限公司（以下简称蛇口公司）
被告：国家工商行政管理总局商标评审委员会（以下简称商评委）
第三人：陈某

### 诉讼请求

蛇口公司向一审法院起诉请求：撤销商标无效宣告请求裁定，并责令商评委重新作出裁定。

### 案件事实

一审法院经审理查明：诉争商标系第11013×××号"正大康地

ZHENGDAKANGDI及图"商标，由陈某于2012年6月4日申请注册，并于2013年10月7日获准注册，核定使用在第40类"饲料加工、面粉加工、油料加工、剥制加工、动物屠宰、铁器加工、药材加工、空气净化、水净化、皮革加工"服务上。该商标专用期限至2023年10月6日止。

引证商标一系第6214×××号"正大康地及图"商标，于2010年3月7日获准注册，核定使用在第5类"兽医用药、兽医用化学制剂、兽医用酶、兽医用酶制剂、兽用氨基酸、医用饲料添加剂、兽医用微生物制剂、兽医用微量元素制剂、畜牧用洗涤剂、防寄生虫剂或药、驱虫剂或药"商品上，注册人为蛇口公司。该商标专用期限至2020年3月6日止。

引证商标二系第1768×××号"正大康地好宝味及图"商标，于2002年5月14日获准注册，核定使用在第31类"饲料"商品上，注册人为蛇口公司。经续展，该商标专用期限至2022年5月13日止。

引证商标三系第1739×××号"正大康地钱旺猪及图"商标，于2002年3月28日获准注册，核定使用在第31类"饲料"商品上，注册人为蛇口公司。经续展，该商标专用期限至2022年3月27日止。

引证商标四系第5482×××号"正大康地CTC及图"商标，于2009年5月14日获准注册，核定使用在第29类"猪肉、板鸭、肉松、鱼制食品、肉、虾（非活的）、鱼（非活的）、蛋、鹌鹑蛋、猪肉食品"商品上，注册人为蛇口公司。该商标专用期限至2019年5月13日止。

引证商标五系第982×××号"正大康地CTC及图"商标，于2009年12月7日获准注册，核定使用在第31类"动物饲料（包括非医用饲料添加剂及催肥剂）"商品上，注册人为蛇口公司。该商标专用期限至2019年12月6日止。

引证商标六系第995×××号"正大"商标，于1997年4月28日获准注册，核定使用在第40类"食物及饮料贮藏、食物熏制、榨水果、陶器烧制、照相底片冲洗"服务上，注册人为某国际投资有限公司（以下简称国际公司）。经续展，该商标专用期限至2027年4月27日止。

蛇口公司于2016年4月20日向商评委提出对诉争商标的无效宣告请求，并向商评委提交了以下主要证据：

1. 相关书籍以及报刊、广播电视等媒体对某集团进行报道的文章及照片；

2. 某集团在中国设立的下属企业的地区及行业分布列表，其中包括本案原告蛇口公司；

3. 某集团及其在中国的下属企业所获部分荣誉奖项；

4. 国际公司、某（中国）投资有限公司（以下简称中国公司）在多个商品和服务类别上注册的"正大"和图形商标的商标公告；

5. 某集团与中央电视台联合制作的《正大综艺》电视节目相关的材料；

6. 某集团参加博览会、展会的相关资料，所作广告宣传以及广告费用部分票据；

7. 某集团参与慈善活动的相关报道及证书；

8. 某集团 2005—2007 年公司财务年报；

9. 国际公司的"正大"商标被认定为驰名商标的商标异议裁定书；

10. "正大康地"品牌饲料的外包装照片和广告宣传材料；

11. 某集团及"正大康地"品牌的宣传报道；

12. 蛇口公司及其关联公司所获荣誉证书；

13. 蛇口公司的工商登记详细信息，其中显示该公司系外国法人独资企业，其唯一股东为某康国际集团有限公司（以下简称某康公司）；

14. 某蜂国际有限公司（以下简称某蜂公司）2006 年财务报告节选，其中显示中国公司是其附属公司，某康国际有限公司（以下简称某康公司）是其联营公司；

15. 国际公司的《公司董事决议证明》，其中显示谢某、何某是该公司现任董事；

16. 某蜂中国投资有限公司向中国公司委派董事的《董事委派书》，其中显示谢某、何某被委派参加中国公司的董事会；

17. 北京市第一中级人民法院作出的行政判决书；

18. 新乡市某农牧有限公司（以下简称农牧公司）的企业公示信息，其中显示陈某系该公司的法定代表人；

19. 卫辉市工商行政管理局针对农牧公司使用与某正（深圳）有限公司（以下简称深圳公司）知名商品近似的报纸、装潢的不正当竞争行为而作出的行政处罚决定书。

陈某向商评委进行了答辩，并提交了诉争商标的使用宣传材料作为证据。商评委于 2017 年 10 月 20 日作出被诉裁定。

在本案行政诉讼阶段，蛇口公司向本院补充提交了以下主要证据：

1. 蛇口公司对外投资设立公司情况明细表以及上述企业的营业执照、企业公示信息；

2. 蛇口公司委托他人进行产品品牌包装设计的《视觉设计合同书》；

3. 蛇口公司许可其子公司、关联企业使用引证商标的使用许可授权书及备案通知书；

4. 蛇口公司的产品购销合同、广告合同、参展合同，"正大康地"品牌饲料、兽药等产品的包装、标签图片，蛇口公司自制宣传材料及在期刊杂志上发布的广告，蛇口公司参加展会和举办相关活动的照片。

庭审中，蛇口公司明确主张诉争商标核定使用的"饲料加工"服务与引证商标二、三核定使用的"饲料"商品、引证商标五核定使用的"动物饲料（包括非医用饲料添加剂及催肥剂）"商品构成类似的商品和服务，诉争商标核定使用的"动物屠宰"服务与引证商标四核定使用的"猪肉"等商品构成类似的商品和服务。同时，蛇口公司明确其主张引证商标六构成驰名商标，诉争商标构成对引证商标六的复制摹仿，故违反《中华人民共和国商标法》第十三条第三款的规定。此外，蛇口公司当庭称其未提交能够证明其与引证商标六的注册人国际公司之间存在控股等关联关系的证据。

上述事实有诉争商标和各引证商标的商标档案、无效宣告申请书和答辩书、蛇口公司和陈某在商标无效宣告评审阶段提交的证据、蛇口公司在行政诉讼阶段提交的证据以及当事人陈述等在案佐证。

▶ **裁判意见**

法院认为：

结合各方当事人的诉辩主张，本案的争议焦点如下：一、蛇口公司是否具有以引证商标六主张诉争商标的申请注册违反《中华人民共和国商标法》第十三条第三款①从而请求宣告诉争商标无效的主体资格；二、诉争商标的申请注册是否违反《中华人民共和国商标法》第三十条的规定；三、诉争商标的申请注册是否违反《中华人民共和国商标法》第三十二条关于"不得以不正当手段抢先注册他人已经使用并有一定影响的商标"的规定；四、诉争商标的申请注册是否违反《中华人民共和国商标法》第七条②、第十条第一款第八项③及第四十四条第一款④规定。

一、关于蛇口公司是否具有以引证商标六主张诉争商标的申请注册违反《中华人民共和国商标法》第十三条第三款从而请求宣告诉争商标无效的主体资格

本案庭审中，蛇口公司主张引证商标六为驰名商标，诉争商标因构成对该驰名商标的复制、摹仿而违反《中华人民共和国商标法》第十三条第三款的规定。

《中华人民共和国商标法》第四十五条第一款中规定："已经注册的商标，违反本法第十三条第二款和第三款、第十五条、第十六条第一款、第三十条、第三十一条、第三十二条规定的，自商标注册之日起五年内，在先权利人或者利害关系人可以请求商标评审委员会宣告该注册商标无效。"根据上述法律规定，蛇口公司如依据《中华人民共和国商标法》第十三条第三款请求宣告诉争商标无效，应具备"在先权利人"或"利害关系人"的主体资格。

根据查明的事实，引证商标六的商标权人为国际公司，故蛇口公司并非《中华人民共和国商标法》第十三条第三款项下的"在先权利人"。同时，从在案证据来看，蛇口公司的唯一股东为某康集团公司，并无证据证明其与某蜂公司的联营公司某康公司系同一主体；而某蜂公司的附属公司中国公司与

---

① 对应现行《中华人民共和国商标法》第十三条第三款，本书下同。
② 对应现行《中华人民共和国商标法》第七条，本书下同。
③ 对应现行《中华人民共和国商标法》第十条第一款第八项，本书下同。
④ 对应现行《中华人民共和国商标法》第四十四条第一款，内容有修改，本书下同。

引证商标六的商标权人国际公司仅有部分相同董事，尚不足以证明二者之间存在关联关系。考虑到蛇口公司当庭认可其未提交证明与国际公司之间存在控股等关联关系的证据，在案证据亦未显示存在蛇口公司系引证商标六的被许可使用人等其他利害关系情形，故蛇口公司不属于《中华人民共和国商标法》第十三条第三款项下的"利害关系人"。

综上，蛇口公司不符合《中华人民共和国商标法》第四十五条第一款所规定的情形，不具有以引证商标六主张诉争商标的申请注册违反《中华人民共和国商标法》第十三条第三款从而请求宣告诉争商标无效的主体资格，对其相关诉讼主张，本院不予支持。

二、关于诉争商标的申请注册是否违反《中华人民共和国商标法》第三十条的规定

本案中，蛇口公司主张诉争商标核定使用的"饲料加工"服务与引证商标二、三核定使用的"饲料"商品、引证商标五核定使用的"动物饲料（包括非医用饲料添加剂及催肥剂）"商品之间，"动物屠宰"服务与引证商标四核定使用的"猪肉"等商品之间构成类似，故针对商品与服务是否类似问题，本院仅就上述争议问题予以评述。

认定商品或服务是否类似，应当以相关公众对商品和服务的一般认识综合判断。顾名思义，"饲料加工"服务是针对"饲料"这一特定商品进行的，以"饲料"商品的生产为目的和核心；"动物屠宰"服务则客观上可以生产"猪肉"等肉类商品，肉类商品是该服务的自然结果。如在上述商品和服务上使用相同或近似的商标，容易导致相关公众认为上述服务的提供者亦为上述商品的提供者，或者认为上述服务和商品的提供者之间存在某种特定联系，因此应当认定"饲料加工"服务与"饲料"等商品、"动物屠宰"服务与"猪肉"等商品构成类似商品与服务。

商标近似是指商标的文字字形、读音、含义或者图形的构图及颜色，或者其各要素组合后的整体结构相似，或者其立体形状、颜色组合近似，易使相关公众对商品的来源产生误认或者认为其来源存在某种特定联系。本案中，诉争商标的标识由汉字"正大康地"、拼音"ZHENGDAKANGDI"以及图形构成，其中"正大康地"是该标识的显著识别部分。引证商标二至五的标识

均完整包含了诉争商标标识的显著识别部分"正大康地",上述各商标在字形、读音、含义等方面相似,已构成近似商标。

综上,申请注册在"饲料加工""动物屠宰"服务项目上的诉争商标与引证商标二至五已构成使用在类似商品和与服务上的近似商标,违反了《中华人民共和国商标法》第三十条的规定。被诉裁定对此认定有误,本院应予纠正。

三、关于诉争商标的申请注册是否违反《中华人民共和国商标法》第三十二条关于"不得以不正当手段抢先注册他人已经使用并有一定影响的商标"的规定

根据《中华人民共和国商标法》第三十二条的规定,申请商标注册"不得以不正当手段抢先注册他人已经使用并有一定影响的商标"。该条规定对于已经使用的未注册商标的保护是以该商标在诉争商标申请日之前已经在与诉争商标核定使用商品或服务相同或类似的商品或服务上使用且为一定范围内相关公众知晓为适用条件。本案中,在案证据尚不足以证明在诉争商标申请日前,蛇口公司已将与诉争商标标识相同或近似的商标使用在"饲料加工"等服务或其类似服务上,并达到具有一定影响的程度。故诉争商标未违反《中华人民共和国商标法》第三十二条关于"不得以不正当手段抢先注册他人已经使用并有一定影响的商标"的规定。被诉裁定对此认定正确,本院予以确认。

四、关于诉争商标的申请注册是否违反《中华人民共和国商标法》第七条、第十条第一款第八项及第四十四条第一款规定

在案证据均不足以证明诉争商标标识本身存在《中华人民共和国商标法》第十条第一款第八项所指"有害于社会主义道德风尚或者有其他不良影响"的情形,亦无法证明诉争商标的注册采取了欺骗或不正当手段,违反诚实信用原则。因此,被诉裁定认定诉争商标的申请注册未违反上述法律规定是正确的,本院应予确认。

综上,蛇口公司要求撤销被诉裁定的理由部分成立,本院予以支持。

依照《中华人民共和国行政诉讼法》① 第七十条第二项之规定，本院判决如下：

一、撤销被告商评委作出的关于"正大康地 ZHENGDAKANGDI 及图"商标无效宣告请求裁定；

二、被告商评委针对原告蛇口公司就"正大康地 ZHENGDAKANGDI 及图"商标所提无效宣告请求重新作出裁定。

▶ **案情解析**

本案是一起商标权无效宣告请求行政纠纷案件，该案件争议的焦点主要集中在两方面：一是蛇口公司是否具备"在先权利人"或"利害关系人"的主体资格；二是诉争商标指定商品或服务与引证商标二至五是否构成类似商品或服务。

一、蛇口公司是否具备"在先权利人"或"利害关系人"的主体资格

根据《商标审查审理指南》，下列主体可认定为在先权利的利害关系人：（1）在先商标权及其他在先权利的被许可使用人；（2）在先商标权及其他在先权利的合法继受人；（3）在先商标权的质权人；（4）在先商标权及其他在先权利人的控股股东；（5）就相关人身权提交了特别授权文件的被授权人；（6）其他有证据证明与在先商标权及其他在先权利有利害关系的主体。本案中，蛇口公司并非引证商标六的在先权利的被许可使用人，也非合法继受人及质权人，亦不符合控股股东与被授权人的身份，在案证据也并不能证明蛇口公司与引证商标六具有一定关联，同时蛇口公司明确承认未能提供与引证商标六权利人具有一定关联的证据，因此不能认定蛇口公司系《中华人民共和国商标法》第十三条第三款项下的利害关系人。

二、诉争商标指定商品或服务与引证商标二至五是否构成类似商品或服务

类似商品是指在功能、用途、生产部门、销售渠道、消费对象等方面相同或基本相同的商品。类似服务是指在服务的目的、内容、方式、对象等方

---

① 此处引用的《中华人民共和国行政诉讼法》为 2017 年修正本。

面相同或基本相同的服务。本案中诉争商标指定服务"饲料加工"与引证商标指定商品"饲料"、诉争商标指定服务"动物屠宰"与引证商标指定使用商品"猪肉"等商品，在服务内容及商品功能用途方面存在较为密切的联系，服务内容均包含了相应的商品，在实际使用中容易使相关消费者认为上述服务提供者与商品提供者为同一主体或两者之间具有某种特定联系，因此，诉争商标指定服务与引证商标指定商品构成类似商品或服务。

## 三、商标侵权纠纷

### 29. 改变在先注册商标显著特征认定
——天津某集团有限公司与北京某线缆有限公司商标侵权纠纷案

#### 📖 裁判要旨

对于自己已注册的商标,若在实际使用时增加其他显著识别部分,使得该商标整体与他人注册的商标构成近似,则落入他人注册商标保护范围。尽管自己享有改变前的商标专用权,但改变后使用的标识整体仍不能侵犯他人注册商标专用权,否则构成商标侵权。

#### ▶ 关键词

改变商标显著特征　近似商标　混淆　误认　产源相同

#### ▶ 当事人

原告:天津某集团有限公司(以下简称天津公司)
被告:北京某线缆有限公司(以下简称北京公司)

## ▶ 诉讼请求

天津公司向一审法院起诉请求：（1）判令北京公司立即停止侵权；（2）赔偿经济损失20万元及调查取证费800元。

## ▶ 案件事实

一审法院经审理查明：1983年11月15日，天津市某电缆厂经核准在第15类商品电缆、电线上取得了第200×××号"小猫牌""KITTY"及猫图形组合商标。1989年10月20日，该商标注册人名义变更为天津某电线电缆集团公司。1990年4月10日，天津市某电缆总厂受让取得该商标。2009年12月10日，该商标注册人名义变更为天津某集团有限公司。2011年5月6日，天津市某电缆有限公司受让取得该商标。2012年6月27日，原告天津公司受让取得该商标。该商标的有效期现已续展至2023年11月14日。2013年12月9日，天津市某电缆有限公司出具一份声明，称针对在其享有第200×××号注册商标专用权期间发生的涉及该注册商标的侵权行为，该注册商标受让人天津公司有权以自己的名义单独行使诉讼、维权的权利，诉讼、维权产生的收益由天津公司享有，其不再针对上述侵权行为行使诉讼、维权的权利。天津公司在其生产的电线电缆产品合格证上使用了上述商标。

2010年12月28日，被告北京公司经核准在第9类电源材料（电线、电缆）等商品上注册了第7407×××号"小狮猫"文字商标，注册有效期自2010年12月28日至2020年12月27日。

2013年5月23日，天津公司在北京市朝阳区某工程大楼C2-1012号店铺以70元的价格购买了一盘电线电缆（型号：ZR-BV，截面：1.5mm）。该线缆合格证上使用了"小狮猫""XIAOSHIMAO"及猫图形标识。合格证底部显示有"北京某线缆有限公司地址：北京市朝阳区某6号楼1门101号"。合格证上显示该盘线缆制造日期为2012年2月。天津公司对上述情况进行了证据保全公证，并为此支付了公证费800元。

上述事实，有商标注册证、商标核准转让证明、注册商标变更证明、核准续展注册证明、声明、公证书、产品实物、公证费发票以及当事人陈述等在案佐证。

> **裁判意见**

法院认为：

天津公司享有第200×××号"小猫牌""KITTY"及猫图形组合商标专用权。未经商标注册人许可，在同一种商品或者类似商品上使用与其注册商标相同或者近似的商标的，属于侵犯注册商标专用权的行为。北京公司使用涉案被诉侵权标识的产品与天津公司主张权利的商标核准使用的商品均为电线电缆。北京公司在其生产的线缆产品合格证上使用的涉案标识与天津公司的涉案商标标识相比，两者均有小猫图形，且小猫的姿势、神态等基本一致，仅在字母和文字部分有细微不同，两者的相同及相似部分远远大于不同部分，构成近似商标。北京公司未经许可在相同商品上使用与第200×××号"小猫牌""KITTY"及猫图形组合商标近似的商标，足以导致消费者混淆、误认，构成了商标侵权。尽管天津公司购买的涉案侵权线缆是2012年2月生产的，而其从天津市某电缆有限公司受让涉案商标的时间为2012年6月，但天津市某电缆有限公司出具声明将在其享有商标专用权期间针对涉案商标所发生的侵权行为的维权的权利授予了天津公司，且其不再行使维权的权利，故天津公司在本案中有权向北京公司主张权利，北京公司应当承担停止侵权、赔偿经济损失的法律责任。由于北京公司在本案所使用的被诉侵权标识并不属于对其"小狮猫"文字商标的使用，其使用的标识整体与原告注册商标构成近似商标，文字商标的显著特征已被改变，本院对北京公司提出的享有"小狮猫"文字商标专用权从而不构成侵权的抗辩意见不予支持。

对于赔偿损失的具体数额，天津公司主张20万元的经济损失依据不足，本院不予全额支持。本院将综合考虑到涉案商标的知名度和影响力、北京公司的主观过错程度、涉案侵权行为的性质和情节等，酌情确定具体赔偿数额。天津公司主张的800元公证费属于其为本案支出的合理费用，应予以支持。

综上，依照《中华人民共和国商标法》① 第五十二条第一项②、第五十六条第一款③和第二款④之规定，判决如下：

一、被告北京公司于本判决生效之日起立即停止生产、销售涉案侵权线缆；

二、被告北京公司于本判决生效之日起十日内赔偿原告天津公司经济损失 50000 元；

三、被告北京公司于本判决生效之日起十日内赔偿原告天津公司合理费用 800 元；

四、驳回原告天津公司的其他诉讼请求。

▶ **案情解析**

本案是一起商标侵权纠纷案件，该案件的争议焦点主要是被诉侵权商品是否侵犯了原告在先商标专有权。

判断商标是否侵权可以从商品或服务类似情况、商标近似情况、相关公众的注意和认知程度、商品或服务的特点、涉嫌侵权人的攀附意图、注册商标的显著性和知名度等方面综合考虑，判断是否会导致相关公众对商品或服务来源的混淆误认。

本案中原告注册商标指定商品与被诉侵权产品均为电线电缆。原告商标为"小猫牌""KITTY"及猫图形组合商标。被告北京公司使用的标识也有小猫图形，且小猫的姿势、神态等与原告注册商标基本一致，不同之处仅在于前者小猫右边无球形图案。两者的图形、字母、文字三部分均是自上而下排列，而且均是图形部分大，字母和文字部分小。不同之处仅是字母和文字

---

① 此处引用的《中华人民共和国商标法》为 2001 年修正本。

② 对应现行《中华人民共和国商标法》第五十七条第一款、第二款，内容有修改，本书下同。

③ 对应现行《中华人民共和国商标法》第六十三条第一款，内容有修改，本书下同。

④ 对应现行《中华人民共和国商标法》第六十三条第三款，内容有修改，本书下同。

不同，文字部分前者是"小狮猫"，而后者是"小猫牌"，两者均带有与图形部分相符的"猫"字且图形部分和字母部分均在一个大圆圈内。综上，两者均突出了猫图案以及"猫"的含义，给消费者的视觉感觉基本相同，易使相关消费者误认为标有两者商标的商品来自同一生产者或两者之间有关联，故两者属于近似商标。尽管北京公司享有"小狮猫"文字商标专用权，但当其将"小狮猫"文字与涉案小猫图形及"XIAOSHIMAO"字母组合起来使用时，已经改变了"小狮猫"文字商标的显著特征，与天津公司的涉案商标构成近似商标，足以使消费者产生混淆、误认，因此，被诉侵权商品构成商标侵权。

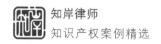

## 30. 超出注册商标核定使用范围认定
——杨某与无锡市某服饰有限公司、北京某信息技术有限公司商标侵权纠纷案

### 📖 裁判要旨

注册商标专用权应以核准注册的商标和核定使用的商品为限，若超出其注册商标核定使用商品范围，且在超范围使用的商品上与他人注册商标构成近似，容易导致混淆的，则构成侵犯他人注册商标专用权。

### ▶ 关键词

超出核定使用商品范围　混淆　侵权　近似商标

### ▶ 当事人

原告：杨某
被告：无锡市某服饰有限公司（以下简称无锡公司）
被告：北京某信息技术有限公司（以下简称北京公司）

### ▶ 诉讼请求

杨某向一审法院起诉请求：（1）无锡公司立即停止生产、销售侵权产品并销毁侵权产品；（2）北京公司立即停止销售侵权产品；（3）无锡公司与北京公司在《中国消费者报》上就侵权一事消除影响并连带赔偿其经济损失及合理开支500000元。

### ▶ 案件事实

一审法院经审理查明：

2005年9月7日，杨某向国家工商行政管理总局商标局（以下简称商标局）提出"未来之星"及图商标注册申请。该商标为汉字"未来之星"四字的变体，四字各取一笔画前后相连，"之"字上方的点变化为一星形图案。在该商标初审公告期间，无锡公司提出异议。2013年3月4日，国家工商行政管理总局商标评审委员会（以下简称商评委）作出《关于第4882×××号"未来之星"商标异议复审裁定书》裁定上述商标核准注册。此后杨某取得了商标局颁发的第4882×××号"未来之星"及图商标的商标注册证，核定使用商品为第25类"帽、手套（服装）、披巾、袜、领带"，注册有效期限自2009年5月21日至2019年5月20日止。

2001年4月7日，无锡公司经商标局核准在第25类商品上注册了第1549×××号"未来之星"汉字、英文及图组合商标（以下简称"未来之星"英文及图商标），核定使用商品为服装、童装、婴儿全套衣，注册有效期自2001年4月7日至2011年4月6日。此后，经核准该商标注册有效期续展至2021年4月6日。

2008年7月4日，无锡公司向商标局提出"FS未来之星"字母及汉字组合商标（以下简称"FS未来之星"商标）的注册申请。2011年11月29日商标局以该商标文字部分与杨某及案外人商标近似为由驳回了在手套（服装）、鞋、袜、围巾、帽子等商品上使用该商标的注册申请。

2013年7月25日和2013年9月27日杨某在天猫网站未来之星服饰旗舰店以每顶15元的价格购买了帽子两顶。2013年7月23日，杨某在亚马逊网站未来之星少年装网店购买了围巾一条、帽子一顶，价格均为15元。同年8月10日、9月27日，杨某又在亚马逊网站同一商家以15元的单价购买了手套两幅、帽子两顶。对相关网站销售商品情况及相应购买记录，杨某申请公证处进行了证据保全公证，共支出公证费3600元。无锡公司认可上述商品系其制造并销售。杨某认可现相关网站上已无在售涉案产品。

经查看，在上述商品标签处标有"FS未来之星"、"未来之星"（星字右上角有一中空星形图案）、"FUTURESTAR"字样以及星形卡通形象图案。

庭审中，杨某表示在其取得第4882×××号商标注册证后已开始联系合作商家，并就此提交了使用有该商标的帽子和手套样品。另查，被诉侵权网

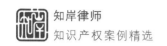

站网站系北京公司经营,庭审中北京公司提交了无锡公司企业法人营业执照、税务登记证、第1549×××号商标注册证以及《亚马逊服务商业解决方案协议通用条款》等材料。

以上事实,有商标注册证、商标异议复审裁定书、公证书及商品实物、企业法人营业执照、税务登记证、《亚马逊服务商业解决方案协议通用条款》、公证费发票、律师费发票及当事人陈述等在案佐证。

### ▶ 裁判意见

**法院认为:**

商标注册人对其经核准注册的商标在核定使用的商品上享有专用权。杨某作为涉案第4882×××号"未来之星"图文商标的合法持有人,依法享有该注册商标的专用权。

《中华人民共和国商标法》规定,注册商标专用权以核准注册的商标和核定使用的商品为限。最高人民法院《关于审理注册商标、企业名称与在先权利冲突的民事纠纷案件若干问题的规定》第一条第二款[①]规定:"原告以他人使用在核定商品上的注册商标与其在先的注册商标相同或者近似为由提起诉讼的,人民法院应当根据民事诉讼法第一百一十一条第三项的规定,告知原告向有关行政主管机关申请解决。但原告以他人超出核定商品的范围或者以改变显著特征、拆分、组合等方式使用的注册商标,与其注册商标相同或者近似为由提起诉讼的,人民法院应当受理。"本案中,杨某起诉无锡公司的侵权行为系在帽子、围巾、手套商品上使用带有"未来之星"字样的标识。依据庭审调查的结果可知,无锡公司注册的第1549×××号"未来之星"英文及图商标,核定商品的范围并不包括帽子、围巾、手套等商品,故杨某有权向人民法院提起本案诉讼。

本案中,杨某注册的第4882×××号"未来之星"图文商标核准使用的商品包括帽子、手套、披巾等,被告无锡公司超范围使用的标识与杨某的图

---

① 对应最高人民法院《关于审理注册商标、企业名称与在先权利冲突的民事纠纷案件若干问题的规定》(2020年修正)第一条第二款,内容有修改,本书下同。

文商标经比对，两者包含的汉字及读音完全一致，足以使相关公众混淆、误认。虽无锡公司曾在涉案商品上提出过关于"FS未来之星"商标的注册申请，但该申请并未经商标局核准，故无锡公司构成在同一种商品上使用与注册商标近似商标的侵权行为，其应就此承担停止侵权及赔偿经济损失的侵权责任。

关于无锡公司所应赔偿的金额，鉴于杨某未举证证明无锡公司因侵权所获利益及杨某因涉案侵权行为所受到的损失，法院将根据涉案商标的实际使用情况、无锡公司的侵权情节及主观过错程度等因素酌情确定经济损失的支持数额。关于杨某主张的公证费、律师费，法院将根据其提供的相关票据显示的金额，结合其发生的合理性、必要性程度酌情予以支持。同时，因销毁库存并非法定侵权责任的承担方式，故对杨某此项诉讼请求，法院不予支持。因杨某亦未就无锡公司涉案侵权行为给其所造成不良影响加以举证，故对杨某要求无锡公司在媒体登载声明消除影响的诉讼请求，法院亦不予支持。

关于北京公司，其作为电子商务平台网站的经营者，已对商家无锡公司的资质等文件进行了审查，对通过其网站销售的商品是否存在商标侵权问题并不负有事先审查的义务，且亦没有证据证明北京公司存在过错。故在北京公司网站现已无涉案商品信息的情况下，对杨某针对该公司的诉讼主张，法院不予支持。

综上，依照《中华人民共和国商标法》（2013年修正）第五十七条第二项、第三项之规定，判决如下：

一、被告无锡公司于本判决生效之日起立即停止生产、销售侵害涉案商标权的商品；

二、被告无锡公司于本判决生效之日起十日内赔偿原告杨某经济损失50000元；

三、被告无锡公司于本判决生效之日起十日内赔偿原告杨某合理费用15000元；

四、驳回原告杨某的其他诉讼请求。

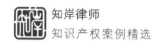

> **案情解析**

本案是一起商标侵权纠纷案件,该案件的争议焦点主要是被诉侵权商品是否侵犯了原告商标专有权。

根据现行《中华人民共和国商标法》五十七条第二项、第三项的规定,"未经商标注册人的许可,在同一种商品上使用与其注册商标近似的商标,或者在类似商品上使用与其注册商标相同或者近似的商标,容易导致混淆的",以及"销售侵犯注册商标专用权的商品的",构成侵犯注册商标专用权。本案中,原告杨某拥有的"未来之星"商标指定使用商品为帽子、围巾、手套,无锡公司同样拥有"未来之星"商标,但其商标指定使用在服装、童装、婴儿全套衣商品上。无锡公司将其在服装、童装、婴儿全套衣商品上的商标扩大使用到帽子、围巾、手套商品上,而这些商品正是原告杨某"未来之星"商标核定使用商品。将无锡公司在涉案商品上使用的标识与杨某主张权利的"未来之星"图文商标进行比较,二者均包含汉字"未来之星",读音亦完全一致,足以导致混淆。因此,被告无锡公司超出其注册商标指定商品范围使用其商标,构成了对原告杨某注册商标专有权的侵犯。

## 31. 销售侵犯注册商标专用权的商品
——家纺公司与涂某某等侵害商标权纠纷案

### 裁判要旨

销售侵犯注册商标专用权的商品的行为属于侵犯注册商标专用权的行为，应承担赔偿损失等法律责任。销售不知道是侵犯注册商标专用权的商品，能证明是合法取得并说明提供者的，不承担赔偿责任。

### 关键词

使用相同或近似标识　销售侵权产品　侵害商标专用权

### 当事人

原告：家纺公司
被告：北京某时尚科技有限公司（以下简称北京公司）
被告：涂某某

### 一审诉请

家纺公司向一审法院提出诉讼请求：（1）判令北京公司、涂某某立即停止侵害家纺公司注册商标专用权的行为；（2）判令涂某某赔偿家纺公司经济损失28000元及合理费用2000元。

### 案件事实

一审法院审理查明：

第1488×××号"水星"图文商标注册人为某市水星被服有限公司，核定使用商品为第 24 类床单、被子、床罩、枕套等，有效期为 2000 年 12 月 14 日至 2010 年 12 月 13 日，经续展有效期至 2020 年 12 月 13 日。2005 年 3 月 2 日，该商标注册人变更为家纺公司。

第 4861×××号"mercury"图文商标注册人为某水星家用纺织品有限公司，核定使用商品为第 24 类床罩、被子、床单、被罩、蚊帐等，有效期为 2010 年 9 月 7 日至 2020 年 9 月 6 日，经续展有效期至 2030 年 9 月 6 日。2011 年 8 月 18 日，该商标注册人变更为家纺公司。

第 9517×××号"mercury 水星家纺"图文商标注册人为家纺公司，核定使用商品为第 24 类床罩、被子、布、床单（纺织品）等，有效期为 2014 年 1 月 7 日至 2024 年 1 月 5 日。

第 1815×××号"水星 MERCURY"图文商标注册人为某水星家用纺织品有限公司，核定使用商品类第 24 类被子、被罩、床罩、鸭绒被、枕套等，有效期为 2002 年 7 月 28 日至 2012 年 7 月 27 日，经续展有效期至 2022 年 7 月 27 日。2011 年 8 月 18 日，该商标注册人变更为家纺公司。

2016 年 12 月，中国纺织工业联合会颁发证书，载明家纺公司获得 2016 年重点跟踪培育服装家纺自主品牌企业称号。2017 年 1 月，上海市工商联合会等三家单位颁发证书，载明家纺公司荣获 2016 年华鼎杯第四届上海市三优企业。

2020 年 5 月，家纺公司登录北京公司运营的微店 APP，搜索关键词进入涉案店铺，在该店铺内以 140 元的价格购买了"至臻水星家纺蚕丝被 100%桑蚕丝春秋被子冬被芯全面 6/8 斤加厚保暖"被子一件，该商品上使用有与涉案商标相同或近似的标识。店铺页面显示该商品销售数量为 48。福建省某市公证处对上述购买过程进行了证据保全公证。

家纺公司出具鉴定报告，载明涉案商标并非其公司生产销售。

北京公司提交服务协议及增值电信业务经营许可证一份，并提交涉案店铺经营主体备案信息，显示涉案店铺经营者为涂某某。

另查明，一，涉案商品正品售价为 1399 元。

另查明，二，涉案店铺中的相关商品链接已删除。

以上事实，有商标注册证、公证书、实物及当事人陈述等证据在案佐证。

> **裁判意见**

法院认为，家纺公司对涉案商标享有注册商标专用权，受到法律保护。

涂某某销售的涉案商品使用了与上述商标相同或近似的标识，家纺公司主张该产品并非其生产销售，且提交了鉴定报告，在涂某某未举证证明其销售涉案商品获得了家纺公司相应授权的情况下，本院认定涉案商品侵犯了家纺公司的涉案注册商标专用权，属于侵权产品。

销售侵犯注册商标专用权的商品的行为属于侵犯注册商标专用权的行为，应承担赔偿损失等法律责任。销售不知道是侵犯注册商标专用权的商品，能证明是合法取得并说明提供者的，不承担赔偿责任。涂某某销售了侵犯注册商标专用权的商品，且未举证证明该商品具有合法来源，故应当承担赔偿损失的法律责任。由于涉案商品链接已删除，故对于家纺公司停止侵权的诉讼请求本院不再处理。

关于赔偿损失的具体数额，家纺公司未举证证明其损失或涂某某因被诉侵权行为所获利润，故本院根据涉案商标的知名度、被诉侵权行为情节、影响、主观过错程度等因素酌情确定。关于合理费用，家纺公司未提交律师费及公证费的相应票据，但由于本案有律师出庭且公证实际发生，本院根据合理性、必要性、相关性原则酌情支持，关于购买涉案商品的费用本院予以全额支持。

根据北京公司提交的服务协议、经营者信息及涉案店铺的经营模式，可以认定北京公司在本案中属于网络服务提供者。北京公司在接到本案诉讼材料后立即采取了删除侵权链接等措施，其对被控侵权行为的发生并无过错，已经尽到了合理注意义务，故北京公司不应就本案被控侵权行为承担损害赔偿责任。

北京公司、涂某某经合法传唤未到庭，不影响本院在查明案件事实的基础上缺席判决。

综上所述，《中华人民共和国商标法》① 第五十七条第三项、第六十三条，

---

① 此处引用的《中华人民共和国商标法》为2019年修正本。

《中华人民共和国民事诉讼法》第一百四十四条之规定，判决如下：

一、被告涂某某于本判决生效之日起十日内赔偿原告家纺公司经济损失15000元；

二、被告涂某某于本判决生效之日起十日内赔偿原告家纺公司合理费用2000元；

三、驳回原告家纺公司的其他诉讼请求。

## ▶ 案情解析

本案是一起侵害商标专用权纠纷案件，在诉讼中个体工商户注销，根据法律相关规定，案件的主要焦点在于个体工商户经营者的责任承担与商标侵权的认定问题。

一、个体工商户的经营者为适格被告

因该案件的取证时间是2020年，在《民法典》施行之前，因此应适用2017年公布的《中华人民共和国民法总则》的相关规定。

个体工商户注销与否，其责任主体均为经营者。个体工商户是自然人商事资格在法律上的体现。《中华人民共和国民法总则》第五十四条规定："自然人从事工商业经营，经依法登记，为个体工商户。个体工商户可以起字号。"第五十六条规定："个体工商户的债务，个人经营的，以个人财产承担；家庭经营的，以家庭财产承担；无法区分的，以家庭财产承担。"可见，个体工商户本质上是自然人从事工商业经营及商事活动资格法律化的体现，是对自然人商事资格的确认。个体工商户的债务，以个人或家庭财产承担，个体工商户注销与否，并不影响其责任主体的确定。

个体工商户字号是对当事人主体名称的表述，其责任主体为经营者。2022年修正的《最高人民法院关于适用〈中华人民共和国民事诉讼法〉的解释》第五十九条第一款规定："在诉讼中，个体工商户以营业执照上登记的经营者为当事人。有字号的，以营业执照上登记的字号为当事人，但应同时注明该字号经营者的基本信息。"可见，字号是对当事人主体名称的表述，是否存在字号，并不影响责任主体的确定。

本案中，个体工商户注销后，将其经营者作为被告参与诉讼，符合《中华人民共和国民事诉讼法》及其司法解释的规定。

二、被告销售侵害商标权的商品，并无合法来源，应承担侵权赔偿责任

根据现行《中华人民共和国商标法》第五十七条第三项的规定，销售侵犯注册商标专用权的商品属侵犯注册商标专用权。现行《中华人民共和国商标法》第六十四条第二款规定："销售不知道是侵犯注册商标专用权的商品，能证明该商品是自己合法取得并说明提供者的，不承担赔偿责任。"

本案中，被告销售的被子，使用了与原告商标相同或近似的标识，侵权商品与原告商标指定的商品相同，均为被子。被告的行为符合《中华人民共和国商标法》第五十七条第三项规定，侵害了原告的商标专用权，被告未证明该侵权商品系合法取得及提供者的信息，应承担侵权赔偿责任。

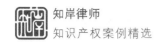

## 32. 商标使用的情形的认定
——北京鲍某餐饮管理有限公司与北京福某餐饮管理有限公司侵害商标权纠纷案

### 📖 裁判要旨

经营者在其店面门头、价目表、标价签、包装袋、员工服装、网络支付页面及机打小票上使用与涉案商标相同的标识，易使相关公众将二者提供的商品相混淆，或误以为两公司存在关联，构成对涉案商标的注册商标专用权的侵害。

### ▶ 关键词

商标使用　混淆误认

### ▶ 当事人

原告：北京鲍某餐饮管理有限公司（以下简称鲍某公司）
被告：北京福某餐饮管理有限公司（以下简称福某公司）

### ▶ 一审诉请

鲍某公司向一审法院起诉请求：（1）判令福某公司赔偿经济损失 300000 元；（2）判令福某公司赔偿合理费用 23500 元，其中包含公证费 10000 元、律师费 13500 元；（3）判令福某公司在《法制日报》《人民日报》连续七日刊登声明以消除影响。

### ▶ 案件事实

一审法院经审理查明：

2014年9月28日,彭某某申请注册第12484×××号"鲍师傅"文字商标,有效期限至2024年9月27日,核定使用商品或服务项目为"第30类:糕点;蛋糕;面包;饼干;酥皮蛋糕等"。2017年3月20日,国家工商行政管理总局商标局出具《商标转让证明》,载明涉案商标转让至鲍某公司。

"北京鲍师傅西饼屋"于2009年6月30日取得个体工商户营业执照,经营者为彭某某。后彭某某将涉案商标分别授权给不同第三人在其经营的糕点店使用。现已开设多家鲍师傅糕点店铺。根据鲍某公司提交的不同店铺的照片,店面均以黄底红字招牌作为门头,红色字体显示"鲍师傅糕点"字样,其中"鲍师傅"三字较大,"糕点"二字较小,字体横向排列。透明玻璃糕点展示柜下部亦显示有"鲍师傅"字样。鲍某公司以招牌上的红色字体及其横排排列样式为其所主张的特有包装装潢。

2014年3月至2018年5月,多家网络媒体登载文章,对鲍师傅糕点店进行宣传报道。新浪微博亦有诸多关于此的内容,多个微博账号均对其所在城市鲍师傅糕点店的经营情况进行了描述,并有诸多网友评论。以上内容有北京市某公证处出具的公证书在案佐证。

鲍某公司另提交以"鲍师傅"为关键字的百度指数表现、以"鲍师傅"为检索词的国家图书馆检索报告、多家电视台的新闻报道等证据,用以证明涉案商标具有较高知名度。

2017年11月13日,鲍某公司委托代理人与北京市某公证处工作人员一同来到位于北京市某区放置有"鲍师傅糕点"字样招牌的店铺,购买了奶香提子酥,并当场取得购物小票一张。公证人员对上述店面进行拍照,显示店铺招牌为白色,上有红色"鲍师傅糕点"字样,其中"鲍师傅"三字较大,"糕点"二字较小,字体横向排列,"糕点"二字在"鲍师傅"三字右下方;门店玻璃窗上悬挂的红底半身人像招牌下方、透明玻璃糕点展示柜下部、盛放糕点的木质托盘正面、价目表左上角、员工制服胸口处、塑料食品袋正面均显示有"鲍师傅"字样;价目表上显示的商品名称有"原味肉松蛋糕""牛肉肉松蛋糕""海苔肉松蛋糕"等。购物小票上显示"鲍师傅糕点微信支付"等字样。北京市某公证处对上述过程予以公证,并出具公证书。

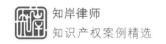

鲍某公司未就其主张的合理费用提交票据。庭审中,鲍某公司认可福某公司已于 2018 年 11 月停止被控侵权行为。

上述事实,有商标注册证及转让证明、公证书、光盘、网页打印件及当事人陈述等证据在案佐证。

### ▶ 裁判意见

**法院认为:**

根据《中华人民共和国商标法》第五十七条第一项规定,未经商标注册人的许可,在同一种商品上使用与其注册商标相同的商标,属于侵犯注册商标专用权的行为。

本案中,根据在案证据,鲍某公司系涉案商标的注册商标专用权人,且涉案商标在有效期内。鲍某公司依法享有的注册商标专用权应受法律保护,他人不得实施侵犯其注册商标专用权的行为。

福某公司经营的店铺所销售的商品,与涉案商标核定使用的第 30 类糕点、蛋糕等属于同一种商品。福某公司在其店面门头、价目表、标价签、包装袋、员工服装、网络支付页面及机打小票上使用与涉案商标相同的"鲍师傅"标识,易使相关公众将鲍某公司与福某公司提供的糕点、蛋糕等商品相混淆,或误以为两公司存在关联,已构成对鲍某公司涉案商标的注册商标专用权的侵害,应承担消除影响、赔偿损失的法律责任。

关于鲍某公司提出的消除影响的诉讼请求,被控侵权行为虽已于 2018 年 11 月前停止,但考虑到该行为持续的时间、行为方式及给鲍某公司造成的不良影响的范围等因素,被控侵权行为易使相关公众对"鲍师傅糕点"商品或服务来源产生混淆的影响仍可能存续。故鲍某公司提出的消除影响的诉讼请求,有相应的事实和法律依据,应当予以支持。但消除影响的范围应以本案被控侵权行为所造成的影响为限,即福某公司在《法制日报》刊登声明以消除影响。对于鲍某公司其他超出必要范围的消除影响的主张,法院不予支持。

关于损害赔偿的具体数额,法院将综合考虑涉案商标的知名度、福某公司的主观过错、被控侵权行为的持续时间等具体情节和性质、被控侵权行为给鲍某公司可能造成的损失及不良影响等因素,酌情确定。对于鲍某公司在本案中主张的合理费用,其虽未提交票据,但根据其有律师出庭、公证确实发生,本院根据关联性、必要性的原则酌情确定。

另外,根据《中华人民共和国反不正当竞争法》第六条第一项的规定,经营者不得擅自使用与他人有一定影响的商品名称、包装、装潢等相同或者近似的标识,引人误认为是他人商品或者与他人存在特定联系。

本案中,鲍某公司还主张,其糕点店招牌上使用的红色字体及其横排排列样式的装潢,属于有一定影响的特有装潢。福某公司擅自使用了与上述装潢类似的标识违反了《中华人民共和国反不正当竞争法》第六条第一项的规定,已构成不正当竞争。对此法院认为,上述条款中的"装潢",一般指为识别与美化商品而在商品或者其包装上附加的文字、图案、色彩及其排列组合,经营者通过商业使用该装潢,能够与其他经营者的同类商品或服务相区别,进而起到区别商品或服务来源的作用。本案中,鲍某公司主张的特有装潢为红色字体及横向排列的方式为相关领域的惯常设计,其主要依赖涉案商标起到区分商品来源的作用,而非其颜色与字体排列方式的组合。故鲍某公司主张的"鲍师傅糕点"红色横向排列字体不构成《中华人民共和国反不正当竞争法》规定的"特有装潢",其关于不正当竞争的主张缺乏事实及法律依据,法院不予支持。

综上所述,依照《中华人民共和国商标法》第五十七条第一项①,《中华人民共和国反不正当竞争法》第六条第一项②,《中华人民共和国民事诉讼法》第六十四条第一款、第一百四十四条之规定,判决如下:

一、被告福某公司于本判决生效之日起十日内,在《法制日报》上发布声明,消除因涉案侵害商标权行为给原告鲍某公司造成的不良影响(声明内容需经本院核准,逾期不执行,本院将在一家全国发行的报纸上公布本判决主要内容,所需费用由被告福某公司承担);

二、被告福某公司于本判决生效之日起十日内赔偿原告鲍某公司经济损失 80000 元;

---

① 对应现行《中华人民共和国商标法》第五十七条第一项,本书下同。
② 对应现行《中华人民共和国反不正当竞争法》第六条第一项,本书下同。

三、被告福某公司于本判决生效之日起十日内赔偿原告鲍某公司合理费用 8000 元；

四、驳回原告鲍某公司的其他诉讼请求。

## ▶ 案情解析

本案是一起主张侵害商标权和不正当竞争纠纷案件，涉及商标使用情形的认定问题。

一、商标使用的法律规定

《中华人民共和国商标法》（2013 年修正）第四十八条规定："本法所称商标的使用，是指将商标用于商品、商品包装或者容器以及商品交易文书上，或者将商标用于广告宣传、展览以及其他商业活动中，用于识别商品来源的行为。"《中华人民共和国商标法》（2019 年修正）未对本条做改动。

《中华人民共和国商标法实施条例》（2014 年修订）第六十三条规定："使用注册商标，可以在商品、商品包装、说明书或者其他附着物上标明'注册商标'或者注册标记。注册标记包括㊟和®。使用注册标记，应当标注在商标的右上角或者右下角。"

《最高人民法院关于审理商标授权确权行政案件若干问题的意见》（2010 年发布）第 20 项规定："人民法院审理涉及撤销连续三年停止使用的注册商标的行政案件时，应当根据商标法有关规定的立法精神，正确判断所涉行为是否构成实际使用。商标权人自行使用、许可他人使用以及其他不违背商标权人意志的使用，均可认定属于实际使用的行为。实际使用的商标与核准注册的商标虽有细微差别，但未改变其显著特征的，可以视为注册商标的使用。没有实际使用注册商标，仅有转让或许可行为，或者仅有商标注册信息的公布或者对其注册商标享有专有权的声明等的，不宜认定为商标使用。如果商标权人因不可抗力、政策性限制、破产清算等客观事由，未能实际使用注册商标或者停止使用，或者商标权人有真实使用商标的意图，并且有实际使用的必要准备，但因其他客观事由尚未实际使用注册商标的，均可认定有正当理由。"

《最高人民法院关于审理商标授权确权行政案件若干问题的规定》（2020

年修正）第二十六条规定："商标权人自行使用、他人经许可使用以及其他不违背商标权人意志的使用，均可认定为商标法第四十九条第二款所称的使用。实际使用的商标标志与核准注册的商标标志有细微差别，但未改变其显著特征的，可以视为注册商标的使用。没有实际使用注册商标，仅有转让或者许可行为；或者仅是公布商标注册信息、声明享有注册商标专用权的，不认定为商标使用。商标权人有真实使用商标的意图，并且有实际使用的必要准备，但因其他客观原因尚未实际使用注册商标的，人民法院可以认定其有正当理由。"

二、商标使用的情形总结

商标使用分为商标权人自行使用、他人经许可使用以及其他不违背商标权人意志的使用三种情形。

将商标用于商品、商品包装或者容器以及商品交易文书上，或者将商标用于广告宣传、展览以及其他商业活动中，这属于正常的商标使用。

实际使用的商标标志与核准注册的商标标志有细微差别，但未改变其显著特征的，可以视为注册商标的使用。

没有实际使用注册商标，仅有转让或者许可行为；或者仅是公布商标注册信息、声明享有注册商标专用权的，不属于商标使用。

商标权人有真实使用商标的意图，并且有实际使用的必要准备，但因其他客观原因尚未实际使用注册商标的，人民法院可以认定其有正当理由，实质上是视为注册商标的使用。

三、商标使用与商标合理使用

商标的合理使用，是指商标权人以外的他人在生产经营活动中正当使用权利人的商标，而不必征得权利人的许可，也无需支付商标许可使用费的制度。一般认为，商标的合理使用主要包括两种情形：叙述性合理使用和指示性合理使用。

叙述性合理使用参考现行《中华人民共和国商标法》第五十九条规定："注册商标中含有的本商品的通用名称、图形、型号，或者直接表示商品的质量、主要原料、功能、用途、重量、数量及其他特点，或者含有的地名，注册商标专用权人无权禁止他人正当使用。"这种使用，是经营者为了描述自己

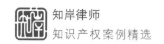

所提供的商品或者服务的基本信息，而善意地使用商品的通用名称、图形、型号，或者直接表示商品质量、主要原料等标志，或者与商品有关的地名和自己的名称地址。

如南京某物业发展有限公司与南京某房地产开发有限公司侵害商标权案。原告享有"百家湖"注册商标专用权。被告将其新开发的高层住宅楼取名为"百家湖枫情国度"，并以这个名称进行广告宣传。原告认为被告在该住宅楼名称中使用"百家湖"文字，侵犯了其注册商标专用权。该案经过一审、二审、再审程序，最终判决被告不构成侵权，属于地名的合理使用。

再如李某某与湖南某纸业有限公司、山东某纸业有限公司侵害商标权案。李某某拥有"薰衣草"商标专用权，被告在其生产销售的手帕纸、餐巾纸上使用了"薰衣草"字样，引发诉讼。北京市某中级人民法院判定湖南某纸业不构成商标侵权。本案中被告在其商品上标注的"薰衣草"字样，只是用来说明产品的类别，起到对产品信息描述的作用而非区别商品来源，故被告的使用行为系合理使用而非商标侵权。

商标指示性合理使用，是为了客观地说明商品或服务的特点、用途等而在生产经营活动中使用他人注册商标标识的行为。需要注意的是，商标指示性使用发挥的是说明作用，是信息的表达与传递而并未发挥识别来源的作用，因此，商标指示性使用并非商标性使用。

如某知名玩具销售商与某文化传播有限公司商标权权属、侵权纠纷案，被告仅获得了销售正品玩具的授权，有权为指示商品来源而使用原告的注册商标，在玩具包装上使用原告注册的商品商标就属于指示性合理使用行为。

四、本案被告的行为属于商标使用行为

福某公司经营的店铺所销售的商品，与涉案商标核定使用的第30类糕点、蛋糕等属于同一种商品。福某公司在其店面门头、价目表、标价签、包装袋、员工服装、网络支付页面及机打小票上使用与涉案商标相同的"鲍师傅"标识，属于法律规定的商标使用行为，易使相关公众将鲍某公司与福某公司提供的糕点、蛋糕等商品相混淆，或误以为两公司存在关联，已构成对鲍某公司涉案商标的注册商标专用权的侵害，应承担消除影响、赔偿损失的法律责任。

## 33. 商标相同和商标近似的判断标准
——某股份有限公司与河北某网络技术有限公司侵害商标权纠纷案

### 📖 裁判要旨

未经注册商标人许可，在同种商品上使用与其注册商标相同或近似的商标，或者在类似商品上使用与其注册商标相同或近似的商标，容易导致混淆的，均属于侵犯商标专用权的行为。

### ▶ 关键词

商标使用　混淆误认　攀附行为

### ▶ 当事人

原告：某网股份有限公司（以下简称股份公司）
被告：河北某网络技术有限公司（以下简称河北公司）

### ▶ 一审诉请

股份公司向一审法院起诉请求：（1）判令被告在《法制日报》上刊登声明消除影响；（2）判令被告连带赔偿原告经济损失和维权合理开支500000元；（3）判令被告承担本案的诉讼费。

### ▶ 案件事实

一审法院经审理查明：

股份公司旗下网站是中央重点新闻网站，是全球最具有影响力的新闻网站之一。该网站拥有众多中国新闻奖和中国互联网站获奖作品、品牌栏目,并获得多种荣誉。该网站在第35类、第38类、第41类拥有"新华网 WWW. NEWS. CN NEWS WWW. XINHUANET. COM N"注册商标专用权,在提供与全球计算机网络的电讯联接服务、通讯社、信息传送、摄影报道、新闻记者服务、数据通讯网络上的在线广告等多项服务类别上拥有商标权益。而被告在其开办的网站上突出使用了"新华资讯网 NEWSN"的标识,与原告"新华网 WWW. NEWS. CN NEWS WWW. XINHUANET. COM N"注册商标在"新华网""NEWS""N"三个核心要素上高度一致,已经构成近似商标。上述事实有当事人陈述及有关证据在卷佐证。

## ▶ 裁判意见

**法院认为:**

本案属于侵害商标权纠纷。原告是核定使用在第35类、第38类、第41类商品或服务,包括广告、会计、进出口代理人员招收、商业场所搬迁、商业辅助管理、商业信息、数据通讯网络上的在线广告、文件复制、寻找赞助、光纤通讯、通讯社、信息传送、远程会议服务、新闻记者服务、图书出版等的注册商标的所有人,其注册商标专用权受法律保护。根据《中华人民共和国商标法》第五十七条第一项、第二项①之规定,未经商标注册人的许可,在同一种商品上使用与其注册商标相同的商标,在同一种商品上使用与其注册商标近似的商标,或者在类似商品上使用与其注册商标相同或近似的商标,容易导致混淆的,均属侵犯注册商标专用权。本案中,涉案网站在服务对象、服务目的、服务方式等方面与原告商标的服务项目相同或类似。被告将"新华资讯网 NEWSN"作为其网站商标使用,在客观上足以使相关公众即浏览该网站的观众将"新华资讯网 NEWSN"商标误以为是原告的商标,从而造成相关公众对服务来源者的混淆与误认,属于侵犯原告商标专用权的行为,应依法承担民事责任。关于被告称该内容实际是由第三者恶意盗用、制作上传行为产生的结果,不应由其承担责任的抗辩,法院认为即便如被告所述,被告作为网站的实际经营者,对该网站的

---

① 对应现行《中华人民共和国商标法》第五十七条第二项,本书下同。

运营负有监督、管理的责任和义务，该网站出现的信息构成侵权，被告应承担相应的民事责任。

关于赔偿数额，《中华人民共和国商标法》第六十三条第一款[①]的规定："侵犯商标专用权的赔偿数额，按照权利人因被侵权所受到的实际损失确定；实际损失难以确定的，可以按照侵权人因侵权所获得的利益确定；权利人的损失或侵权人获得的利益难以确定的，参照该商标许可使用费的倍数合理确定。"第三款[②]规定："权利人因被侵权所受到的实际损失、侵权人因侵权所获得的利益、注册商标许可使用费难以确定的，由人民法院根据侵权行为的情节判决给予三百万元以下的赔偿。"本案中，虽然原告不能举证原告所受到的损失，也不能证明被告因此所获得的利益，本院考虑到原告所取得的注册商标时间长短并结合原告商标的声誉、知名度及为制止侵权行为的合理开支等因素酌定被告赔偿原告9000元。原告索偿数额过高，超过部分本院不予以支持。

根据《中华人民共和国商标法》第五十七条第一项、第二项，第六十三条第一款、第三款，《中华人民共和国民事诉讼法》[③] 第六十四条第一款[④]的规定，判决如下：

一、被告河北公司于本判决生效后，立即停止在其网站上使用原告股份公司商标标识；

二、被告河北公司于本判决生效后十日内，赔偿原告股份公司9000元；

三、被告河北公司于本判决生效后十日内，在《法制日报》上刊登声明，消除影响；如被告河北公司拒不刊登声明，向原告股份公司加赔1000元；

四、驳回原告股份公司其他诉讼请求。

---

① 对应现行《中华人民共和国商标法》第六十三条第一款，内容有修改，本书下同。

② 对应现行《中华人民共和国商标法》第六十三条第三款，内容有修改，本书下同。

③ 此处引用的《中华人民共和国民事诉讼法》为2012年修正本。

④ 对应现行《中华人民共和国民事诉讼法》第六十七条第一款，本书下同。

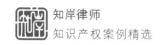

### ▶ 案情解析

本案是一起侵害商标权纠纷案件,该案件争议的焦点在于以下两点:一是近似商标和类似商品或服务的判断标准为何,二是本案被告的行为是否构成商标侵权。

一、近似商标和类似商品或服务的判断标准

根据《中华人民共和国商标法》(2013年修正)的规定,侵犯注册商标专用权分为三种情况:一是在同一种商品上使用与注册商标相同的商标;二是在同一种商品上使用与注册商标近似的商标;三是在类似商品上使用与注册商标相同或者近似的商标。

根据《最高人民法院关于审理商标民事纠纷案件适用法律若干问题的解释》(2002年通过)的规定,商标相同和商标近似以及类似商品和类似服务的判断标准如下:

(一)商标相同和商标近似的判断标准

1. 商标相同的判断标准

商标相同,是指被控侵权的商标与原告的注册商标相比较,二者在视觉上基本无差别。

2. 商标近似的判断标准

商标近似,是指被控侵权的商标与原告的注册商标相比较,其文字的字形、读音、含义或者图形的构图及颜色,或者其各要素组合后的整体结构相似,或者其立体形状、颜色组合近似,易使相关公众对商品的来源产生误认或者认为其来源与原告注册商标的商品有特定的联系。

3. 认定商标相同或者近似的原则

(1)以相关公众的一般注意力为标准;

(2)既要对商标的整体进行比对,又要对商标的主要部分进行比对,比对应当在比对对象隔离的状态下分别进行;

(3)判断商标是否近似,应当考虑请求保护注册商标的显著性和知名度。

（二）类似商品和类似服务的判断标准

1. 类似商品的判断标准

类似商品，是指在功能、用途、生产部门、销售渠道、消费对象等方面相同，或者相关公众一般认为其存在特定联系、容易造成混淆的商品。

2. 类似服务的判断标准

类似服务，是指在服务的目的、内容、方式、对象等方面相同，或者相关公众一般认为存在特定联系、容易造成混淆的服务。

3. 商品与服务类似的判断标准

商品与服务类似，是指商品和服务之间存在特定联系，容易使相关公众混淆。

4. 认定商品或者服务类似的原则

（1）应当以相关公众对商品或者服务的一般认识综合判断；

（2）《商标注册用商品和服务国际分类》《类似商品和服务区分表》可以作为判断类似商品或者服务的参考。

二、本案被告是否构成商标侵权的法律分析

（一）本案被告使用的商标与原告的注册商标构成近似商标

原告在第 35 类、第 38 类、第 41 类拥有"新华网 WWW. NEWS. CNEWS WWW. XINHUANET. COM N"注册商标专用权，被告使用的商标为"新华资讯网 NEWSN"。

上述两枚商标在文字、视觉上均存在一定差别，故不构成相同商标。

但上述两枚商标构成近似商标，理由如下：

1. 二者的核心识别要素构成近似

将被控侵权的商标与原告的注册商标相比较，考量其文字的字形、读音、含义各要素的相似程度。

"新华资讯网"比"新华网"虽然多出"资讯"两个字，但资讯属于行业性质，并无显著性，而且原告正是提供资讯服务的国内主要网站，故"新华资讯网"与"新华网"在文字的读音、含义上并无实质性区别。

虽然"NEWSN"与"WWW. NEWS. CN"存在区别，但前者使用了后者"NEWS. CN"域名的核心识别部分"NEWS"，而且原告从事的主要业务为新闻报道服务，被告虽然做了中间省略".C"的处理，"NEWSN"与"WWW.NEWS.CN"依然在字形、读音、含义上构成近似。

"新华资讯网 NEWSN"与"新华网 WWW.NEWS.CN NEWS WWW.XINHUANET.COM N"整体结构近似，都是中文结合英文的文字结构。这两枚商标的两个核心识别要素均构成近似。

2. 原告注册商标拥有较高知名度

原告开办的网络新闻平台，是中央重点新闻网站。截至2014年12月31日，该网站Alexa国际互联网三个月综合排名71位，中国互联网三个月综合排名11位，在新闻网站中排名靠前。中国科学院《互联网周刊》发布的2014中国互联网分类排行榜，该网站居综合新闻资讯网站首位。该网络新闻平台拥有众多中国新闻奖和中国互联网站获奖作品和品牌栏目，多篇报道荣获中国新闻奖一等奖，多个栏目获评中国互联网站品牌栏目。该网站还获得"中国优秀文化网站""中国网站最具影响力品牌""中国新媒体年度十大品牌""中国新媒体创新年度品牌"等业内重要奖项。

正是因为原告注册商标拥有如此高的知名度，被告的商标才有意向其靠拢，攀附原告注册商标的知名度，使相关公众对服务的来源产生误认或者认为其来源与原告有特定的联系，以期获得不当利益。

（二）本案被告使用的商标与原告的注册商标在服务类别上构成相同或类似服务

原告在第35类、第38类、第41类拥有注册商标专用权，在"提供与全球计算机网络的电讯联接服务、通讯社、信息传送、摄影报道、新闻记者服务、数据通讯网络上的在线广告"等多项服务类别上拥有商标权益。

被告经营的网站以新闻报道为主要业务，在服务对象、服务目的、服务方式等方面与原告注册商标的服务项目高度重合，构成相同或类似服务。

三、本案被告构成商标侵权的结论

通过上述分析，"新华资讯网 NEWSN"商标与"新华网 WWW.NEWS.CN NEWS WWW.XINHUANET.COM N"注册商标构成近似商标。被告商标在服务对象、服务目的、服务方式等方面与原告注册商标相同或类似。

被告将"新华资讯网 NEWSN"作为其网站商标突出使用,在客观上足以使一般公众将"新华资讯网 NEWSN"商标误以为是原告的商标,从而造成一般公众对服务来源者的混淆与误认。因此,被告的行为已构成商标侵权。

## 34. 商标权与专利权、字号权、域名之间的冲突
——某集团有限公司与武某、烟台某进出口有限公司、北京某进出口有限公司侵害商标权及不正当竞争纠纷案

### 📖 裁判要旨

在商标侵权案件中，将他人注册商标对应的拼音作为域名使用、在网站首页单独使用在先商标字样，以及将他人注册商标文字作为企业字号并在网站上突出使用，均属于侵害他人注册商标的专用权的行为。但将他人注册商标作为企业字号并对企业字号全称规范标注，不致使相关公众产生误认，不构成对他人注册商标的专用权的侵犯。

### ▶ 关键词

权利冲突　域名　外观专利　字号

### ▶ 当事人

原告：某集团有限公司（以下简称集团公司）
被告：武某
被告：烟台某进出口有限公司（以下简称烟台公司）
被告：北京某进出口有限公司（以下简称北京公司）

### ▶ 诉讼请求

集团公司向一审法院起诉请求：（1）判令三被告立即停止生产、销售侵害集团公司注册商标专用权商品的行为，并判令北京公司停止使用其域名；（2）判令烟台公司、北京公司立即变更企业名称，不得在企业名称中使用"华夏""长城"字样；（3）判令三被告连带赔偿集团公司经济损失 200000 元

及支出的公证费等合理费用 8000 元，共计 208000 元；（4）判令三被告承担本案诉讼费用。

▶ **案件事实**

一审法院经审理查明：集团公司成立于 1983 年 7 月 6 日，经营范围包括粮食收购、进出口业务（自营及代理）等。集团公司经自行注册或依法受让，陆续取得以下注册商标的专用权：第 70×××号"长城"汉字、图形及英文商标，注册有效期自 1974 年 7 月 20 日起，无截止日期，2003 年 1 月 27 日，经国家工商行政管理总局商标局（以下简称商标局）核准，该商标的注册有效期续展至 2013 年 2 月 28 日，2004 年 11 月 12 日，该商标被商标局确认为驰名商标；第 8753×××号图形商标（图案为长城关口与树木），注册有效期为 2011 年 10 月 28 日至 2021 年 10 月 27 日；第×××3297 号图形商标（图案为长城关口与山岭、树木），注册有效期为 2011 年 10 月 28 日至 2021 年 10 月 27 日；第 1659×××号"华夏长城"文字商标，注册有效期为 2001 年 10 月 28 日至 2011 年 10 月 27 日，2011 年 9 月 22 日，经商标局核准，该商标注册有效期续展至 2021 年 10 月 27 日；第 4443×××号"华夏"繁体字行书文字商标，注册有效期为 2007 年 8 月 14 日至 2017 年 8 月 13 日。上述注册商标的核定使用商品均为第 33 类葡萄酒等。

烟台公司成立于 2007 年 11 月 9 日，股东（发起人）系毕某、孔某，经营范围包括批发零售预包装食品以及货物和技术的进出口、日用百货、农副产品等。北京公司成立于 2010 年 1 月 6 日，经营范围包括零售预包装食品、货物进出口、日用品等。

2007 年 3 月 2 日，孔某申请注册第 5928×××号"ZHONGOLDWALL"商标，2009 年 11 月 28 日该商标获准注册，有效期至 2019 年 11 月 27 日，核定使用的商品为第 33 类葡萄酒等。2009 年 11 月 28 日，孔某授权烟台公司使用该商标，授权性质为非专有许可使用，期限至 2014 年 11 月 27 日。

2007 年 11 月 7 日，毕某申请注册第 6364×××号"海域风情"文字商标，2010 年 2 月 14 日该商标获准注册，有效期至 2020 年 2 月 13 日。2010 年 2 月 14 日，毕某授权北京公司使用该商标，授权性质为非专有许可使用，期限至 2015 年 2 月 13 日。

2011 年 9 月 28 日，国家知识产权局经审查决定授予孔某第 ZL201130135561.X 号标贴（门楼—葡萄酒）外观设计专利权，期限为十年。该外观设计专利的设计要点系主体图案，主视图上方显示有"ZHONGOLDWALL""赤霞珠干红葡萄酒"等文字，中间为五角星、山岭与门楼图案，下方显示有"CABERNET SAUVIGNON"文字以及烟台公司名称。2011 年 9 月 28 日，孔某授权烟台公司使用该外观设计专利，授权性质为非专有许可使用，期限至 2016 年 9 月 27 日。

2012 年 5 月 24 日，经集团公司申请，北京市某公证处对某超市销售涉案葡萄酒的行为进行了证据保全公证，并出具了（2012）京某内民证字第 03727 号公证书。其中载明：集团公司代理人楼某从该超市购买了涉案葡萄酒 2 瓶，"1995 解百纳干红葡萄酒" 2 瓶，取得了购物小票一张。公证处对涉案葡萄酒外观进行了拍照并封存。其中，涉案葡萄酒正面瓶贴上方显示有"ZHONGOLDWALL"文字，中间为山岭与门楼图案，下方显示有"99 精品干红葡萄酒 JINGPIN DRY RED WINE"文字以及烟台公司企业名称的全称。背面瓶贴上方显示有"精品干红葡萄酒 JINGPIN DRY RED WINE 99""海域风情"等文字，中间显示有原料、保质期、产地等信息，下方显示有"烟台某进出口有限公司出品"等文字。购物小票上显示，涉案葡萄酒价格为 28 元，购买数量为 2 瓶，共计 56 元。集团公司为上述公证行为向北京市某公证处支付了公证费 1000 元。经询问，武某确认某超市由其经营。

2012 年 5 月 24 日，经集团公司申请，北京市某公证处对北京公司网站上的内容进行了证据保全公证，并出具了（2012）京某内民证字第 03728 号公证书。其中载明：在公证人员的监督下，集团公司的代理人楼某登录北京公司网站，对网站首页及"关于我们""产品展示""人才招聘""留言本""联系我们""站点地图"等栏目中的相关内容进行了截屏保存。其中，该网站首页标题栏下分三行显示如下文字"华夏长城"（背景亮度较高）、"赤霞珠干红葡萄酒"（背景亮度较高）、"北京某进出口有限公司"（背景亮度很低）。在公司简介部分尾部有"畅销促销产品"栏，该栏对部分葡萄酒进行了推介，并另用一栏标注"China great wall"字样。点击"人才招聘",网页上显示"北京公司系烟台公司在北京注册上市的全资子公司,主要负责葡萄酒及金奖白兰地的开发、研制、生产等事务"等内容。点击"产品列表",相关网页共展示葡萄酒128款。集团公司为上述公证行为向北京市某公证处支付了公证费1000元。经询问,北京公司确认该网站由其经营。

2002年和2003年,秦皇岛市品牌协会针对隶属于集团公司的某葡萄酿酒有限公司生产的"华夏干红系列品牌红酒"颁发了品牌金奖荣誉证书以及第一品牌的荣誉证书。2002年8月,中国品牌发展促进委员会针对该公司生产的"华夏长城牌葡萄酒产品"颁发中国驰名品牌证书。

集团公司提交了跨度在2000年至2003年间的《辽宁日报》《河北日报》《河北经济日报》《河北法制报》《广州日报》《华西都市报》《汕尾日报》《厦门晚报》《深圳商报》《石狮日报》《闽南日报》《中国食品质量报》《中国质量报》等报纸各1期及《酒典》杂志若干期,其中刊载了对"华夏长城""华夏葡园""GREATWALL"葡萄酒及某葡萄酿酒有限公司的宣传内容,用于证明华夏系列葡萄酒在市场上具有较高的知名度,系知名商品。经询问,集团公司称上述广告宣传内容大部分由其控股子公司实施,该公司系由某葡萄酿酒有限公司进行企业名称变更而来。

集团公司向北京某律师事务所支付了律师代理费6000元。

上述事实,有原、被告的陈述,集团公司提交的商标注册证、(2012)京某内民证字第03727号公证书、(2012)京某内民证字第03728号公证书、荣誉证书、获奖证书、认证证书、2000年至2003年《辽宁日报》等报纸上的广告及报道、《酒界》等刊物上的广告及宣传介绍、公证费及律师费发票,烟台公司提交的商标注册证及许可使用授权书、外观设计专利证书及许可使用授权书等在案佐证。双方当事人提交的其他证据材料,或无法与原件核对,无法确认其真实性,或与本案缺乏关联性,法院不予确认。

▶ **裁判意见**

**法院认为:**

集团公司享有的注册商标专用权依法应受保护。根据《中华人民共和国商标法》的规定，未经集团公司许可，任何人不得在相同或类似商品上使用与其注册商标相同或近似的商标，亦不得实施其他损害集团公司上述注册商标专用权的行为，否则应承担相应的法律责任。同时，经营者在市场经营过程中，亦应遵守公认的商业道德，不得采用不正当手段获取利益，损害其他经营者及社会公众的利益。

根据原、被告双方的诉、辩意见及庭审中查明的事实，法院经比对认为烟台公司在涉案葡萄酒瓶贴上使用的图案与集团公司注册的图形商标在整体结构上确属近似，但根据庭审中查明的事实，烟台公司的上述行为系获他人授权后对相关外观设计专利权的行使，且上述外观设计专利获得授权的时间，早于集团公司第8753×××号、第×××3297号注册商标核准注册时间。据此，在集团公司未有充分证据证明烟台公司取得的外观设计专利权利状态不稳定的情况下，法院认定烟台公司对涉案山岭与门楼图案的使用行为并无不当，对集团公司针对烟台公司的该使用行为提出的诉讼请求不予支持。

关于北京公司所用的域名是否侵害了集团公司依法享有的第1659×××号"华夏长城"注册商标的专用权，法院认为，北京公司注册的域名中的"huaxia"与汉字"华夏"读音相同，"cc"系"长城"汉语拼音的首字母，加之北京公司在网站首页单独使用了"华夏长城"字样，且在相关页面标注了"chinagreatwall（对应中文通常含义为中国长城）"字样，综合以上情节，相关公众有可能对"huaxiacc"与"华夏长城"产生误认，并有可能认为北京公司与集团公司之间存在一定关联。北京公司注册了该域名，并用该域名开办网站从事葡萄酒销售，据此法院认定北京公司的上述行为侵害了集团公司依法享有的"华夏长城"注册商标专用权，依法应承担停止侵权、赔偿损失的法律责任。

北京公司在其经营的网站上称其系烟台公司的全资子公司，且根据庭审中查明的事实，孔某既系北京公司的唯一发起人，亦系烟台公司两股东之一，在由烟台公司出品的涉案葡萄酒上，标注了北京公司持有的网站域名，据此法院认定烟台公司对北京公司利用上述域名从事电子商务的行为应当知晓，该行为系共同行为，烟台公司应对北京公司的上述侵权行为承担连带责任。

关于烟台公司是否侵害了集团公司依法享有的第1659×××号"华夏长城"注册商标的专用权并构成不成当竞争，法院认为，尽管烟台公司在涉案葡萄酒瓶贴上标注了其企业名称，但该标注行为系对其全称的规范标注，并未有对字号的突出使用情形，且在涉案葡萄酒正面瓶贴显著位置亦标注了烟台公司的注册商标"ZHONGOLDWALL"，不致使相关公众产生误认。据此法院认定烟台公司对其企业名称的使用行为并未侵害集团公司依法享有的"华夏"注册商标专用权，同时亦未有其他证据证明被告的该行为侵害了集团公司依法享有的合法权益，不构成不正当竞争，法院对集团公司针对烟台公司的该项诉讼请求不予支持。

关于北京公司的字号是否构成商标侵权或不正当竞争的问题，法院认为北京公司域名中包含"huaxia"及"cc"（"长城"两字拼音的首字母），北京公司在其网站中单独使用"华夏长城"，构成对企业字号"华夏"的突出使用，容易使相关消费者将该网站及网站所售产品的来源误认为是由集团公司提供或与集团公司有关联，构成对集团公司注册商标专用权的侵犯。鉴于法院已确认北京公司该行为构成商标侵权，集团公司的合法权益已足以得到救济，对集团公司主张北京公司该行为构成不正当竞争的诉讼请求不再支持。

综上所述，法院认定被告北京公司利用网站并从事葡萄酒销售的行为侵害了集团公司依法享有的第1659×××号"华夏长城"注册商标的专用权，应承担停止使用其域名、赔偿集团公司相应经济损失的法律责任，烟台公司应对北京公司的赔偿数额承担连带责任。北京公司将与集团公司注册商标相同或近似的文字作为企业字号并用于销售葡萄酒，该行为亦侵害了集团公司享有的第1659×××号"华夏长城"商标、第70×××号"长城"汉字、图形及英文商标的专用权，根据相关司法解释的规定，北京公司应承担不得在与集团公司上述注册商标核定使用商品相同的范围内使用其企业名称的法律责任，并赔偿集团公司相应经济损失。

关于赔偿的具体数额，鉴于集团公司并未有相应证据证明其因侵权所受损失的情况，亦未有证据证明被告因实施侵权行为而获益的情况，据此法院将根据集团公司上述注册商标的知名度、被告的侵权情节及主观过错程度，酌情确定被告烟台公司、北京公司应承担的赔偿数额。

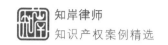

关于集团公司主张的合理开支部分,公证费有相关票据予以印证,法院予以支持。另,被告武某是否应承担侵权责任,鉴于其所销售的涉案葡萄酒并未有侵害集团公司注册商标专用权的内容,据此法院对集团公司针对武某的诉讼请求不予支持。

综上,依照《中华人民共和国侵权责任法》第八条,《中华人民共和国商标法》① 第五十二条第五项②、第五十六条③,《中华人民共和国反不正当竞争法》④ 第二条第一款⑤,《中华人民共和国民事诉讼法》⑥ 第六十四条第一款⑦,《中华人民共和国商标法实施条例》⑧ 第三条⑨,《最高人民法院关于审理商标民事纠纷案件适用法律若干问题的解释》⑩ 第一条⑪、第九条第二款⑫、第十条⑬、第十七条⑭,《最高人民法院关于审理注册商标、企业名称与在先权利

---

① 此处引用的《中华人民共和国商标法》为2001年修正本。
② 对应现行《中华人民共和国商标法》第五十七条第七项,本书下同。
③ 对应现行《中华人民共和国商标法》第六十三条,内容有修改,本书下同。
④ 此处引用的《中华人民共和国反不正当竞争法》为1993年通过本。
⑤ 对应现行《中华人民共和国反不正当竞争法》第二条第一款,内容有修改,本书下同。
⑥ 此处引用的《中华人民共和国民事诉讼法》为2007年修正本。
⑦ 对应现行《中华人民共和国民事诉讼法》第六十七条第一款,本书下同。
⑧ 此处引用的《中华人民共和国商标法实施条例》为2002年通过本。
⑨ 已被2014年修订的《中华人民共和国商标法实施条例》删去。
⑩ 此处引用的《最高人民法院关于审理商标民事纠纷案件适用法律若干问题的解释》为2002年通过本。
⑪ 对应《最高人民法院关于审理商标民事纠纷案件适用法律若干问题的解释》(2020年修正)第一条,内容有修改,本书下同。
⑫ 对应《最高人民法院关于审理商标民事纠纷案件适用法律若干问题的解释》(2020年修正)第九条第二款,内容有修改,本书下同。
⑬ 对应《最高人民法院关于审理商标民事纠纷案件适用法律若干问题的解释》(2020年修正)第十条,内容有修改,本书下同。
⑭ 对应《最高人民法院关于审理商标民事纠纷案件适用法律若干问题的解释》(2020年修正)第十七条,内容有修改,本书下同。

冲突的民事纠纷案件若干问题的规定》① 第四条②，《最高人民法院关于审理不正当竞争民事案件应用法律若干问题的解释》③ 第一条，《最高人民法院关于民事诉讼证据的若干规定》④ 第二条⑤之规定，判决如下：

一、自本判决生效之日起，北京公司立即停止使用其域名；

二、自本判决生效之日起，北京公司不得在与第1659×××号、第70×××号注册商标核定使用商品相同的商品范围内使用其企业名称；

三、自本判决生效之日起十日内，北京公司赔偿集团公司经济损失100000元及支出的合理费用8000元，共计108000元。烟台公司对上述赔偿数额中的100000元承担连带赔偿责任；

四、驳回集团公司其他诉讼请求。

## ▶ 案情解析

本案是一起侵害商标权及不正当竞争纠纷案件，该案件的争议焦点主要集中在三点：一是烟台公司在葡萄酒产品上使用的图案是否侵害原告在先商标专用权；二是北京公司域名是否侵犯原告注册商标专用权；三是烟台公司及北京公司字号是否侵害了集团公司注册商标专用权并构成不正当竞争。

一、烟台公司在葡萄酒产品上使用的图案是否侵犯原告在先商标专用权

被告烟台公司用于涉案葡萄酒瓶贴上的山岭与门楼图案经比对与原告集团公司依法享有专用权的注册商标的图案构成近似，且集团公司注册商标指

---

① 此处引用的《最高人民法院关于审理注册商标、企业名称与在先权利冲突的民事纠纷案件若干问题的规定》为2008年通过本。

② 对应《最高人民法院关于审理注册商标、企业名称与在先权利冲突的民事纠纷案件若干问题的规定》（2020年修正）第四条，本书下同。

③ 此处引用的《最高人民法院关于审理不正当竞争民事案件应用法律若干问题的解释》为2006年通过本，已被2022年1月通过的《最高人民法院关于适用〈中华人民共和国反不正当竞争法〉若干问题的解释》废止。

④ 此处引用的《最高人民法院关于民事诉讼证据的若干规定》为2008年调整本。

⑤ 已被《最高人民法院关于民事诉讼证据的若干规定》（2019年修正）删去。

定使用商品也包含葡萄酒。但本案的关键点是被告烟台公司使用的图案系经拥有外观专利权的案外人授权使用的，且该图案外观专利授权的时间要早于集团公司注册商标的申请核准注册时间。因此，被告烟台公司对该图案的使用合法，不构成对集团公司注册商标专用权的侵犯。

二、北京公司域名是否侵犯原告注册商标专用权

根据《最高人民法院关于审理商标民事纠纷案件适用法律若干问题的解释》（2020年修正）（以下简称《商标法司法解释》）第一条第三项的规定，将与他人注册商标相同或者相近似的文字注册为域名，并且通过该域名进行相关商品交易的电子商务，容易使相关公众产生误认的，属于《中华人民共和国商标法》规定的给他人注册商标专用权造成其他损害的行为。《商标法司法解释》第九条第二款规定："……商标近似，是指被控侵权的商标与原告的注册商标相比较，其文字的字形、读音、含义或者图形的构图及颜色，或者其各要素组合后的整体结构相似，或者其立体形状、颜色组合近似，易使相关公众对商品的来源产生误认或者认为其来源与原告注册商标的商品有特定的联系。""huaxia"与集团公司在先商标中文字"华夏"相同，"cc"为词语"长城"的中文首字母，很容易让人联想到"华夏长城"，联想到集团公司及其产品，使相关消费者误认为其网站及网站产品与原告集团公司相关联。且被告北京公司在其网站上还单独使用了"华夏长城""chinagreatwall"，更容易使相关消费者将该网站产品及网站运营者与集团公司联系起来，从而造成对商品来源的混淆误认，侵犯集团公司注册商标专用权。

三、烟台公司及北京公司字号是否侵害了集团公司注册商标专用权并构成不正当竞争

根据《商标法司法解释》第一条第一项的规定，将与他人注册商标相同或相近似的文字作为企业的字号在相同或类似商品上突出使用，容易使相关公众产生误认的，构成商标侵权。关于字号的问题，被告烟台公司在其商品上并未突出使用与集团公司注册商标相同或近似的"华夏"字样，而是规范使用了其企业名称全称，并标注了其自有商标，因此不致使相关公众对商品来源产生误认，烟台公司对其企业名称的使用并未侵犯集团公司的注册商标专用权，也不构成不正当竞争。

北京公司的字号"华夏长城"与集团公司注册商标的标识完全相同。"华夏"及"长城"均为汉语常用词汇,以普通消费者的一般注意程度,二者均可构成北京公司字号"华夏长城"的主要部分。根据《商标法司法解释》中关于判断商标近似的相关规定,北京公司字号中的"长城"与集团公司注册商标的主要部分"长城"及"greatwall"相同或近似,据此法院认定北京公司的字号与集团公司注册商标的标识整体近似。北京公司将与集团公司注册商标相同或近似的文字作为字号,在其经营的网站上用于葡萄酒销售,据此法院认定北京公司的上述行为系在相同商品上突出使用与集团公司注册商标相同或近似标识的行为,足以对相关公众产生误导,侵害了集团公司注册商标的专用权,应承担停止侵权、赔偿损失的法律责任。由于法院已对北京公司商标侵权行为进行确认,集团公司的合法权益已得到救济,故法院没有认定该行为构成不正当竞争。

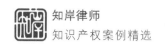

## 35. 商标权与字号权之间的冲突
——天津市某乳制品销售有限公司与内蒙古某乳业（集团）股份有限公司商标侵权纠纷案

### 📖 裁判要旨

企业名称因突出使用而侵犯在先注册商标专用权的，即使侵权商品上有自己的企业信息和注册商标，但仍难以避免相关公众产生混淆误认，构成对他人在先注册商标专用权的侵犯，在后企业应停止使用并变更企业名称。

### ▶ 关键词

突出使用　企业字号　知名度　包装装潢　合法来源

### ▶ 当事人

上诉人（一审被告）：天津市某乳制品销售有限公司（以下简称天津公司）

被上诉人（一审原告）：内蒙古某乳业（集团）股份有限公司（以下简称内蒙古公司）。

一审被告：郭某

### ▶ 一审诉请

内蒙古公司向一审法院起诉请求：（1）二被告立即停止侵犯第4719×××号"特仑苏"商标、第4763×××号"特仑苏及图"商标专用权；（2）天津公司立即停止使用带有"特仑苏"文字的企业名称，并责令变更企业名称；（3）二被告立即停止侵犯内蒙古公司知名商品特有包装装潢的不正当竞争行为；(4) 二被告共同赔偿经济损失 500000 元；(5) 天津公司就其侵权行为在《中国知识产权报》公开消除影响。

### ▶ 案件事实

一审法院经审理查明：
一、涉案商标

涉案商标一系第 4719×××号"特仑苏"商标，由内蒙古公司于 2005 年 6 月 14 日申请，于 2008 年 3 月 7 日核准注册，有效期至 2018 年 3 月 6 日，核定使用在牛奶、牛奶制品、酸奶等商品上。

涉案商标二系第 4763×××号"特仑苏及图"商标，由内蒙古公司于 2005 年 7 月 6 日申请，于 2008 年 3 月 28 日核准注册，有效期至 2018 年 3 月 27 日，核定使用在牛奶、牛奶制品、酸奶等商品上。

二、被诉侵权行为

2011 年 12 月 28 日，内蒙古公司委托代理人在天津市某公证处的公证人员陪同下来到位于天津市南开区的超市购买了两箱牛奶，价格均为 60 元；在位于天津市和平区的店铺购买了一箱牛奶，价格为 55 元；在位于天津市和平区的另一家店铺购买了一箱牛奶，价格为 58 元；在位于天津市河西区的店铺购买了一箱牛奶。上述四处购买的牛奶均标有"来自特仑苏公司的问候""呼伦贝尔——特仑苏公司心灵的天然牧场""天津市某乳制品销售有限公司出品"等字样。公证人员对上述过程分别进行了公证，并分别出具了公证书。诉讼中，内蒙古公司未向法院提交上述四次公证购买的实物。

2013 年 1 月 17 日，内蒙古公司委托代理人在山西省阳泉市某公证处公证人员的陪同下来到山西省阳泉市城区的三家超市，分别购买了一箱纯牛奶，价格分别为 59 元、59 元、60 元。公证人员对上述过程进行了公证，并出具了公证书。公证购买的牛奶外包装和内部小盒包装上均标有"特仑苏公司荣誉产品""呼伦贝尔——特仑苏公司心灵的天然牧场""天津市某乳制品销售有限公司"等字样。

2013 年 3 月 29 日，内蒙古公司委托代理人在黑龙江省齐齐哈尔市某公证处公证人员的陪同下来到黑龙江省齐齐哈尔市建华区某食品超市处购买了一箱纯牛奶,一箱"特仑五谷"牛奶,合计116元;在齐齐哈尔市建华区另一家超市购买了一箱纯牛奶,一箱"特仑五谷"牛奶,价格合计116元;在齐齐哈尔市铁锋区某食品超市处购买一箱纯牛奶,一箱"特仑五谷"牛奶,价格合计126元。公证人员对上述过程分别进行了公证,并分别出具了公证书。公证购买的牛奶外包装和内部小盒包装上均标有"呼伦贝尔——特仑苏公司心灵的天然牧场""天津市某乳制品销售有限公司"等字样。公证购买的纯牛奶包装上还标有"特仑苏公司荣誉产品"字样,公证购买的"特仑五谷"牛奶包装上标有"来自特仑苏公司的问候"字样。

2013年4月10日,内蒙古公司委托代理人在黑龙江省哈尔滨市某公证处公证人员的陪同下来到黑龙江省哈尔滨市道外区的一家超市处购买了一箱牛奶,价格为58元;在黑龙江省哈尔滨市道外区的另一家超市购买了一箱牛奶,价格为55元。公证人员对上述过程进行了公证,并出具了公证书。公证购买的牛奶外包装和内部小盒包装上均标有"特仑苏公司荣誉产品""呼伦贝尔——特仑苏公司心灵的天然牧场""天津市某乳制品销售有限公司"等字样。

2013年6月4日,内蒙古公司委托代理人在山东省烟台市某公证处公证人员的陪同下来到山东省烟台市的一家超市处购买了一箱牛奶,价格为60元。公证人员对上述过程进行了公证,并出具了公证书。公证购买的牛奶外包装和内部小盒包装上均标有"来自特仑苏公司的问候""特仑苏公司荣誉产品""呼伦贝尔——特仑苏公司心灵的天然牧场""天津市某乳制品销售有限公司出品"等字样。

2013年6月4日,内蒙古公司委托代理人在山东省烟台市某公证处公证人员的陪同下来到山东省烟台市的一家商店购买了一箱牛奶,价格为60元。公证人员对上述过程进行了公证,并出具了公证书。公证购买的牛奶外包装和内部小盒包装上均标有"特仑五谷""来自特仑苏公司的问候""呼伦贝尔——特仑苏公司心灵的天然牧场""天津市某乳制品销售有限公司"等字样。

2013年7月8日,内蒙古公司委托代理人在重庆市某公证处公证人员的陪同下来到位于重庆市江北区的一家超市购买了一箱包装有"特仑五谷"字样的"高钙核桃牛奶"以及一箱包装有"特仑五谷"字样的"花生牛奶",价格为 38 元。公证人员对上述过程进行了公证,并出具了公证书。公证购买的牛奶外包装和内部小盒包装上均标有"来自特仑苏公司的问候""呼伦贝尔——特仑苏公司心灵的天然牧场""天津市某乳制品销售有限公司"等字样。

2013 年 7 月 8 日,内蒙古公司委托代理人在重庆市某公证处公证人员的陪同下来到位于重庆市巴南区一家牛奶专卖店购买了一箱标有"特仑五谷核桃牛奶"字样的牛奶。公证人员对上述过程进行了公证,并出具了公证书。诉讼中,内蒙古公司未向法院提交公证购买实物,从公证书所附图片辨认,牛奶外包装上标有"特仑苏公司荣誉出品"字样。

2013 年 7 月 11 日,内蒙古公司委托代理人在重庆市某公证处公证人员的陪同下来到位于重庆市沙坪坝区的一家超市购买了一箱标有"特仑五谷"字样的牛奶,价格为 50 元。公证人员对上述过程进行了公证,并出具了公证书。公证购买的牛奶外包装和内部小盒包装上均标有"来自特仑苏公司的问候""呼伦贝尔——特仑苏公司心灵的天然牧场""天津市某乳制品销售有限公司"等字样。

2013 年 8 月 20 日,内蒙古公司委托代理人在北京市某公证处公证人员的陪同下来到位于北京市平谷区的某超市,购买了一箱外包装上标有"上品牛奶""来自特仑苏公司的问候""呼伦贝尔——特仑苏公司心灵的天然牧场"字样的牛奶。公证人员对上述过程进行了公证,并出具了公证书。公证购买的牛奶内包装上注明"天津市某乳制品销售有限公司出品"。工商查询地址显示,北京某超市的注册地址为北京市平谷区,业主为郭某。

内蒙古公司主张上述被诉侵权商品中使用含有"特仑苏"字样的标识均侵犯了内蒙古公司对两个涉案商标享有的专用权,完整使用"天津市某乳制品销售有限公司"的行为构成不正当竞争。

三、天津公司注册情况

2007 年 11 月 14 日,天津市工商行政管理局发出企业名称预先核准通知书,预先核准刘某、赵某 2 人出资的企业名称为天津市某乳业有限公司,预先核准的企业名称保留期至 2008 年 5 月 14 日。2008 年 4 月 16 日,天津市某乳业有限公司成立。2008年5月9日，天津市工商行政管理局发出企业名称变更核准通知书，核准天津市某乳业有限公司变更为天津市某乳制品销售有限公司。

2007年12月17日，刘某向内蒙古自治区呼伦贝尔市工商行政管理局（以下简称呼市工商局）提出企业法人核准申请。2007年12月24日，呼伦贝尔某乳业有限公司经核准成立，法定代表人为刘某。2008年1月25日，内蒙古公司向呼市工商局提出申请要求制止呼伦贝尔某乳业有限公司的侵权行为。2008年4月3日，呼市工商局作出《关于对呼伦贝尔某乳业有限公司企业名称予以纠正的通知》（以下简称《企业名称纠正通知》），认为以"特仑苏"作为企业字号、商品名称使用，容易使相关公众误认为其产品与内蒙古公司产品同出一源，造成市场混淆，据此通知呼伦贝尔某乳业有限公司办理企业名称变更登记手续。呼伦贝尔某乳业有限公司不服，申请行政复议，内蒙古自治区工商行政管理局于2008年5月29日作出行政复议决定书，维持《企业名称纠正通知》。呼伦贝尔某乳业有限公司不服，提起行政诉讼，请求撤销《企业名称纠正通知》，经一审、二审，内蒙古自治区呼伦贝尔市中级人民法院作出行政判决书，终审判决驳回呼伦贝尔某乳业有限公司的诉讼请求。该判决认定2005年内蒙古公司生产的"特仑苏"液态牛奶推向市场，已被相关公众知悉，产品销售到全国各地及部分国家和地区，并在世界乳业大会上获奖。该产品在市场中具有较高的知名度，已成为内蒙古公司知名商品的特有名称。

四、涉案商标的知名度

2011年8月11日，呼和浩特市某联合会计师事务所作出呼某会审字（2011）第116号内蒙古公司审计报告（以下简称第116号审计报告），对内蒙古公司2005年到2010年"特仑苏"产品的销售报表以及相关附注（以下称财务报表）进行审计。报告称，审计工作依照审计程序实施，以获取有关财务报表金额和披露的审计证据，负责审计的注册会计师相信在审计过程中获得的审计证据是充分、适当的，经过审计认为上述财务报表在所有重大方面按照附注说明的核算基础编制，公允反映了内蒙古公司2005年到2010年的销售收入、销售费用情况，同时指出上述财务报表是为向国家工商行政管理总局商标局提供信息而编制的，可能不适于其他用途，但并不因此影响审计意见。财务报表显示，2005年"特仑苏"牛奶销量1530吨，销售收入1226万元，广告宣传费用56.11万元；2006年"特仑苏"牛奶销量44285吨，销售收入36538万元，广告宣传费用5482.82万元；2007年"特仑苏"牛奶销量149517吨，销售收入135370万元，广告宣传费用14630.11万元。该报告还附有作出审计报告的会计师和会计师事务所的资格证书。

2011年9月27日，中国乳制品工业协会出具证明，称根据该协会2005—2010年度统计数据显示，"特仑苏"牌纯牛乳产销量在全国乳制品行业排名第一。

2010年1月27日，北京某市场调查与分析公司在公证处的公证下，通过在北京、杭州、广州3个城市街头随机拦截访问，对总共940名受访者进行问卷调查，调查结果显示，81.9%的受访者知道"特仑苏"，81.7%的受访者认为"特仑苏"只有一家企业在生产，其中70.6%的受访者认为"特仑苏"是由"蒙牛"这个企业生产的。

2010年7月23日，某市场研究股份有限公司出具证明，称经其核实，在2006年1月至2010年7月期间，蒙牛产品"特仑苏"在全国各地电视、广播电台、平面报纸、杂志、户外、网络等媒介均有投放广告。其中电视台投放广告109123次、广播电台投放50460次、平面报纸媒介投放1081次、杂志投放298次、户外媒介投放3579次、网络媒介投放709次。2011年7月，某市场研究股份有限公司出具"特仑苏"广告监测证明，称根据该公司常规监测媒体统计数据，"特仑苏"产品广告从2010年8月开始，截至2011年6月30日，在该公司所监测的常规媒体，包含电视、电台、报纸、杂志以及户外常规广告，投放刊例费用总计为572903782元。

2006年10月24日《经济日报》刊登《蒙牛"特仑苏"摘取世界乳业最高奖》，称蒙牛产品"特仑苏"于2006年10月22日获得IDF全球乳业新产品开发奖，该奖专门针对为世界乳业发展做出杰出贡献的新技术和新产品，代表了全球乳业的最新科技和最高水平。2006年10月24日《光明日报》刊登《蒙牛特仑苏赢得世界乳业创新大奖》，称国际乳品联合会拥有49个成员国，覆盖全球74%的牛奶产量，四年一度的IDF大奖被誉为"世界乳业奥斯卡"。2006年10月24日《新京报》刊登《中国乳业首获IDF大奖蒙牛特仑苏当选》、2006年10月25日《中华工商时报》刊登《蒙牛特仑苏获世界乳业创新大奖》、2006年11月24日《人民日报》刊登《蒙牛特仑苏何以赢得乳业世界冠军》、2006年11月29日《消费日报》刊登《中国特仑苏凭什么赢得世界冠军》、2007年2月7日《民营经济报》刊登《IDF大奖揭晓蒙牛摘得创新大奖》均对此事进行了报道。

2005年12月30日《兰州晨报》刊登《成长与中国共享》,记载内蒙古公司推出了蛋白质含量大大高出国家标准和比普通牛奶营养分布更为均衡的"特仑苏"牛奶,这种国内顶级,与世界先进水平同步的纯牛奶,是内蒙古公司以坚实的产品升级避免低水平价格战的标志性产品。2006年1月11日《南方都市报》刊登《2.9亿合资友芝友,完成沿江战略布局蒙牛落子武汉谋定中原》,记载内蒙古公司避免价格战,开发高端产品"特仑苏"牛奶。2006年1月19日《海峡都市报》刊登《蒙牛发力高端奶市场》,称内蒙古公司乳业倾力打造的全新高端牛奶品牌"特仑苏",经过全国个别卖场的试销成功后,已全面上市。2006年1月20日《新闻晚报》[①]刊登《乳业三巨头新年再战江湖》,称蒙牛新年第一记重拳就是大量铺货"特仑苏"牛奶。"特仑苏"牛奶是2005年8月才开始试销的新品,特点在于每100克蛋白质含量高达3.3克,为保证奶源,"特仑苏"牛奶售价是普通纯牛奶价格的2倍左右。2006年1月21日《三秦都市报》刊登《金牌牛奶特仑苏体验更多不同》。2006年1月22日《深圳晚报》刊登《蒙牛推新品发力高端奶》,称蒙牛推出全新品牌"特仑苏",售价高于普通纯牛奶。2006年1月24日《南方日报》刊登《蒙牛销售额首破100亿推高端产品走差异化路线》。2006年1月26日《南方都市报》刊登《春节礼品比拼健康》,记载内蒙古公司在媒体大打"特仑苏"高端牛奶礼盒的广告,走牛奶消费的上层路线。

2007年3月14日《新闻晚报》刊登《特仑苏荣登博鳌亚洲论坛 全球精英共享金牌牛奶 特仑苏成为博鳌亚洲论坛官方合作品牌》,称"特仑苏"牛

---

① 已于2014年1月停刊,参见《〈新闻晚报〉明年正式停刊 业内人士评说纸媒现状》,载人民网 http://media.people.com.cn/n/2013/1224/c120837-23928317.html。本书下同。

奶成为香港迪士尼乐园酒店和迪士尼好莱坞酒店的指定牛奶,先后荣获首届"亚洲创新产品奖"和IDF世界乳业创新大奖,博鳌亚洲论坛因此选择蒙牛"特仑苏"作为官方合作品牌。

2005年9月28日《光明日报》刊登《蒙牛集团迎来6周年》,称蒙牛"特仑苏"产品即将面市。2005年8月27日《京华时报》[①]、2005年9月2日《中国证券报》、2005年12月20日《南方都市报》、2006年1月25日《中华工商时报》、2006年1月27日《北京晚报》、2006年3月31日《经济参考报》、2006年8月28日《中国经营报》也对"特仑苏"牛奶上市进行了报道。2007年4月20日《中华工商时报》刊登《蒙牛再次向成为世界牛发起猛攻》,称2005年底,蒙牛依靠自主创新,率先研发推出了中国第一款高端牛奶——"特仑苏"。

2006年第12期、2007年第1期《中国民航》,2006年12月中国南方航空集团公司《南方航空GATEWAY》,2006年12月《高尔夫》,2007年第1期、2011年第1期《中国之翼》,2010年第9期《时尚健康》,2011年1月31日《中国新闻周刊》,2011年10月1日《新周刊》,2012年4月《北大商业评论》,2013年5月20日《瞭望》,2011年4月12日《新京报》,2011年5月20日《生命时报》,2012年3月6日《人民政协报》等多家媒体刊登了内蒙古公司"特仑苏"牛奶广告,其中均附有牛奶盒包装图形。

2010年12月14日,北京市第一中级人民法院作出民事判决,认定内蒙古公司"特仑苏"在2006年2月3日已经构成知名商品特有名称。

为证明涉案商标不应当认定为驰名商标,天津公司提交了(2014)京某内经证字第1013号公证书,公证内容包括:百度搜索"蒙牛特仑苏违规添加OMP物质被叫停"的结果,包括"蒙牛特仑苏违规添加OMP物质质检总局发函叫停""蒙牛特仑苏产品香港惠康、7-11全面停售""蒙牛金牌产品陷质量门盈利能力将再受打击""蒙牛特仑苏OMP被叫停七成人称不敢喝"等内容;百度搜索"聚焦蒙牛特仑苏OMP事件"的结果,包括"经济观察网蒙

---

① 已于2017年1月停刊,参见《京华时报浮沉录》,载人民网http://media.people.com.cn/n1/2017/0103/c404465-28994973.html。本书下同。

牛特仑苏 OMP 事件风波未了""蒙牛的 OMP 战争""蒙牛回应称 OMP 安全但仍存疑"等内容。

五、关于知名商品的特有包装装潢

内蒙古公司主张其知名商品的特有包装装潢包括牛奶盒包装，整体上为由蓝白颜色组合的细长纸盒包装，正面、背面采用白色背景衬托蓝色文字，侧面蓝色背景衬托白色文字，包装侧面下部使用了溅起的奶花图案；牛奶箱包装，正面白底蓝字、侧面蓝底白字的装潢设计，正面有一个透视窗，右下方使用一条弧线，盒包装和箱包装上的"特仑苏"字体都经过特殊设计。内蒙古公司主张所有能证明涉案商标知名度的证据都能够证明其包装装潢的知名度。内蒙古公司还提交了其持有的 ZL200530045×××.6 号"包装盒（特仑苏包）"外观设计专利证书、ZL200530045×××.0 号"包装箱（特仑苏箱）"外观设计专利证书，用以证明其对上述包装装潢的使用。

为证明内蒙古公司的包装装潢并非特有的包装装潢，天津公司提交了其他品牌牛奶的盒包装和箱包装。天津公司还提交了刘某持有的 ZL201030117×××.6 号"包装箱"外观设计专利证书，用以说明被诉侵权产品使用的包装装潢是合法的。

六、郭某提交的证据

郭某提交了 2013 年 8 月 16 日盖有某商贸中心送货专用章的送货单一张，其中注明涉案商品名称为"上品牛奶"，数量为 5 件，单价为 45 元；北京某商贸中心食品流通许可证复印件及个体工商户营业执照复印件，注明经营者为纪某；天津公司食品卫生许可证复印件及营业执照复印件。天津公司认可郭某销售的被诉侵权产品系天津公司生产。

郭某认可其同时还销售内蒙古公司的产品。内蒙古公司主张郭某同时销售天津公司和内蒙古公司的产品，作为销售者应当施加更高的注意义务。郭某陈述内蒙古公司产品进货价 60 元，销售价 65 元，天津公司产品进货价 45 元，销售价 50 元。

七、经济损失及合理支出

内蒙古公司提交了（2013）京某内民证字第 06807 号、第 09542 号公证书，用以证明天津公司注册了涉案域名，并在网站上销售侵权产品。天津公司认可该域名的注册,但主张未在网站上进行销售。

内蒙古公司提交了北京市某公证处 2013 年 8 月 20 日 2500 元公证费发票一张、重庆市某公证处 2013 年 7 月 9 日 2200 元公证费发票一张、天津市某公证处 2011 年 12 月 28 日 4960 元公证费发票一张、重庆市某公证处 2013 年 7 月 11 日 2020 元保全证据费发票一张、重庆市某公证处 2013 年 7 月 9 日 1000 元公证费发票一张、北京市某律师事务所 2013 年 9 月 11 日 100000 元律师代理费发票一张、北京市某公证处 2013 年 7 月 19 日 1000 元公证费发票一张以及 2013 年 10 月 11 日 3000 元公证费发票一张。

内蒙古公司还提交某调查公司出具的特仑苏品牌混淆度调查报告、阳泉市工商局城区分局出具的《仿冒"特仑苏"产品的答复》、2011—2012 年特仑苏产品的销售收入、产品推广费用审计报告等证据。

以上事实,有经庭审质证的涉案商标注册证、公证购买被诉侵权产品的公证书、企业名称预先核准通知书、天津公司营业执照、第 116 号审计报告、涉案商标宣传推广报道、送货单、公证费收据以及当事人陈述等证据在案佐证。

## ▶ 二审诉请

上诉人天津公司向二审法院上诉请求:请求撤销原审判决,判令驳回内蒙古公司的原审诉讼请求或者发回原审法院重审。

## ▶ 案件事实

**二审法院经审理查明:**

内蒙古公司在原审起诉状中称,其"'特仑苏'商标经过长期宣传使用,已享有极高知名度,且成为驰名商标"。原审庭审中,内蒙古公司主张,北京市高级人民法院印发的《关于商标与使用企业名称冲突纠纷案件审理中若干问题的解答》不是法律、行政法规或者司法解释,不应在本案中予以适用;即使适用,考虑本案中天津公司具有恶意、涉案商标为驰名商标等情节,本案也符合该文件第 6 条所规定的不受五年限制的要求。天津公司则称,内蒙古公司提供的证据并不足以证明在其企业名称的预核准日前已经达到驰名商标程度。原审庭审后，内蒙古公司的代理人在代理词中也重申了上述庭审时的意见。上述事实有内蒙古公司的起诉状、原审庭审记录光盘、代理词和当事人陈述等证据在案佐证。对一审法院查明的其他事实予以确认。

## 裁判意见

**一审法院认为：**

本案的争议焦点包括以下内容：被诉侵犯商标权的行为是否成立；天津公司是否应当停止使用带有"特仑苏"文字的企业名称，并变更企业名称；天津公司是否构成对内蒙古公司知名商品特有包装装潢权益的侵犯；郭某合法来源抗辩是否成立；民事责任的确定。

一、被诉侵犯商标权的行为是否成立

根据《中华人民共和国商标法》① 第五十二条第五项的规定，给他人的注册商标专用权造成其他损害的，属侵犯注册商标专用权。根据《最高人民法院关于审理商标民事纠纷案件适用法律若干问题的解释》② 第一条第一项③ 的规定，将与他人注册商标相同或者相近似的文字作为企业的字号在相同或者类似商品上突出使用，容易使相关公众产生误认的，属于《中华人民共和国商标法》第五十二条第五项规定的给他人注册商标专用权造成其他损害的行为。本案中，涉案商标系在牛奶、牛奶制品等商品核准使用的"特仑苏"商标和"特仑苏及图"商标，内蒙古公司享有涉案商标专用权。被诉侵权商品与涉案商标一、二核定使用的商品是相同商品，均为牛奶。被诉侵权商品使用"来自特仑苏公司的问候""特仑苏公司荣誉产品""呼伦贝尔——特仑苏公司心灵的天然牧场"等字样，字体较大，位置显著，属于将与涉案商标相同的文字作为字号在相同商品上突出使用，容易导致相关公众对商品来源

---

① 此处引用的《中华人民共和国商标法》为2001年修正本。
② 此处引用的《最高人民法院关于审理商标民事纠纷案件适用法律若干问题的解释》为2002年通过本。
③ 对应《最高人民法院关于审理商标民事纠纷案件适用法律若干问题的解释》（2020年修正）第一条第一项，本书下同。

产生混淆误认。天津公司未经许可，生产、销售被诉侵权商品；郭某未经许可，销售被诉侵权商品，均侵犯了内蒙古公司对涉案商标一、二享有的专用权，依法应当承担相应的民事责任。

天津公司主张其是对字号或者企业名称的合理使用。法院认为，企业名称是区别不同市场主体的标志，依次由企业所在地的行政区划、字号、行业或者经营特点、组织形式四部分组成。其中，字号是区别不同企业的主要标志。企业在对外经营活动中应当依法规范使用企业名称，企业产品或者其包装等使用的企业名称，应当与营业执照上的企业名称相同，企业对字号的使用不得与他人的注册商标相混淆。本案中，天津公司在商品上使用"来自特仑苏公司的问候""特仑苏公司荣誉产品""呼伦贝尔——特仑苏公司心灵的天然牧场"等字样，并非对企业名称的完整、规范使用，而是对字号的使用，且容易导致相关公众对商品来源混淆误认，因此构成侵犯商标权。至于天津公司主张其在商品上还标注有其他商标、生产企业等标志，并不影响其使用上述字样构成侵权的认定。

内蒙古公司主张天津公司使用"特仑五谷"标识的行为侵犯其商标权。天津公司提出其"特仑五谷"属于已经申请注册的商标。法院认为，《最高人民法院关于审理注册商标、企业名称与在先权利冲突的民事纠纷案件若干问题的规定》①第一条第二款②中规定："原告以他人使用在核定商品上的注册商标与其在先的注册商标相同或者近似为由提起诉讼的，人民法院应当根据民事诉讼法第一百一十一条第（三）项的规定，告知原告向有关行政主管机关申请解决。"本案中，被诉侵权行为发生时，天津公司的"特仑五谷"并未核准为注册商标，因此，内蒙古公司关于天津公司使用"特仑五谷"标识侵

---

① 此处引用的《最高人民法院关于审理注册商标、企业名称与在先权利冲突的民事纠纷案件若干问题的规定》为2008年通过本。

② 对应《最高人民法院关于审理注册商标、企业名称与在先权利冲突的民事纠纷案件若干问题的规定》（2020年修正）第一条第二款规定："原告以他人使用在核定商品上的注册商标与其在先的注册商标相同或者近似为由提起诉讼的，人民法院应当根据民事诉讼法第一百二十四条第（三）项的规定，告知原告向有关行政主管机关申请解决。"本书下同。

权的主张，不属于注册商标之间的冲突，依法应属于民事诉讼受理案件的范围。根据《中华人民共和国商标法》第五十二条第一项的规定，未经商标注册人的许可，在同一种商品或者类似商品上使用与其注册商标相同或者近似的商标的，属侵犯注册商标专用权。本案中，被诉侵权商品使用的"特仑五谷"标识与涉案商标一"特仑苏"、涉案商标二"特仑苏及图"分别对比，均含有"特仑"二字，整体上差异不大，均使用在牛奶商品上，相关公众在隔离观察的状态下施以一般注意力，容易将其误认为系列商标，存在关联关系。因此，天津公司未经许可，在被诉侵权商品上使用"特仑五谷"的行为，侵犯了内蒙古公司对涉案商标一、二享有的专用权，依法应当承担相应的民事责任。

二、天津公司是否应当停止使用其带有"特仑苏"文字的企业名称，并变更其企业名称

《中华人民共和国反不正当竞争法》[①] 第二条第一款[②]规定："经营者在市场交易中，应当遵循自愿、平等、公平、诚实信用的原则，遵守公认的商业道德。"《最高人民法院关于审理注册商标、企业名称与在先权利冲突的民事纠纷案件若干问题的规定》第四条[③]规定："被诉企业名称侵犯注册商标专用权或者构成不正当竞争的，人民法院可以根据原告的诉讼请求和案件具体情况，确定被告承担停止使用、规范使用等民事责任。"

天津公司主张其自2008年4月16日成立，至2013年8月21日内蒙古公司提起本案诉讼，已经超过了请求变更企业名称的5年期限。内蒙古公司主张5年期限没有法律依据；同时主张天津公司股东刘某注册成立呼伦贝尔某乳业有限公司的事实说明天津公司企业名称的注册存在恶意，内蒙古公司的

---

① 此处引用的《中华人民共和国反不正当竞争法》为1993年通过本。

② 对应现行《中华人民共和国反不正当竞争法》第二条第一款规定："经营者在生产经营活动中，应当遵循自愿、平等、公平、诚信的原则，遵守法律和商业道德。"本书下同。

③ 对应《最高人民法院关于审理注册商标、企业名称与在先权利冲突的民事纠纷案件若干问题的规定》（2020年修正）第四条规定："被诉企业名称侵犯注册商标专用权或者构成不正当竞争的，人民法院可以根据原告的诉讼请求和案件具体情况，确定被告承担停止使用、规范使用等民事责任。"本书下同。

"特仑苏"商标在天津公司成立时已经构成了驰名商标,因此不存在所谓期限的限制。天津公司主张内蒙古公司的"特仑苏"商标不构成驰名商标,且应当以天津公司名称预先核准登记日 2007 年 11 月 14 日作为时间点判断"特仑苏"商标是否构成驰名商标。

《中华人民共和国商标法》第十四条[①]规定:"认定驰名商标应当考虑下列因素:(一)相关公众对该商标的知晓程度;(二)该商标使用的持续时间;(三)该商标的任何宣传工作的持续时间、程度和地理范围;(四)该商标作为驰名商标受保护的记录;(五)该商标驰名的其他因素。"本案中,呼和浩特市某会计师事务所作出的第 116 号审计报告,可以证明内蒙古公司自 2005 年开始在牛奶商品上使用"特仑苏"商标,2006 年"特仑苏"牛奶销量达到 4.4 万吨,销售收入超过 3.6 亿元,广告宣传费用超过 5 千万元;2007 年"特仑苏"牛奶销量接近 15 万吨,销售收入超过 13.5 亿元,广告宣传费用超过 1.4 亿元。天津公司虽然不认可该证据的真实性和关联性,但是该证据是由有资质的会计师和会计师事务所根据审计证据,实施审计程序之后得出的结论,在没有相反证据证明之前,法院认可上述财务数据的真实性。内蒙古公司提交的大量刊登在各种媒体上的新闻、广告等证据,可以证明内蒙古公司于 2005 年开始率先推出我国第一款高端牛奶品牌"特仑苏",引发高端牛奶品牌竞争;随后,"特仑苏"牛奶先后荣获首届"亚洲创新产品奖"和国际乳品联合会世界乳业创新大奖,成为博鳌亚洲论坛的官方合作品牌,在全国各地通过各种媒体进行了大量的广告宣传和报道。上述证据可以证明,2008 年 4 月 16 日天津公司注册成立时,内蒙古公司的"特仑苏"商标经过使用已经在中国境内广为知晓,应当认定为未注册的驰名商标。天津公司主张应当以其名称预先核准登记日 2007 年 11 月 14 日作为时间点判断"特仑苏"商标是否构成驰名商标,没有法律依据,法院不予支持。至于天津公司提交的关

---

① 对应现行《中华人民共和国商标法》第十四条第一款规定:"驰名商标应当根据当事人的请求,作为处理涉及商标案件需要认定的事实进行认定。认定驰名商标应当考虑下列因素:(一)相关公众对该商标的知晓程度;(二)该商标使用的持续时间;(三)该商标的任何宣传工作的持续时间、程度和地理范围;(四)该商标作为驰名商标受保护的记录;(五)该商标驰名的其他因素。"

于内蒙古公司负面报道的证据,虽然负面评价客观上确实存在,但是并不因此影响内蒙古公司对"特仑苏"商标享有的权利。在"特仑苏"商标构成未注册驰名商标的前提下,天津公司的股东赵某、刘某作为牛奶行业从业人员,理应知晓内蒙古公司的"特仑苏"商标,其仍然以"特仑苏"作为字号注册成立公司,从事牛奶商品的生产和销售,主观上存在明显恶意。天津公司主张内蒙古公司起诉要求其停止、变更企业名称超过期限,没有依据,法院不予支持。

天津公司在实际生产经营活动中,注册、使用"天津市某乳制品销售有限公司"作为企业名称,容易导致相关消费者将其误认为专门销售"特仑苏"品牌乳制品的公司,损害了内蒙古公司对"特仑苏"商标享有的权利,违反了诚实信用原则,违背了公认的商业道德,依法应当承担停止使用、变更企业名称的民事责任。

三、天津公司是否构成对内蒙古公司知名商品特有包装装潢权益的侵犯

本案中,内蒙古公司"特仑苏"牛奶的盒包装和箱包装整体上较为常见,盒包装为长方体,根据天津公司提交的其他品牌牛奶包装也可以证明箱包装正面的透明窗是常规的包装装潢,因此,内蒙古公司主张的上述包装装潢,其固有显著性较低。至于内蒙古公司主张其"特仑苏"文字的字体设计也是其包装装潢的一部分,法院认为,"特仑苏"文字本身的显著性与其在涉案包装装潢的显著性具有完全不同的含义,前者主要考虑文字的音、形、义,后者则主要考虑该文字在特定包装装潢中的特定位置及其字体形状,本案中涉案包装装潢中的"特仑苏"文字字体及其位置,从普通消费者的眼光来看,并无特殊之处,难以与某一特定商品来源相联系。内蒙古公司主张其所有证明涉案商标知名度的证据,均能证明其包装装潢的知名度。但是,本案中大部分证明涉案商标知名度的证据,均仅涉及"特仑苏"文字商标,并未涉及其包装装潢,仅在部分杂志上刊登的广告中出现了"特仑苏"牛奶盒包装图形。仅凭有限的广告宣传,不足以证明涉案包装装潢经过使用具有一定的知名度,也不足以证明涉案包装装潢经过使用具有显著性,能够起到区分商品来源的作用。因此,内蒙古公司关于天津公司侵害其知名商品特有包装装潢权益的主张,证据不足,法院不予支持。

四、郭某合法来源抗辩是否成立

《中华人民共和国商标法》第五十六条第三款[①]规定:"销售不知道是侵犯注册商标专用权的商品,能证明该商品是自己合法取得的并说明提供者的,不承担赔偿责任。"

本案中,天津公司认可郭某销售的被诉侵权产品来自天津公司,郭某亦向法院提交了送货单、送货人营业执照等证据,可以证明郭某销售的被诉侵权商品具有合法来源。内蒙古公司主张郭某作为销售商,应当尽到更高的注意义务,但是郭某销售的内蒙古公司产品进货价60元,销售价65元,郭某销售的天津公司产品进货价45元,销售价50元。法院认为,内蒙古公司的"特仑苏"牛奶与天津公司的牛奶在进货价格、销售价格上差异不大,郭某在销售两种不同商品获得的利润并无不同,且郭某仅为个体经营超市的业主,因此,现有证据不能证明郭某销售被诉侵权产品时存在主观上侵犯商标权的故意或重大过失。综上,郭某应当承担停止侵权的民事责任,但无需承担赔偿责任。

五、民事责任的确定

《中华人民共和国商标法》第五十六条第一款、第二款[②]规定:"侵犯商标专用权的赔偿数额,为侵权人在侵权期间因侵权所获得的利益,或者被侵权人在被侵权期间因被侵权所受到的损失,包括被侵权人为制止侵权行为所支付的合理开支。前款所称侵权人因侵权所得利益,或者被侵权人因被侵权所

---

[①] 对应现行《中华人民共和国商标法》第六十四条第二款规定:"销售不知道是侵犯注册商标专用权的商品,能证明该商品是自己合法取得并说明提供者的,不承担赔偿责任。"本书下同。

[②] 对应现行《中华人民共和国商标法》第六十三条第一款规定:"侵犯商标专用权的赔偿数额,按照权利人因被侵权所受到的实际损失确定;实际损失难以确定的,可以按照侵权人因侵权所获得的利益确定;权利人的损失或者侵权人获得的利益难以确定的,参照该商标许可使用费的倍数合理确定。对恶意侵犯商标专用权,情节严重的,可以在按照上述方法确定数额的一倍以上五倍以下确定赔偿数额。赔偿数额应当包括权利人为制止侵权行为所支付的合理开支。"第三款规定:"权利人因被侵权所受到的实际损失、侵权人因侵权所获得的利益、注册商标许可使用费难以确定的,由人民法院根据侵权行为的情节判决给予五百万元以下的赔偿。"

受损失难以确定的，由人民法院根据侵权行为的情节判决给予五十万元以下的赔偿。"本案中，天津公司生产销售的被诉侵权商品种类包括纯牛奶、核桃奶、花生奶三个品种，销售地包括北京、天津、重庆、山东、山西等多个省市，侵权时间长，主观故意明显。法院综合考虑涉案商标的知名度、侵权行为的情节、内蒙古公司提交诉讼支出的证据等因素确定天津公司应当承担的赔偿责任。同时，考虑到本案侵权时间较长，侵权地域范围广，为避免消费者的混淆误认，法院判令天津公司刊登声明、消除影响。

综上，依照《中华人民共和国民法通则》①第一百三十四条第一款第一项②、第七项③、第九项④，《中华人民共和国反不正当竞争法》第二条第一款、第五条第二项⑤，《中华人民共和国商标法》第十四条、第五十二条第一项、第五十二条第五项、第五十六条，《最高人民法院关于审理不正当竞争民事案件应用法律若干问题的解释》⑥第二条第一款，《最高人民法院关于审理商标民事纠纷案件适用法律若干问题的解释》第一条第一项，《最高人民法院关于审理注册商标、企业名称与在先权利冲突的民事纠纷案件若干问题的规定》第一条第二项、第四条的规定，法院判决如下：

一、被告天津公司、被告郭某立即停止侵犯原告内蒙古公司第4719×××号"特仑苏"商标、第4763×××号"特仑苏及图"商标专用权的行为；

二、被告天津公司立即停止使用带有"特仑苏"文字的企业名称；

三、被告天津公司于本判决生效之日起三十日内变更企业名称；

四、被告天津公司于本判决生效之日起十五日内赔偿原告内蒙古公司经济损失及合理支出500000元；

---

① 此处引用的《中华人民共和国民法通则》为2009年修正本。
② 对应现行《中华人民共和国民法典》第一百七十九条第一项，本书下同。
③ 对应现行《中华人民共和国民法典》第一百七十九条第八项，本书下同。
④ 对应现行《中华人民共和国民法典》第一百七十九条第十项，本书下同。
⑤ 对应现行《中华人民共和国反不正当竞争法》第六条第一项，内容有修改，本书下同。
⑥ 此处引用的《最高人民法院关于审理不正当竞争民事案件应用法律若干问题的解释》为2006年通过本，已被2022年1月通过的《最高人民法院关于适用〈中华人民共和国反不正当竞争法〉若干问题的解释》废止。

五、被告天津公司在本判决生效之日起十五日内在《中国知识产权报》上就侵犯商标权刊登声明，消除影响（声明内容须经法院审核，逾期不履行，除依法承担拒不履行生效判决的法律责任外，法院还将依原告内蒙古公司申请，公布判决主要内容，费用由被告天津公司承担）；

六、驳回原告内蒙古公司的其他诉讼请求。

**二审法院认为：**

《中华人民共和国商标法》第五十二条第一项规定，"未经商标注册人的许可，在同一种商品或者类似商品上使用与其注册商标相同或者近似的商标"的行为，属于侵犯注册商标专用权的行为；第五项规定，"给他人的注册商标专用权造成其他损害的"行为，也属于侵犯注册商标专用权的行为。

《最高人民法院关于审理商标民事纠纷案件适用法律若干问题的解释》第一条第一项规定，"将与他人注册商标相同或者相近似的文字作为企业的字号在相同或者类似商品上突出使用，容易使相关公众产生误认的"行为，属于《中华人民共和国商标法》第五十二条第五项规定的给他人注册商标专用权造成其他损害的行为。

《中华人民共和国反不正当竞争法》第二条第一款规定："经营者在市场交易中，应当遵循自愿、平等、公平、诚实信用的原则，遵守公认的商业道德。"

《最高人民法院关于审理注册商标、企业名称与在先权利冲突的民事纠纷案件若干问题的规定》第一条第二款规定："原告以他人使用在核定商品上的注册商标与其在先的注册商标相同或者近似为由提起诉讼的，人民法院应当根据民事诉讼法第一百一十一条第（三）项的规定，告知原告向有关行政主管机关申请解决。"第四条规定："被诉企业名称侵犯注册商标专用权或者构成不正当竞争的，人民法院可以根据原告的诉讼请求和案件具体情况，确定被告承担停止使用、规范使用等民事责任。"

根据上述规定，凡被诉侵权商标在人民法院受理案件时尚未获得注册的，均不妨碍人民法院依法受理和审理。企业名称因突出使用而侵犯在先注册商标专用权的，应当按照侵犯注册商标专用权行为处理；企业名称未突出使用但其使用足以产生市场混淆、违反公平竞争的,应当按照不正当竞争处理。企业名称不正当使用他人具有较高知名度的注册商标,不论是否突出使用均难以避免产生市场混淆的,应当根据当事人的请求判决停止使用或者变更企业名称。

本案中原告内蒙古公司拥有"特仑苏""特仑苏及图"两个商标,指定使用商品为牛奶,被告天津公司生产、销售的牛奶产品上标有"特仑苏公司出品""特仑苏公司荣誉出品"等字样,突出使用其字号,落入他人商标专用权范围内,侵犯他人注册商标专用权。且在本案诉讼时内蒙古公司在先商标"特仑苏"在牛奶商品上的知名度较高,天津公司虽标注有企业信息和注册商标,但仍难以避免相关公众产生混淆误认,因此原审判决认定被诉侵权商品的上述使用行为构成对内蒙古公司两涉案商标专用权的侵犯并无不当。天津公司关于上述使用并非突出使用、不构成侵权等上诉理由不能成立,法院不予支持。

天津公司的"特仑五谷"商标目前尚未被核准注册,因此天津公司在被诉侵权商品上使用"特仑五谷"商标是否侵犯内蒙古公司两涉案商标的专用权属于人民法院受理和审理的范围,天津公司关于法院对此不宜审理的上诉理由缺乏依据,法院不予支持。"特仑五谷"使用在牛奶商品上,其中的"五谷"会使相关公众与牛奶商品的原料联系起来,显著性较弱,其中的"特仑"完全包含在内蒙古公司两涉案商标的"特仑苏"文字中,虽然"特仑苏"在蒙古族语中可能有某种含义,但由于内蒙古公司的使用,相关公众已经能够将"特仑苏"与内蒙古公司联系起来,考虑内蒙古公司使用"特仑苏"商标所产生的知名度等因素,天津公司在相同的牛奶商品上使用"特仑五谷"商标构成了对内蒙古公司两涉案商标的侵犯,原审判决对此认定正确,天津公司的相关上诉理由缺乏依据,法院不予支持。

根据本案查明的事实,在天津公司企业名称申请登记之前,内蒙古公司的"特仑苏"品牌就已经开始使用,并获得了相关的声誉,应当认定为有较高知名度。天津公司在本案中被诉的规范使用其企业名称的行为远远晚于内蒙古公司"特仑苏"商标形成较高知名度的时间,而且作为同样从事牛奶商品生产销售的企业,天津公司对内蒙古公司的"特仑苏"商标理应知晓,其仍然使用包含"特仑苏"的企业名称，即使规范使用仍难以避免市场的混淆，因此原审法院判令天津公司停止使用其企业名称并变更企业名称是正确的。天津公司的登记时间晚于内蒙古公司两涉案商标的获准注册时间，且两涉案商标具有较高知名度足以给予内蒙古公司保护，相关法律、行政法规、司法解释和最高人民法院的相关司法政策也都不要求请求停止并变更企业名称必须在某一期限内提出，故本案无需认定两涉案商标为未注册驰名商标，原审判决的相应认定虽欠妥但其结论正确，法院对此仍予维持。天津公司关于两涉案商标无需被认定为未注册驰名商标的上诉理由成立，但是其关于内蒙古公司在原审中已经放弃了驰名商标的主张、其登记企业名称没有恶意从而无需停止使用并变更企业名称等上诉理由，均缺乏事实和法律依据，法院对此不予支持。

内蒙古公司提起本案诉讼时主张了法定赔偿的最高限额 500000 元，并没有明确每一种具体的侵权行为对应的赔偿数额，原审判决根据被诉侵权行为的情节和两涉案商标的知名度等因素确定赔偿数额并无不当，天津公司的相应上诉理由缺乏依据，法院不予支持。

天津公司在本案中侵犯两涉案商标专用权的行为和不正当竞争行为已经足以影响内蒙古公司"特仑苏"品牌的商业信誉，原审法院判令天津公司公开登报消除影响并无不当，法院予以维持，天津公司的相应上诉理由不能成立，法院不予支持。

综上，原审判决认定事实清楚，适用法律基本正确，应予维持。上诉人天津公司所提上诉请求及其理由均缺乏依据，法院对此不予支持。依照《中华人民共和国民事诉讼法》① 第一百七十条第一款第一项② 之规定，判决如下：

驳回上诉，维持原判。

---

① 此处引用的《中华人民共和国民事诉讼法》为 2012 年修正本。
② 对应现行《中华人民共和国民事诉讼法》第一百七十七条第一款第一项，本书下同。

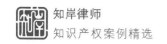

## ▶ 案情解析

本案涉及商标权、企业字号、包装装潢之间冲突的问题，我们从商标权侵权、商标权与企业字号的冲突、商标权与包装装潢之间的冲突三个方面入手分析。

一、商标权侵权方面

商标是用以识别和区分商品或服务来源的标志。判断商标是否侵权主要是以相关消费者是否会对商品或服务来源产生混淆误认为标准。

本案中原告商标为"特仑苏"文字商标、"特仑苏"图文商标，被告使用情况为"特仑苏公司出品""特仑苏公司荣誉出品""来自特仑苏公司的问候""呼伦贝尔——特仑苏公司心灵的天然牧场"。表面上看，被告并未突出使用"特仑苏"文字，而是介绍性地使用其企业字号，企图以此规避商标侵权的认定。但首先，被告天津公司实际并非规范地使用其企业名称全称，而是仅突出使用其字号；其次，原告"特仑苏"牛奶产品知名度较高，在被告产品同样为牛奶的情况下，被告突出使用其字号"特仑苏"，足以使消费者认为被告产品系内蒙古公司生产，或被告与内蒙古公司有关联关系，构成商标性使用，从而造成消费者对产品来源的混淆误认，构成商标侵权。

二、商标权与企业字号的冲突方面

现行《中华人民共和国商标法》第三十二条中规定"申请商标注册不得损害他人现有的在先权利"，第五十八条规定"将他人注册商标、未注册的驰名商标作为企业名称中的字号使用，误导公众，构成不正当竞争行为的，依照《中华人民共和国反不正当竞争法》处理"。

企业字号也是识别商品或服务来源的一种方式，《中华人民共和国商标法》第三十二条中的"在先权利"就包括在先商号权。从上述规定可以看出，一方面不得将他人的商号作为商标进行注册，另一方面也不得将他人商标作为商号进行使用。即商标权与商号权不得产生冲突，否则会引起相关消费者对产品或服务来源的混淆误认。具体到本案中，被告将原告具有较高知名度的商标注册为企业字号，不管其是否规范使用其全称，在商品相同的情况下，相关消费者会认为被告天津公司系内蒙古公司成立的专门销售"特仑苏"品牌乳制品的公司,从而造成消费者对产品源头的混淆误认。因此,天津公司依法应当承担停止使用、变更企业名称的民事责任。

三、商标权与包装装潢之间的冲突方面

产品的特有包装装潢也是识别商品来源的方式之一。构成产品特有包装装潢侵权应符合以下条件:一是该包装装潢具有一定的特有性,相当于商标的显著特征,即能够起到区别商品来源的功能作用;二是该特有包装装潢应具有一定的知名度。此外,近似性、对产品源头的误导性等也是需要考虑的因素。本案中内蒙古公司的包装装潢系牛奶产品的普通包装,不具有显著性,因此被告未侵犯原告特有包装装潢权益。

# 第三部分
# 专利权纠纷

## 36. 发明专利侵权案件现有技术抗辩
—— 张某与衡水某建筑工程有限公司等侵害发明专利权纠纷案

### 📖 裁判要旨

现有技术抗辩作为被诉侵权人对抗专利权人侵权指控的不侵权抗辩，是2008年《中华人民共和国专利法》修改新增加的一项制度，即专利权的保护范围不得包括现有技术。在专利侵权案件中若以现有技术抗辩，需符合单独比对原则，多技术方案结合比对的抗辩方式目前不被法院支持。

### ▶ 关键词

现有技术抗辩　侵害专利权　公知技术专利独占实施许可

### ▶ 当事人

再审申请人（一审原告、二审被上诉人）：张某

被申请人（一审被告、二审上诉人）：衡水某建筑工程有限公司（以下简称衡水建筑公司）

一审被告、二审被上诉人：衡水某工程勘测设计咨询有限公司（以下简称衡水勘测设计咨询公司）

### ▶ 一审诉请

张某向一审法院起诉请求：（1）衡水建筑公司停止侵权行为；（2）赔偿张某经济损失1144640元。

### ▶ 案件事实

一审法院经审理查明：

张某于2006年1月17日向国家知识产权局申请发明专利，名称为"预

制复合承重墙结构的节点构造施工方法",2008年9月3日被授予专利权,专利号为ZL20061001×××.7。授权公告的权利要求如下:1.一种预制复合承重墙结构的节点构造施工方法,其特征在于承重墙采用预制的保温夹心网骨架,将这种由承重墙主受力钢筋形成的保温钢筋网骨架,延伸至梁、柱的外侧,使梁、柱形成带保温层的复合受力构件;以高压石膏板作为浇铸混凝土的一侧永久模板,整体直接喷注或浇注形成柱、梁、墙板一体的三维结构,节点构造包括在预制的夹心网骨架的搭接部位设置柱筋和矩形框架箍筋,夹心网骨架的平网搭接部位位置连接锚筋、柱筋、箍筋,连接锚筋与预制夹心网骨架的钢筋连接形成整体受力结构。2.根据权利要求1所述的预制复合承重墙结构的节点构造施工方法,其特征在于预制的夹心网骨架的搭接部位,连接锚筋绑扎在夹心网骨架平网上。3.根据权利要求2所述的预制复合承重墙结构的节点构造施工方法,其特征在于预制夹心网骨架在平网延伸端预留连接锚筋或锚固网片。4.根据权利要求1所述的预制复合承重墙结构的节点构造施工方法,其特征在于预制的夹心网骨架双层或三层钢丝平网中间夹聚苯乙烯泡沫板保温层,由立体交叉的钢丝桁条将钢丝平网连接成为桁架预制而成。5.根据权利要求1所述的预制复合承重墙结构的节点构造施工方法,其特征在于,在预制的夹心网骨架的搭接部位设置加强网片与夹心网骨架绑扎。6.根据权利要求1所述的预制复合承重墙结构的节点构造施工方法,其特征在于,在预制的夹心网骨架的墙角搭接部位设置加强角网与夹心网骨架绑扎。7.根据权利要求1所述的预制复合承重墙结构的节点构造施工方法,其特征在于,在预制的夹心网骨架的洞口部位设置U形锚筋与夹心网骨架绑扎。8.根据权利要求1所述的预制复合承重墙结构的节点构造施工方法,其特征在于,机车施工后楼盖混凝土浇注预留柱筋、锚筋,现场吊装预制夹心网骨架,就位后将夹心网骨架与箍筋、连接锚筋、加强网片或加强角网绑扎或焊接成为整体结构,安装墙、柱、梁模板,现场浇注梁、柱、网板承重墙,养护,施工下一楼盖板。9.根据权利要求8所述的预制复合承重墙结构的节点构造施工方法,其特征在于所述夹心网骨架承重一侧浇注混凝土厚度为8~18cm,协同承重一侧预制混凝土厚度为3~5cm。涉案专利说明书记载:图1为双层夹心网骨架剪力墙结构图,图2为三层夹心网骨架剪力墙结构图,适用于多层结构所有剪力墙；图 3 为外墙保温转角节点构造图，主要用于对热桥敏感地区多层外墙大角等扭转力比较强的位置；图 4 为内墙保温转角节点构造图，主要用于楼（电）梯间等非外墙的连接，也可用于对热桥不敏感地区多层外墙大角位置；图 5 为外墙与室内侧扶壁柱节点构造图；图 6 为外墙与分户墙、楼梯间内墙节点构造图；图 7 为室内剪力墙相交连接的节点构造图；图 8 为内墙、外墙墙中柱节点构造图，主要用于室内分户墙、楼梯间墙或对热桥不敏感地区外墙墙中柱或梁下柱位置；图 9 为剪力墙拐角节点构造图，主要用于剪力墙阳角位置阴角构造与此近似；图 10 为小高层外墙与室内复合墙节点构造图；图 11 为小高层外墙与室内侧扶壁柱节点构造图；图 12 为多层外墙圈梁（横向边缘构件）节点构造图；图 13 为室内圈梁节点构造图，主要用于室内或对热桥不敏感地区剪力墙圈梁（横向边缘构件）；图 14 为外墙梁板节点构造图；图 15 为剪力墙端柱节点构造图；图 16 为剪力墙洞口节点构造图。

2008 年 6 月 14 日，河北省建设厅批准的《CL 结构构造图集》现为河北省工程建设标准设计。该图集中包括张某的专利技术，其编制说明记载："CL 结构体系系石家庄建筑体系有限公司研发的一种完全自主知识产权的复合剪力墙结构体系，具有抗震性能好、保温层耐久性长、建筑工厂化、施工效率快、综合造价低等特点。为了贯彻执行国家和我省的墙体改革和节能政策，促进该技术的推广应用，编制本图集。"该图集的内容包括：CLQBI 型复合剪力墙边缘构件构造详图（第 6~11 页）、CLQBI 型 CL 网架板节点详图（第 12 页）、CLQBII 型 CL 网架板节点详图（第 19 页）、CLQBIII 及 CLQBIV 型 CL 网架板节点详图（第 23 页）。

张某系 CL 建筑体系的发明人、主研人以及石家庄建筑体系有限公司董事长。张某于 2008 年 10 月将"预制复合承重墙结构的节点构造施工方法"许可石家庄建筑体系有限公司使用。

2009 年 6 月 19 日，河北省石家庄市某公证处公证员前往衡水市某县县城小区内的建设工地，对被诉正在使用"预制复合承重墙结构的节点构造施工发明专利"的在建楼房、场地以及放置在场地内的被诉侵权产品、正在使用该产品在建的施工楼层及其他相关场景进行现场拍照，制作了（2009）冀某经字第 654 号、第 655 号公证书。第 654 号公证书图片 1、3、25 中的技术特征与涉案专利说明书附图 1 双层夹心网骨架剪力墙结构图，附图 5 外墙与室内侧扶壁柱节点构造图，附图 6 外墙与分户墙、楼梯间内墙节点构造图的技术特征相同。公证书图片 2、4、6、11、21、22 中的技术特征与涉案专利附图 5 外墙与室内侧扶壁柱节点构造图，附图 6 外墙与分户墙、楼梯间内墙节点构造图，附图 7 室内剪力墙相交连接的节点构造图的技术特征相同。公证书图片 5、13、14、16 中的技术特征与涉案专利说明书附图 1 双层夹心网骨架剪力墙结构图的技术特征相同。公证书图片 7、20 中的技术特征与涉案专利说明书附图 3 外墙保温转角节点构造图的技术特征相同。公证书图片 8 中的技术特征与涉案专利说明书附图 1 双层夹心网骨架剪力墙结构图、附图 16 剪力墙洞口节点构造图的技术特征相同。公证书图片 9、23 中的技术特征与涉案专利说明书附图 4 内墙保温转角节点构造图的技术特征相同。公证书图片 15 中的技术特征与涉案专利说明书附图 1 双层夹心网骨架剪力墙结构图、附图 2 三层夹心网骨架剪力墙结构图的技术特征相同。

2008 年 7 月 25 日，某公司（发包人）与衡水勘测设计咨询公司（设计人）就某县住宅楼签订建设工程设计合同。合同中约定，"设计人应按国家技术规范、标准、规程及发包人提出的设计要求，进行工程设计"，"设计人为本合同项目所采用的国家或地方标准图，由发包人自费向有关出版部门购买"。

衡水勘测设计咨询公司的建筑施工图设计所依据的是《CL 结构设计规程》DB13（J）43—2006。该规程前言部分记载："本规程的某些内容可能涉及专利，经专利人同意，本规程的发布机构不承担识别与保护专利的责任。"

2010 年 4 月 22 日，张某出具书面承诺称，其在本案中仅限于同意衡水勘测设计咨询公司有权使用涉案专利，不要求衡水勘测设计咨询公司承担任何专利侵权责任。

### ▶ 二审诉请

衡水建筑公司向二审法院提起上诉请求：撤销一审判决，驳回张某的诉讼请求。

## 第三部分 专利权纠纷

▶ **案件事实**

**二审法院经审理查明：**

河北省建设厅批准的《CL 结构构造图集》，石家庄开发区某建筑体系发展公司为参编单位，张某为参编人员之一。张某对该图集为河北省工程建设地方标准没有异议。张某在一审中主张的 CL 网架板损失数额为 827400 元，涉案专利许可使用费损失数额为 339000 元。对一审法院查明的其他事实予以确认。

▶ **再审诉请**

张某不服二审判决，向再审法院申请再审：请求再审法院撤销二审判决，依法改判。

▶ **案件事实**

**再审法院经审理查明：**

一、二审法院审理查明的事实基本属实。

另查明：

1. 关于 2000 年《CL 结构体系技术规程》

河北省建设厅发布、实施的河北省工程建设标准 DB13/T（J）26—2000《CL 结构体系技术规程》，由石家庄开发区某建筑体系发展公司（以下简称石家庄开发区建筑公司）、某设计研究院主编。该规程前言部分记载："该规程是以国家现行的有关规范、标准与大量的实验研究成果为主要依据编制，体现了墙改与节能方面的政策，对设计、施工作出了规定。希望各有关单位在本规程的实施过程中注意积累资料，及时向编制单位提出意见或建议，以便今后修订时参考。"

该规程第 21 页 "7 施工与验收部分"记载有 "7.1CL 网架的材料要求以及结构形式"。"7.2CL 复合墙板的施工部分"，记载有 CL 结构体系的施工工艺流程。第 31 页附录 B，记载有 CL 结构体系主要节点示意图。其中，标注为图 C1 至 C10 的分别是 CL 复合墙板与基础连接做法、CL 复合墙板与边缘构件（暗柱）连接做法（外墙内保温）（仅用于抗震等级四级）、CL 复合墙板转角做法（用于外墙内保温）、CL 复合墙板与边缘构件（暗梁）连接做法（用于外墙外保温）、CL 复合墙板、CL 复合墙板转角做法、CL 复合墙板与边缘构件（暗柱）连接做法（外墙外保温）、CL 复合墙板转角做法（用于外墙外保温）、CL 复合墙板与边缘构件（暗梁）连接做法（用于外墙内保温）、CL 复合墙板与边缘构件（暗柱）连接做法（用于外墙内保温）。

2. 关于 2003 年《CL 结构设计规程》

河北省建设厅发布、实施的河北省工程建设标准 DB13（J）43—2003《CL 结构设计规程》，由河北某建筑设计有限公司、某设计研究院、石家庄开发区建筑公司共同修订。该规程前言部分记载，该规程是对 2000 年《CL 结构体系技术规程》的必要补充和调整，主要对 CL 结构的材料、设计理论、设计构造措施等分别作出了较为系统的规定。应识别出的专利为，"一种轻质承重偏夹心网板""一种房屋建筑三维结构体系的施工方法""一种房屋建筑三维结构体系及施工方法"。标明所涉及的专利技术为石家庄开发区建筑公司所有，使用授权许可，应与之联系。还记载该公司具体地址和联系电话。该规程第 2 页 "2.1 主要术语"中记载，CL 墙板由两层冷拔光面钢丝焊接网用斜插钢丝（腹丝）焊接成空间骨架，中间夹以聚苯乙烯板形成 CL 网架板，内外两侧浇筑混凝土后构成 CL 墙板。该规程第 26 页 "6 构造措施"记载有 CL 墙板、连梁、小墙肢构造要求。该规程中图 6.2.1 为 CL 墙板构造。

3. 关于 2006 年《CL 结构设计规程》

河北省建设厅发布、实施的河北省工程建设标准 DB13（J）43—2006《CL 结构设计规程》是衡水勘测设计咨询公司建筑设计施工图所依据规程。该规程前言部分记载："本规程是在做了大量实验工作和在青岛、邯郸、石家庄、邢台等地完成了近 100 万平方米住宅设计与施工的基础上，根据国家新的建筑节能要求，对 CL 结构设计规程 DB13（J）43—2003 进行的必要的补充和调整，其主要对 CL 结构的材料、设计理论、设计构造措施等分别作了系统的规定"。同时还记载："本规程所涉及的专利技术为石家庄开发区建筑公司所有，使用授权许可，应与之联系。应识别出的专利为：一种轻质承重偏夹心网板、一种房屋建筑三维结构体系的施工方法、一种房屋建筑三维结构体系及施工方法。编制单位：河北北方某设计有限公司、某设计研究院、石家庄开发区建筑公司。"

4. 关于 CL 建筑体系的情况

河北省人民政府办公厅于 2009 年 2 月 2 日转发《关于推广应用 CL 建筑体系促进节能省地型建筑发展实施意见的通知》［办字（2009）23 号］记载："CL 建筑体系是集建筑结构与保温隔热功能为一体的复合钢筋混凝土剪力墙结构体系，具有抗震性能好，节能效果完全满足现有标准要求，且保温与建筑同寿命，扩大使用面积，实现建筑工厂化生产，节约耕地等特点，建设部鉴定为综合技术达国际先进水平，列为全国建设行业科技成果推广项目。目前，我省及外省已建成 CL 体系住宅 600 多万平方米，取得了良好的示范带动作用。"衡水市人民政府办公室于 2009 年 5 月 1 日转发《关于大力推广应用 CL 建筑体系的实施意见的通知》，要求"自 2009 年 4 月 1 日起，我市新建居住建筑和公用建筑，要积极采用 CL 建筑体系，积极鼓励引导建设单位和开发商，采用 CL 建筑体系，2009 年完成 2～3 个住宅小区 20 万平方米的 CL 建筑体系推广应用示范工程的立项工作。同时及时总结经验和做法，以点带面，促进 CL 建筑体系在我市建筑中的应用，到 2011 年，我市新建建筑应用 CL 建筑体系的比重达到 50%。因此，要把推广应用工作落到实处"。同时，在人员培训中明确，"由市建设局负责组织设计、施工、监理等相关单位岗位操作人员的技术培训，通过参观、学习、熟悉 CL 建筑体系相关的技术文件，使推广应用工作安全、优质、文明、高效"。该通知还要求，"各级财政部门设立节能专项资金，对采用 CL 建筑体系的示范工程予以支持和奖励，各部门要对项目实施单位实行全程服务，减少办事环节，简化审批程序，减交城市配套费等措施，为推广应用 CL 建筑体系创造宽松的环境"。

本案再审庭审中，双方对某住宅楼总建筑面积为 32704 平方米，所有楼房的一楼均没有使用涉案专利无异议，确认侵权的总建筑面积为 25000 平方米。

## 裁判意见

**一审法院认为：**

河北省建设厅公开发布的《CL结构设计规程》DB13（J）43—2006及J08G208《CL结构构造图集》系地方标准。该标准属公开有偿使用的技术，任何单位和个人未经权利人允许不得使用。衡水建筑公司施工现场公证取证的照片证明，衡水建筑公司承建的某县住宅楼未经专利权人允许，采用了涉案专利技术，构成侵权行为。

衡水建筑公司在工程立项前曾详细考察，衡水建筑公司与衡水勘测设计咨询公司签订的建设工程设计合同中约定，衡水勘测设计咨询公司按照衡水建筑公司提出的设计要求进行工程设计；且《CL结构设计规程》DB13（J）43—2006中的前言部分已明确表明该规程的某些内容可能涉及专利，得到专利权人授权，方许可使用。但衡水建筑公司未得到张某的许可，应当承担侵权责任。

衡水建筑公司的售楼宣传页上套印的图片是张某的专利产品。《CL结构设计规程》DB13（J）43—2006是公开文献，衡水建筑公司作为建筑单位，其对侵害涉案专利权是明知的。衡水建筑公司在看到"CL建筑体系"良好的经济和社会效益后，不是通过正当合法的手段向专利权人取得相关专利方法的使用权和专利产品，而是通过仿冒和私自使用等方法侵害张某的专利权，应当承担侵权责任。

虽然张某提交的计算赔偿的证据不被衡水建筑公司认可，但该公司认可建造的某县住宅楼总建筑面积32704平方米，CL网架板用量16352平方米。因张某的损失、衡水建筑公司所获得的利益和专利许可使用费均难以确定，根据涉案专利的类型、衡水建筑公司侵权行为的性质以及情节，并参考张某专利的推广情况、知名度等因素，酌定赔偿张某经济损失800000元。本案中张某承诺不追究衡水勘测设计咨询公司的专利侵权责任，视为放弃自己的权利。

综上，张某要求衡水建筑公司立即停止侵权行为、赔偿经济损失的诉讼请求，法院予以支持。但张某所主张的赔偿经济损失证据不充分，法院不予全额支持，酌情确定赔偿数额。因衡水建筑公司的工程至今未完工，一直处于侵权状态，故法院依据《中华人民共和国民事诉讼法》[①]第一百一十九条[②]、《最高人民法院关于适用〈中华人民共和国民事诉讼法〉若干问题的意见》[③]第五十八条[④]、《中华人民共和国专利法》第十一条第一款[⑤]、第六十五条第二款[⑥]、《最高人民法院关于审理侵犯专利权纠纷案件应用法律若干问题的解释》第十九条第二款的规定，判决如下：

一、衡水建筑公司自判决生效之日起，立即停止侵害张某发明专利权的行为；

二、衡水建筑公司自判决生效之日起十日内，赔偿张某经济损失800000元；

三、驳回张某其他诉讼请求。

**二审法院认为：**

本案中，衡水建筑公司虽以现有技术进行抗辩，但仅提交一份涉案专利申请日前发布实施的《CL结构工程施工质量验收标准》，其并非一项完整的技术方案。"CL建筑体系"自1992年开始研发，先后取得多项专利，衡水建筑公司未能说明上述验收标准中涉及涉案专利的实质内容，且涉案专利是否符合专利法规定的授予条件，也不是本案审理的范围。衡水建筑公司关于涉案专利是公众所知的现有技术，以此主张不构成侵权的上诉理由，不予支持。

---

① 此处引用的《中华人民共和国民事诉讼法》为2007年修正本。

② 对应现行《中华人民共和国民事诉讼法》第一百三十五条，本书下同。

③ 此处引用的《最高人民法院关于适用〈中华人民共和国民事诉讼法〉若干问题的意见》为2008年调整本，已被2014年12月通过的《最高人民法院关于适用〈中华人民共和国民事诉讼法〉的解释》废止。

④ 对应《最高人民法院关于适用〈中华人民共和国民事诉讼法〉的解释》（2021年修正）第七十四条，本书下同。

⑤ 对应现行《中华人民共和国专利法》第十一条第一款，本书下同。

⑥ 对应现行《中华人民共和国专利法》第七十一条第二款，内容有修改，本书下同。

关于衡水建筑公司按照工程设计图纸施工，是否构成侵权的问题。《最高人民法院关于朝阳兴诺公司按照建设部颁发的行业标准〈复合载体夯扩桩设计规程〉设计、施工而实施标准中专利的行为是否构成侵犯专利权问题的函》（（2008）民三他字第4号）中明确答复："鉴于目前我国标准制定机关尚未建立有关标准中专利信息的公开披露及使用制度的实际情况，专利权人参与了标准的制定或者经其同意，将专利纳入国家、行业或者地方标准的，视为专利权人许可他人在实施标准的同时实施该专利，他人的有关实施行为不属于《中华人民共和国专利法》第十一条①所规定的侵害专利权的行为。专利权人可以要求实施人支付一定的使用费，但支付的数额应明显低于正常的许可使用费；专利权人承诺放弃专利使用费的，依其承诺处理。"本案中，涉案专利被纳入河北省地方标准，专利权人张某参与了该标准的制定，故应视为专利权人张某许可他人在实施标准的同时实施该专利，衡水建筑公司的有关实施行为不属于《中华人民共和国专利法》第十一条所规定的侵害专利权的行为。一审法院认定衡水建筑公司按照已纳入专利权人参与制定的河北省地方标准的涉案专利进行施工，构成对张某专利权的侵害，并判决衡水建筑公司赔偿张某损失，适用法律不当，应予纠正。根据最高人民法院上述答复精神，在本案中，衡水建筑公司依法应支付张某一定数额的专利使用费。因张某涉案专利的正常许可使用费难以确定，法院根据最高人民法院上述答复精神，酌情确定衡水建筑公司应支付给张某专利使用费100000元。综上，法院依照《中华人民共和国民事诉讼法》② 第一百五十三条第一款第二项③之规定，判决如下：

一、撤销一审民事判决；

二、衡水建筑公司自判决生效之日起十日内，给付张某专利使用费100000元；

三、驳回张某的其他诉讼请求。

---

① 对应现行《中华人民共和国专利法》第十一条，本书下同。
② 此处引用的《中华人民共和国民事诉讼法》为2007年修正本。
③ 对应现行《中华人民共和国民事诉讼法》第一百七十七条第一款第二项，内容有修改，本书下同。

**再审法院认为:**

本案当事人的争议焦点为衡水建筑公司的被诉侵权施工行为是否侵害涉案专利权以及民事责任的承担。具体涉及以下问题:1. 张某是否为本案的适格原告;2. 衡水建筑公司关于现有技术抗辩的理由能否成立,被诉侵权的CL网架板技术是否为公知技术;3. 衡水建筑公司实施被诉侵权施工方法时的主观状态,衡水勘测设计咨询公司是否应当承担责任;4. 二审判决适用法律是否存在错误;5. 张某的诉讼请求是否应当支持。

1. 关于张某是否为本案的适格原告

衡水建筑公司在法院再审审理中提出,张某虽然为涉案专利的专利权人,但其已将涉案专利许可给石家庄开发区建筑公司使用,张某作为原告诉讼主体不适格。其理由为,张某如果与石家庄开发区建筑公司签订的是专利独占实施许可合同,则张某无权实施涉案专利,不再享有专利实施权以及实施利益,石家庄开发区建筑公司将成为本案的原告。一、二审判决仅将张某作为原告,诉讼主体不适格。法院认为,对于2009年10月1日以前的被诉侵害专利权行为,适用修改前的专利法。根据《中华人民共和国专利法》(2000年修正)第五十七条①的规定及《最高人民法院关于对诉前停止侵犯专利权行为适用法律问题的若干规定》②第一条规定,衡水建筑公司未证明张某与石家庄开发区建筑公司签订了独占实施许可合同。退一步讲,即便石家庄开发区建筑公司为涉案专利独占实施合同的被许可人,也仅限于石家庄开发区建筑公司可以作为利害关系人提起侵害专利权之诉。本案亦不存在石家庄开发区建筑公司不参加诉讼,争议的权利义务以及当事人之间的权利义务关系难以确定,石家庄开发区建筑公司与张某对涉案专利存在财产共有的法律关系等情形。因此,石家庄开发区建筑公司并非本案的必要原告,张某作为涉案专利的专利权人提起本案诉讼,一、二审法院依据其起诉审理本案,并无

---

① 对应现行《中华人民共和国专利法》第六十五条、第六十六条,内容有修改,本书下同。

② 已被2020年12月通过的《最高人民法院关于废止部分司法解释及相关规范性文件的决定》废止。

不当。

2. 关于现有技术抗辩

衡水建筑公司在本案中主张现有技术抗辩，辩称其所使用的预制复合承重墙结构的节点构造施工方法以及网架板技术方案已经公开。如果认定侵权行为成立，也应当扣除网架板的利润。经审查，本案的被诉侵权方法已由公证员对施工楼层、场地及其他相关场景进行了现场拍照。公证书（655号）照片9～12中，网架板是预制的，公证书（654号）照片5、13、14、16、19中，夹心网骨架是双层的钢丝平网，中间是保温层，桁架是立体交叉的钢丝桁条连接的。公证书（654号）照片12、13、16、19、26中，外墙等部位是在板两侧浇筑混凝土形成复合墙体。进行外墙等部位的施工时，保温板的外侧存在混凝土层，且与墙板以及柱、梁一体成型。公证书（654号）照片14、16、18、19以及公证书（655号）照片2、3、5、7、8、12中，均有网架板在梁柱界面网架板钢筋处延伸，不同于主墙体部位的特征。公证书（654号）照片1～11以及21～24和17中，标识在梁柱等夹心网骨架连接部位有附加连接锚筋。公证书（654号）照片1、2、6、17、21、24中，现场吊装预制夹心网骨架，就位后将夹心网骨架与箍筋、连接锚筋以及加强网片捆扎成整体结构。公证书（654号）照片9、11、12、15、17、24是安装墙柱以及梁模板的现场，公证书（654号）照片12、13、16、19是浇筑梁柱网板混凝土后，拆除模板，施工下一楼盖板。此外，墙身的受力以及保温骨架分别标注在建筑施工设计图纸的标准层平面图MKZ1、MKZ3、MKZ2的墙身大样中。该设计图纸中还标识出，所有外墙的翼柱、暗柱以及连梁均处于保温层内侧，且保温层外侧均为混凝土。综上，被诉侵权方法使用的技术特征如下：a.承重墙采用预制的保温夹心网骨架；b.保温夹心网骨架是由承重墙主受力钢筋形成的；c.保温钢筋网骨架延伸至梁、柱的外侧，使梁、柱形成带保温层的复合受力构件；d.浇铸混凝土的一侧存在模板与梁、墙板一体的三维结构；e.预制的夹心网骨架的搭接部位有柱筋和矩形框架箍筋；f.夹心网骨架的平网搭接部位有连接锚筋、箍筋、柱筋与夹心网骨架的钢筋连接，形成整体受力结构。法院再审庭审中，衡水建筑公司认可被诉侵权施工方法使用的是整体直接喷注或浇注。

法院再审庭审中，张某认为 2000 年《CL 结构体系技术规程》（以下简称 2000 年《规程》）对应的专利是名称为"一种房屋建筑三维结构体系及施工方法"的发明专利，是单面浇筑的技术。对此，衡水建筑公司未提出异议。该专利技术方案是由预制的墙板、楼板直接喷注或浇注混凝土的柱、梁、墙壁和楼板等，使之形成连成一体的三维整体结构，其特征是预制的墙板、楼板采用轻质承重夹心网板即网状钢筋砼组成，采用加强钢筋网状连接，构成这种结构的轻质承重夹心网板为偏夹心网板，网板一侧为保温层，另一侧为承重层，构成自承重墙板。自承重墙与内墙连接采用 T 形或十字网状钢筋砼暗梁连接，与楼板连接亦然。

2000 年《规程》的施工方案是将预制的各种板运至施工现场后，根据设计进行拼装，在安装好墙板、楼板、楼梯、阳台等预制板的基础上，校正固定绑扎加强钢筋网，同时进行砼施工、喷注该楼层的十字梁、柱、T 形梁、柱墙面和地面、顶面。剪力墙结构形式的墙板单面用模板喷注砼，另一面喷（抹）纤维砼，喷注从楼层底部开始，待墙板喷注到楼底面时，开始浇楼板上面砼，上面砼达到 70% 强度，再喷底面砼。

被诉侵权施工方法是将预制的保温夹心网骨架延伸至梁柱的外侧，形成保温钢筋网骨架。该夹心网骨架是在墙的二层或三层立体交叉桁架受力，使得梁柱部位与梁柱受力钢筋结合为一体，形成带保温层的复合受力构件。墙体内主要受力钢筋与支撑带保温的钢网架与房屋的梁柱楼板整体施工。在公证保全的照片中可以清楚看出网架板并非 2000 年《规程》中的两层网板的结构。衡水建筑公司以涉案专利说明书附图 3 公开的技术方案与 2000 年《规程》中 CL 结构体系主要节点示意图中披露的技术方案为依据，主张其使用的预制复合承重墙结构的构造施工方法属于现有技术，但其忽视了其他技术特征对涉案专利技术方案的限定。2000 年《规程》的第 31 页的图 C.7 和图 C.8 并未完整披露被诉侵权施工方法。在专利权无效宣告程序中，无效请求人可以将几项现有技术组合起来请求宣告专利权不具备创造性，但在专利侵权案件中，被诉侵权人不能以几项现有技术方案进行组合来进行现有技术抗辩。衡水建筑公司主张其使用的预制复合承重墙结构的构造施工方法是现有技术，不构成对涉案专利中权利要求 1 所保护的技术方案的侵害，并辩称其使用的 CL 网架板技术为现有技术，不落入涉案专利权利要求 4 的保护范围。衡水建筑公司另主张 CL 网架板技术仅涉及被诉侵权施工方法的一个技术特征，并未构成被诉侵权施工方法的整体技术方案。对于衡水建筑公司以上主张不予支持。

3. 衡水建筑公司实施被诉侵权施工方法时的主观状态以及衡水勘测设计咨询公司是否应当承担侵权责任

本案再审庭审中，衡水勘测设计咨询公司的答辩与其在一、二审中的辩称一致，其认为，因 CL 建筑体系工艺施工难度较大，工程造价相对较高，其建议用户到正在使用 CL 建筑体系的建设工地现场参观学习了解。在进行涉案工程设计前，衡水建筑公司曾进行认真观摩，最后认为该工艺做法比较好，并且能够承受其造价并完成其施工，于是委托衡水勘测设计咨询公司采用该工艺进行设计。衡水建筑公司对衡水勘测设计咨询公司所称进行过观摩的事实认可，但认为衡水勘测设计咨询公司没有向其明确提及过建筑施工设计图纸中包含有涉案专利技术，没有提示其应当在获得专利权人的许可后按图施工，存在过错。本院再审庭审中，各方当事人对涉案小区其他几幢小高层并没有使用涉案专利方法，并无异议。法院认为，2006 年《CL 结构设计规程》（以下简称 2006 年《规程》）为推荐性标准，衡水建筑公司作为建筑施工领域的经营者，有不选择该《规程》的权利。衡水建筑公司在对 CL 建筑体系工地施工现场进行市场观摩调查后，向衡水勘测设计咨询公司提出设计要求，且根据其与衡水勘测设计咨询公司签订的建设工程设计合同，衡水勘测设计咨询公司设计采用的标准是由衡水建筑公司自费向有关出版部门购买的。而且，衡水勘测设计咨询公司的设计施工图依据的 2006 年《规程》在前言部分明确记载了需要识别的专利技术以及专利权人的联系方式。此外，衡水建筑公司在售楼宣传材料中，载有 CL 复合剪力墙建筑结构户型的优点，并配合有与 CL 建筑体系网架板一致的图片。衡水建筑公司辩解其使用的是现有技术，但不论是 2000 年《规程》还是 2003 年《规程》，均记载有该技术规程包含有专利权的情形。衡水建筑公司关于被诉侵权施工方法中不存在张某的专利权的辩解，法院难以支持。设计单位设计实现专利技术的图纸的行为并不属于《中华人民共和国专利法》第十一条规定的侵权行为,也没相应证据证明衡水勘测设计咨询公司存在帮助等侵权行为,其设计建筑施工图的行为,并不构成侵权。

法院再审审理中,衡水建筑公司最终拒绝张某提出支付专利实施许可费的调解方案。因衡水建筑公司知道或应当知道衡水勘测设计咨询公司设计的施工方法中包含有涉案专利技术,在张某进行了专利披露、衡水建筑公司能够识别专利并能够与张某进行联系的情况下,未经张某许可,使用涉案专利技术,且在发生纠纷后,在本案中拒绝向专利权人支付专利许可费。衡水建筑公司的行为,构成侵权。

4. 二审判决适用法律是否错误

张某申请再审主张,二审法院适用(2008)民三他字第×号复函,存在错误。法院认为,上述复函是对个案的答复,不应作为裁判案件的直接依据予以援引。本案2006年《规程》为推荐性标准,张某履行了专利披露义务,在被诉侵权施工方法所依据的2006年《规程》前言部分,明确记载有识别的专利技术和专利权人的联系方式。该《规程》的实施者不能从中推断出,2006年《规程》不包含专利技术或者专利权人向公众开放了免费的专利使用许可的意图。实施该标准,应当取得专利权人的许可,根据公平合理无歧视的原则,支付许可费。在未经专利权人许可使用,拒绝支付许可费的情况下,原则上,专利侵权救济不应当受到限制。本案不存在专利权人隐瞒专利的行为导致标准的实施者产生该技术为无需付费的公知技术的信赖。张某的再审申请理由成立,法院予以支持。二审法院简单适用上述复函,进而认定本案不构成侵权,适用法律存在错误,应予纠正。

5. 张某的诉讼请求是否应当支持

如前所述,衡水建筑公司的被诉侵权施工方法落入涉案专利权的保护范围,衡水建筑公司关于现有技术的抗辩不能成立,张某关于请求判令衡水建筑公司停止侵权行为的诉讼请求,应当予以支持。张某主张CL网架板的销售价为155元。CL网架板的生产成本为104.4元,故CL网架板的利润为每平方米50.6元。由于上述主张无其他证据佐证,故法院结合张某在一审中提交的2007年与泰安某建材有限责任公司CL网架板委托生产协议记载的CL

网架板技术转让费、推广费为每平方米 11 元，2008 年与河北某建设集团有限公司就 CL 结构体系相关产品购销合同中约定的 CL 结构体系专利使用费、技术服务费每平方米 15 元，张某在本院申请再审阶段认可网架板的许可费每平方米 11 元以及法院再审审理中，张某提交的三份技术转让合同，同时考虑涉案专利在被诉侵权施工方法中对产品利润的影响，具体侵权行为所涉面积等因素，根据《中华人民共和国专利法》（2008 年修正）第六十五条第二款的规定，酌定衡水建筑公司赔偿张某经济损失 400000 元。

关于衡水建筑公司是否应当承担停止侵权的民事责任的问题，一审理期间，被诉侵权的工程尚未完工，衡水建筑公司的被诉施工行为处于侵权状态，一审判决衡水建筑公司立即停止侵害涉案专利权的行为，并无不当。因被诉侵权的工程现已完工并交付使用，本院判决衡水建筑公司停止侵害涉案专利权的施工行为已无必要，故对张某提出衡水建筑公司应承担停止侵权的民事责任，作出相应调整。

综上所述，法院认为，二审判决认定衡水建筑公司不构成对张某专利权的侵害，适用法律错误，应予纠正。依据《中华人民共和国民事诉讼法》（2012 年修正）第二百零七条第一款[①]、第一百七十条第一款第二项[②]，《中华人民共和国专利法》（2000 年修正）第十一条第一款[③]、第五十七条，《中华人民共和国专利法》（2008 年修正）第六十五条第二款，《最高人民法院关于审理侵犯专利权纠纷案件应用法律若干问题的解释》第七条、第十九条的规定，判决如下：

一、撤销二审民事判决；

二、撤销一审民事判决第一项；

三、维持一审民事判决第三项；

四、变更一审民事判决第二项"被告衡水建筑公司自判决生效之日起十日内，赔偿原告张某经济损失 800000 元"为"衡水建筑公司自本判决生效之

---

[①] 对应现行《中华人民共和国民事诉讼法》第二百一十四条第一款，本书下同。

[②] 对应现行《中华人民共和国民事诉讼法》第一百七十条第一款第二项，本书下同。

[③] 对应现行《中华人民共和国专利法》第十一条第一款，本书下同。

日起十日内,赔偿张某经济损失 400000 元"。

## ▶ 案情解析

本案是一起侵害发明专利权纠纷案件,该案件的焦点为以下四个方面:一是再审申请人是否具有诉讼主体资格;二是如何使用现有技术抗辩;三是衡水勘测设计咨询公司是否应当承担侵权责任;四是被申请人在本案中是否存在侵权行为。

一、关于再审申请人是否具有诉讼主体资格

本案一二审均只是查明张某为涉案"预制复合承重墙结构的构造施工方法"发明的专利权人,且张某于 2008 年 10 月将涉案专利许可给石家庄建筑体系有限公司使用。对于 2009 年 10 月 1 日以前的被诉侵害专利权行为,适用修改前的专利法。《中华人民共和国专利法》(2000 年修正)第五十七条中规定:"未经专利权人许可,实施其专利,即侵犯其专利权,引起纠纷的,由当事人协商解决;不愿协商或者协商不成的,专利权人或者利害关系人可以向人民法院起诉,也可以请求管理专利工作的部门处理。"专利侵权诉讼的原告范围是专利权人或者利害关系人。《最高人民法院关于对诉前停止侵犯专利权行为适用法律问题的若干规定》第一条规定了利害关系人的范围,即包括专利实施许可合同中的被许可人、专利财产权利的合法继承人等。专利实施许可合同被许可人中,独占实施许可合同的被许可人可以单独向法院提出申请;排他实施许可合同的被许可人在专利权人不申请的情况下,可以提出申请。本案中,张某为涉案专利的发明人、专利权人,与他人签订专利实施许可合同,并不影响其享有单独提起他人侵害专利权的诉权,其作为涉案专利的专利权人提起诉讼并无不当。

二、关于该案如何使用现有技术抗辩

现有技术抗辩作为被诉侵权人对抗专利权人侵权指控的不侵权抗辩,是 2008 年《中华人民共和国专利法》修改后新增加的一项制度,专利权的保护范围不得包括现有技术是专利制度的基本内容。衡水建筑公司以现有技术抗辩,需要审查的是其施工使用的被诉侵权方法是否为涉案专利申请日之前的现有技术。

衡水建筑公司在本案中主张现有技术抗辩，辩称其所使用的预制复合承重墙结构的节点构造施工方法以及网架板技术方案已经公开。如果认定侵权行为成立，也应当扣除网架板的利润。其理由为，2000年《规程》作为涉案专利申请日之前的国内的公开出版物，公开了与涉案专利权利要求1相同的技术方案，其中有CL复合墙板节点构造施工方法的描述。2000年《规程》第31页图C.7和图C.8与涉案专利权利要求1及说明书附图3的技术方案都是采用预制的网架板，延伸至梁、柱的外侧，整体直接喷注或浇注形成柱、梁、墙板一体的三维结构，在预制的网架板的搭接部位设置柱筋、矩形框架箍筋、连接锚筋等连接形成的整体受力结构。衡水建筑公司还辩称，其使用的CL网架板技术是现有公知技术的理由为，2000年《规程》公开了CL网架板的结构形式和CL复合墙板的示意图，对CL复合墙板的定义为，由两层钢丝网用斜插钢筋（腹丝）连接的空间骨架，中间夹以聚苯乙烯板形成CL网架，内外两侧浇筑混凝土后构成CL复合墙板。2003年《规程》中也定义了CL墙板，并公开了CL墙板构造的示意图。被诉侵权施工方法中使用到的部件名称无论是夹心网骨架还是CL网架板，都是将钢丝平网中间夹以聚苯乙烯板的保温层后，用钢丝桁条或者腹丝、斜插钢筋连接而成的。因此，网架板的技术方案与现有技术的相应技术特征无实质性差异。

该抗辩理由最终未获支持，理由有两点。其一是虽然2000年《规程》第31页图C.7和图C.8与涉案专利权利要求1及说明书附图3的技术方案都是采用预制的网架板，但是该网架板的结构明显不同，在公证保全的照片中可以清楚看出涉案专利技术方案中的网架板并非2000年《规程》中的两层网板的结构。衡水建筑公司以涉案专利说明书附图3公开的技术方案与2000年《规程》中CL结构体系主要节点示意图中披露的技术方案为依据，主张其使用的预制复合承重墙结构的构造施工方法属于现有技术，但其忽视了其他技术特征对涉案专利技术方案的限定。2000年《规程》的第31页的图C.7和图C.8并未完整披露被诉侵权施工方法。在专利权无效宣告程序中，无效请求人可以将几项现有技术组合起来请求宣告专利权不具备创造性，但在专利侵权案件中，被诉侵权人不能以几项现有技术方案进行组合来进行现有技术抗辩。

其二是衡水建筑公司辩称其使用的 CL 网架板技术为现有技术，不落入涉案专利权利要求 4 的保护范围。涉案专利权利要求 4 为根据权利要求 1 所述的预制复合承重墙结构的节点构造施工方法，其特征在于预制的夹心网骨架是双层或三层钢丝平网中间夹聚苯乙烯泡沫板保温层，由立体交叉的钢丝桁条将钢丝平网连接成为桁架预制而成。涉案专利权利要求 4 引用了权利要求 1，属于整体浇注。尽管包括钢筋焊接网、保温板、斜插钢筋等要素的 CL 网架板的技术方案已经在 2000 年《规程》和 2003 年《规程》中公开，但具体的施工方法方式并不相同。被诉侵权施工方法是整体浇注，使用的网架板有三层钢筋网架，其是将钢丝平网连接成为桁架预制而成。这与 2000 年《规程》中将剪力墙结构形式的墙板单面用模板喷注砼，另外一面喷（抹）纤维砼的方法明显不同。衡水建筑公司主张 CL 网架板技术仅涉及被诉侵权施工方法的一个技术特征，并未构成被诉侵权施工方法的整体技术方案并不成立。衡水建筑公司关于其使用的网架板是现有技术，张某在本案中诉请保护的网架板产品与涉案专利技术方案无关的主张，复审法院不予支持。

由此可见，在专利权无效宣告程序中，无效请求人可以将几项现有技术组合起来请求宣告专利权不具备创造性，但在专利侵权案件中，被诉侵权人不能以几项现有技术方案进行组合来进行现有技术抗辩。衡水建筑公司关于其使用的预制复合承重墙结构的构造施工方法是现有技术，构成对涉案专利中权利要求 1 所保护的技术方案的侵害的主张不能成立。

三、关于衡水勘测设计咨询公司是否应当承担侵权责任

根据《中华人民共和国专利法》（2000 年修正）第十一条规定，发明和实用新型专利权被授予之后，除了该法另有规定的以外，任何单位或者个人未经专利权人许可，都不得实施其专利。该条款规定了五种具体的实施方式：制造、许诺销售、销售、使用和进口。这是实施专利行为的穷尽性的规定。设计单位设计实现专利技术的图纸的行为并不属于《中华人民共和国专利法》（2000 年修正）第十一条规定的侵权行为。本案亦无证据证明衡水勘测设计咨询公司对衡水建筑公司存在诱导以及帮助等侵权行为。因此，衡水勘测设计咨询公司设计建筑施工图的行为，并不构成侵权。

**四、关于被申请人在本案中是否存在侵权行为**

2006年《规程》为推荐性标准,衡水建筑公司作为建筑施工领域的经营者,有不选择该《规程》的权利。衡水建筑公司在对CL建筑体系工地施工现场进行市场观摩调查后,向衡水勘测设计咨询公司提出设计要求,且根据其与衡水勘测设计咨询公司签订的建设工程设计合同,衡水勘测设计咨询公司设计采用的标准是由衡水建筑公司自费向有关出版部门购买的。而且,衡水勘测设计咨询公司的设计施工图依据的2006年《规程》在前言部分明确记载了需要识别的专利技术以及专利权人的联系方式。此外,衡水建筑公司在售楼宣传材料中,载有CL复合剪力墙建筑结构户型的优点,并配合有与CL建筑体系网架板一致的图片。衡水建筑公司辩解其使用的是现有技术,但不论是2000年《规程》还是2003年《规程》,均记载有该技术规程包含有专利权的情形。

衡水建筑公司知道或应当知道衡水勘测设计咨询公司设计的施工方法中包含有涉案专利技术,在张某进行了专利披露、衡水建筑公司能够识别专利并能够与张某进行联系的情况下,未经张某许可,使用涉案专利技术,且在发生纠纷后,在本案中拒绝向专利权人支付专利许可费。衡水建筑公司的行为,构成侵权。

## 37. 实用新型专利的侵权认定

——林某、广州某商贸有限公司与义乌市某电子商务有限公司、北京某电子商务有限公司专利侵权纠纷案

### 裁判要旨

实用新型专利权的保护范围以其权利要求的内容为准。权利要求从属于其他权利要求的，应将该权利要求与其所依赖的权利要求所记载的技术特征一起进行比对。

### 关键词

专利　实用新型　保护范围　技术特征

### 当事人

原告：广州某商贸有限公司（以下简称广州商务公司）

原告：林某

被告：义乌市某电子商务有限公司（以下简称义乌商务公司）

被告：北京某电子商务有限公司（以下简称北京商务公司）

### 一审诉请

原告广州商务公司、林某向法院提出诉讼请求：判令义乌商务公司赔偿原告经济损失 54000 元及合理支出 6000 元，共计 60000 元。

### 案件事实

涉案专利名称为"水写卷轴"，申请日为 2007 年 5 月 28 日，授权公告日

为 2008 年 6 月 4 日，专利号为 200720007×××.3，专利权人为林某，涉案专利的有效期至 2017 年 5 月 28 日。广州商务公司与林某于 2013 年 10 月 30 日签订了专利使用许可合同，林某授权广州商务公司代理销售其专利产品及负责相关维权事宜，有权单独以自己的名义从事专利维权并收取赔偿款，许可使用期限自 2013 年 10 月 30 日至 2017 年 10 月 30 日。

2016 年 8 月 3 日，广东某律师事务所的张律师、梁律师出具（2016）粤某见证字第 SXJZ-JD151 号律师见证书，该见证书内附有被诉侵权产品"购买截图打印件""购买邮单复印件""购买确认收货程序截图打印件"及"购买收货封存照片打印件"。该见证书载明了 2016 年 7 月 19 日和 7 月 21 日，两位律师受委托两次通过某网络商城商铺（网店经营者营业执照信息为义乌商务公司）购买被诉侵权产品，后于广东省广州市越秀区某大厦楼下收取前述所购物品，见证律师将上述物品拍照、封存。上述两次购买被诉侵权产品分别支付 37.8 元。经当庭勘验，被诉侵权产品的外包装封存完整。经当庭拆封，内含被诉侵权产品 1 件，另有毛笔、字帖。

本案中，广州商务公司、林某主张被控侵权产品落入涉案专利权利要求 3 的保护范围。涉案专利的相关权利要求如下："1. 一种由水写面料组成的水写卷轴，其特征是水写面料的上下两端分别粘固有天杆地轴。""3. 根据权利要求 1 所述的水写卷轴，其特征是水写面料以布料为基材，在正面上依次涂布有深色显色层和浅色面层。"

经勘验比对，被控侵权产品是一种水写布，水写面料的上下两端分别粘固有天杆地轴，水写面料也是以布料为基材，布料正面依次分布有两层，即深色显色层和浅色面层；通过用毛笔沾水在被诉侵权产品的水写面料上面写字，即可透过浅色面层看到深色的显色层。

本案中，广州商务公司、林某请求法院酌定经济损失的赔偿数额，关于合理费用，除被控侵权产品的购买费用以外，其未提供维权费用的其他相关票据。

在开庭审理过程中，广州商务公司、林某表示认可被诉侵权产品已经下架，当庭撤回对北京商务公司的相关诉讼请求。

以上事实，有涉案专利权证书、涉案专利权登记簿副本、律师见证书、被诉侵权产品实物以及当事人陈述等附卷为证。

▶ **裁判意见**

**法院认为：**

根据原告提交的律师见证书，被诉侵权行为发生的时间为 2016 年 8 月，处于 2008 年修正的《中华人民共和国专利法》（以下简称 2008 年《专利法》）实施期间，根据法不溯及既往原则，本案实体问题应当适用 2008 年《专利法》进行审理。

2008 年《专利法》第十一条第一款①规定："发明和实用新型专利权被授予后，除本法另有规定的以外，任何单位或者个人未经专利权人许可，都不得实施其专利，即不得为生产经营目的制造、使用、许诺销售、销售、进口其专利产品，或者使用其专利方法以及使用、许诺销售、销售、进口依照该专利方法直接获得的产品。"

涉案专利的有效期至 2017 年 5 月 28 日，在被诉侵权行为发生之时仍然有效，依法应当受到法律保护。原告林某作为涉案专利的专利权人，有权就侵害涉案专利权的行为提起诉讼。

根据原告提交的律师见证书，销售被诉侵权产品的网店显示的网店经营者营业执照信息是义乌商务公司，该产品封存完整，可认定为销售者出售时的原物，鉴于上述取证过程较为完整，且系在两名律师的监督下完成，在无相反证据的情况下，法院对该律师见证书的证明效力予以认可，原告主张被告义乌商务公司销售该产品具有事实依据，法院对该事实予以确认。

2008 年《专利法》第五十九条第一款②规定："发明或者实用新型专利权

---

① 对应现行《中华人民共和国专利法》第十一条第一款规定："发明和实用新型专利权被授予后，除本法另有规定的以外，任何单位或者个人未经专利权人许可，都不得实施其专利，即不得为生产经营目的制造、使用、许诺销售、销售、进口其专利产品，或者使用其专利方法以及使用、许诺销售、销售、进口依照该专利方法直接获得的产品。"

② 对应现行《中华人民共和国专利法》第六十四条第一款规定："发明或者实用新型专利权的保护范围以其权利要求的内容为准，说明书及附图可以用于解释权利要求的内容。"

的保护范围以其权利要求的内容为准,说明书及附图可以用于解释权利要求的内容。"《最高人民法院关于审理侵犯专利权纠纷案件应用法律若干问题的解释》第七条第二款规定:"被诉侵权技术方案包含与权利要求记载的全部技术特征相同或者等同的技术特征的,人民法院应当认定其落入专利权的保护范围;被诉侵权技术方案的技术特征与权利要求记载的全部技术特征相比,缺少权利要求记载的一个以上的技术特征,或者有一个以上技术特征不相同也不等同的,人民法院应当认定其没有落入专利权的保护范围。"本案中,涉案专利为实用新型专利,原告请求保护的权利要求是涉案专利权利要求3。由于涉案专利权利要求3是权利要求1的从属权利要求,故应将被诉侵权产品的技术特征与涉案专利权利要求1、3所记载的技术特征进行比对。经比对,被诉侵权产品水写面料的上下两端分别粘固有天杆地轴,其水写面料以布料为基材,在正面上依次涂布有深色显色层和浅色面层,包含涉案专利权利要求1、3记载的全部技术特征,因此,被诉侵权产品的技术方案落入涉案专利权的保护范围。被告义乌商务公司未经专利权人许可,以生产经营为目的销售被诉侵权产品,侵害了涉案专利权,依法应当承担赔偿损失等法律责任。

对于被告北京商务公司,鉴于原告在庭审中明确表示放弃关于被告北京商务公司的相关诉讼请求,法院对此予以确认。

2008年《专利法》第六十五条[①]规定:"侵犯专利权的赔偿数额按照权利人因被侵权所受到的实际损失确定;实际损失难以确定的,可以按照侵权人因侵权所获得的利益确定。权利人的损失或者侵权人获得的利益难以确定的,

---

① 对应现行《中华人民共和国专利法》第七十一条规定:"侵犯专利权的赔偿数额按照权利人因被侵权所受到的实际损失或者侵权人因侵权所获得的利益确定;权利人的损失或者侵权人获得的利益难以确定的,参照该专利许可使用费的倍数合理确定。对故意侵犯专利权,情节严重的,可以在按照上述方法确定数额的一倍以上五倍以下确定赔偿数额。权利人的损失、侵权人获得的利益和专利许可使用费均难以确定的,人民法院可以根据专利权的类型、侵权行为的性质和情节等因素,确定给予三万元以上五百万元以下的赔偿。赔偿数额还应当包括权利人为制止侵权行为所支付的合理开支。人民法院为确定赔偿数额,在权利人已经尽力举证,而与侵权行为相关的账簿、资料主要由侵权人掌握的情况下,可以责令侵权人提供与侵权行为相关的账簿、资料;侵权人不提供或者提供虚假的账簿、资料的,人民法院可以参考权利人的主张和提供的证据判定赔偿数额。"

参照该专利许可使用费的倍数合理确定。赔偿数额还应当包括权利人为制止侵权行为所支付的合理开支。权利人的损失、侵权人获得的利益和专利许可使用费均难以确定的,人民法院可以根据专利权的类型、侵权行为的性质和情节等因素,确定给予一万元以上一百万元以下的赔偿。"本案中,原告请求赔偿其经济损失及合理支出共计 60000 元,但没有提供其因侵权所受损失的证据,也没有提供被告因侵权而获利的证据,且涉案专利的合理许可使用费也难以确定,故法院综合考虑涉案专利的类型、侵权产品的销售价格、被告义乌商务公司侵权行为的具体表现等因素对法案的赔偿数额予以酌定,确定被告义乌商务公司赔偿原告经济损失 10000 元。对于合理开支,本院考虑到原告购买了被控侵权产品以及律师出庭的实际情况,确定被告义乌商务公司向原告支付合理支出 5000 元。

综上所述,依照 2008 年修正的《中华人民共和国专利法》第十一条第一款、第五十九条第一款、第六十五条,《最高人民法院关于审理侵犯专利权纠纷案件应用法律若干问题的解释》第七条,《中华人民共和国民事诉讼法》第六十七条、第一百四十七条的规定,本院判决如下:

一、被告义乌商务公司于本判决生效之日起十日内赔偿原告林某经济损失 10000 元、合理支出 5000 元,共计 15000 元;

二、驳回原告林某的其他诉讼请求。

### ▶ 案情解析

本案是一起实用新型专利侵权纠纷案件,该案件争议的焦点主要在于义乌商务公司是否侵犯了原告林某的专利权。

《中华人民共和国专利法》(2008 年修正)第五十九条第一款规定:"发明或者实用新型专利权的保护范围以其权利要求的内容为准,说明书及附图可以用于解释权利要求的内容。"根据《最高人民法院关于审理专利纠纷案件适用法律问题的若干规定》(2015 年修正)第十七条的规定,专利权的保护范围应当以权利要求记载的全部技术特征所确定的范围为准,也包括与该技术特征相等同的特征所确定的范围。《最高人民法院关于审理侵犯专利权纠纷案件应用法律若干问题的解释》第七条第二款规定:"被诉侵权技术方案包含与权利要求记载的全部技术特征相同或者等同的技术特征的,人民法院应当认定其落入专利权的保护范围;被诉侵权技术方案的技术特征与权利要求记载的全部技术特征相比,缺少权利要求记载的一个以上的技术特征,或者有一个以上技术特征不相同也不等同的,人民法院应当认定其没有落入专利权的保护范围。"

本案中,涉案专利为实用新型专利,原告广州商务公司、林某主张被控侵权产品落入涉案专利权利要求3的保护范围。由于涉案专利权利要求3是权利要求1的从属权利要求,故应将被诉侵权产品的技术特征与涉案专利权利要求1与3所记载的技术特征进行比对。经勘验比对,被控侵权产品是一种水写布,水写面料的上下两端分别粘固有天杆地轴,水写面料也是以布料为基材,布料正面依次分布有两层,即深色显色层和浅色面层,包含涉案专利权利要求1与3记载的全部技术特征,因此,被诉侵权产品的技术方案落入涉案专利权的保护范围,构成侵权。

## 38. 外观设计专利的侵权认定
——厦门某砂轮有限公司与李某、韩某、北京某建材市场有限公司侵害外观设计专利权纠纷案

### 📖 裁判要旨

被控侵权产品的造型与涉案专利的"主视图""俯视图""后视图""右视图""左视图"和"展开状态参考图"的色彩、形状与图案均一致,故被控侵权产品与涉案专利构成近似的外观设计,被控侵权产品落入涉案专利的保护范围。

### ▶ 关键词

外观设计专利权　保护范围　合法来源

### ▶ 当事人

原告:厦门某砂轮有限公司(以下简称厦门砂轮公司)
被告:李某
被告:韩某
被告:北京某建材市场有限公司(以下简称建材市场)

### ▶ 原告诉请

厦门砂轮公司向一审法院起诉请求:(1)立即停止销售假冒涉案砂轮包装盒及砂轮片;(2)赔偿原告经济损失10000元。

### ▶ 案件事实

**一审法院经审理查明:**
2005年6月8日,国家知识产权局颁发了第454×××号外观设计专利

证书，外观设计名称为"砂轮包装盒"，专利号为 ZL200430056×××.0，专利权人为厦门砂轮公司，授权公告日为 2005 年 6 月 8 日。该专利现处于有效状态。

2012 年 4 月 11 日，厦门砂轮公司委托代理人与厦门市某公证处公证人员来到位于北京市海淀区某商店处，该商店入口处标有"某五金标准件"字样，代理人与公证人员以普通消费者身份购买了砂轮切割片一盒，并取得"韩某"的名片和北京市某商贸中心票据各一张，其中名片载明的店名为"北京某五金建材"。北京市某商贸中心票据载明切片一盒的价格为 15 元。2012 年 4 月 11 日，厦门砂轮公司出具了鉴定报告，内容为上述公证地点销售的砂轮片并非其公司生产的产品，该砂轮片为假冒其公司的产品。公证人员对上述过程进行了公证，并制作了（2012）厦某证内字第 02981 号公证书。厦门砂轮公司支付了 1000 元公证费。

庭审中，经对比涉案专利与公证封存的砂轮片包装盒，两者"主视图""俯视图""后视图""右视图""左视图"和"展开状态参考图"的色彩、形状与图案均一致。

另北京某五金商店工商查询信息显示经营者为李某，经营场所为北京市海淀区某建材市场西 101 号。

以上事实，有厦门砂轮公司提交的外观设计专利证书、公证书、公证费发票、北京某五金商店工商查询信息以及本院证据交换笔录、开庭笔录等在案佐证。

### ▶ 裁判意见

**法院认为：**

原告厦门砂轮公司合法拥有专利号为 ZL200430056×××.0 的"砂轮包装盒"外观设计专利，该处于有效期内的专利权依法受法律保护。任何单位或者个人未经专利权人许可，都不得实施其专利，即不得为生产经营目的制造、许诺销售、销售、进口其外观设计专利产品。本案中，外观设计专利权的保护范围以表现在图片或者照片中的该产品的外观设计为准。经比对，被诉包装盒涵盖了涉案专利的全部特征，落入了涉案专利的保护范围，故销售被诉砂轮片的行为构成了对涉案专利权的侵害。鉴于三被告未能证明其销售被控侵权产品的合法来源，故应当承担停止销售被控侵权产品，赔偿原告经济损失的民事责任。

关于具体赔偿数额，根据《中华人民共和国专利法》第六十五条第二款的规定，在权利人的损失、侵权人获得的利益和专利许可使用费均难以确定的情况下，本院依据专利权的类型、侵权行为的性质、情节、侵权产品的价格等因素综合考虑，酌定判决被告赔偿原告经济损失3000元，原告超出部分的主张，法院不予支持。

综上，依照《中华人民共和国专利法》第十一条第二款、第六十五条之规定，本院判决如下：

一、被告李某、韩某、建材市场停止销售侵犯原告厦门砂轮公司享有的专利号为ZL200430056×××.0的外观设计专利权的涉案产品；

二、被告李某、韩某、建材市场于本判决生效之日起十日内，共同赔偿原告厦门砂轮公司经济损失及合理开支3000元；

三、驳回原告厦门砂轮公司的其他诉讼请求。

### ▶ 案情解析

该案是一起外观设计专利权侵权纠纷案件。该案件争议的焦点主要集中在四个方面：一是原告是否有权提起诉讼，二是被诉产品的外观设计是否落入外观设计专利的保护范围，三是被告是否存在免责事由或者是否视为侵权，四是构成侵权应当承担的赔偿金额。

一、原告是否有权提起诉讼

根据《中华人民共和国专利法》（2008年修正）第十一条第二款规定："外观设计专利权被授予后，任何单位或者个人未经专利权人许可，都不得实施其专利，即不得为生产经营目的制造、许诺销售、销售、进口其外观设计专利产品。"该案中，法院经过审理认为，原告厦门砂轮公司合法拥有的"砂轮包装盒"外观设计专利仍在有效期内，故厦门砂轮公司有权提起本案诉讼。

二、被诉产品的外观设计是否落入外观设计专利的保护范围

根据《中华人民共和国专利法》（2008年修正）第五十九条第二款规定，

外观设计专利权的保护范围以表示在图片或者照片中的该产品的外观设计为准。《最高人民法院关于审理侵犯专利权纠纷案件应用法律若干问题的解释》第八条规定："在与外观设计专利产品相同或者相近种类产品上，采用与授权外观设计相同或者近似的外观设计的，人民法院应当认定被诉侵权设计落入专利法第五十九条第二款规定的外观设计专利权的保护范围。"第十一条第一款规定："人民法院认定外观设计是否相同或者近似时，应当根据授权外观设计、被诉侵权设计的设计特征，以外观设计的整体视觉效果进行综合判断；对于主要由技术功能决定的设计特征以及对整体视觉效果不产生影响的产品的材料、内部结构等特征，应当不予考虑。"

本案中，被控侵权产品的造型与涉案专利的"主视图""俯视图""后视图""右视图""左视图"和"展开状态参考图"的色彩、形状与图案均一致，故被控侵权产品与涉案专利构成近似的外观设计，被控侵权产品已经落入涉案专利的保护范围。

三、被告是否存在免责事由或者是否视为侵权

《中华人民共和国专利法》（2008年修正）第七十条规定："为生产经营目的使用、许诺销售或者销售不知道是未经专利权人许可而制造并售出的专利侵权产品，能证明该产品合法来源的，不承担赔偿责任。"即被控侵权产品的销售商免除赔偿责任的前提，一是不知道是未经专利权人许可而制造并售出的专利侵权产品，二是能证明该产品有合法来源，二者缺一不可。本案中，鉴于被告李某、韩某、建材市场均未能证明其销售被控侵权产品的合法来源，故其应当承担停止销售被控侵权产品、赔偿原告经济损失的民事责任。

四、构成侵权应当承担的赔偿金额

《中华人民共和国专利法》第六十五条第二款规定："权利人的损失、侵权人获得的利益和专利许可使用费均难以确定的，人民法院可以根据专利权的类型、侵权行为的性质和情节等因素，确定给予一万元以上一百万元以下的赔偿。"

本案中原告厦门砂轮公司请求根据法定赔偿原则予以确定，酌定金额范围根据前述法条应当在一万元以上一百万元以下，但是从现有证据来看，在已知被告销售砂轮产品的单价和原告专利产品批发价的前提下，可以初步计

算出被告的销售利润,再单纯以法定赔偿原则机械性认定赔偿金额,显然过分高于三被告的实际获利,有失公平,故而关于赔偿数额,法院根据原告专利产品批发价、被告销售砂轮产品的单价、包装盒外观设计在整个产品中所占比重等因素,酌情确定经济损失赔偿数额为 3000 元,平衡原被告双方的损失与利益。

# 第四部分
## 反不正当竞争纠纷

## 39. 擅自使用他人企业名称

——北京某国际拍卖行有限公司与北京某科技发展有限公司侵害企业名称（商号）权纠纷案

### 裁判要旨

经营者不得实施擅自使用他人的企业名称，引人误认为是他人商品的仿冒行为。要认定构成该行为，应满足三项要件：一是被冒用的客体是他人企业名称，二是仿冒者具有"擅自使用"的主观过错，三是使相关公众产生对商品或服务来源于被仿冒企业的误解。

### 关键词

不正当竞争　仿冒行为　擅自使用　企业名称

### 当事人

原告：北京某国际拍卖行有限公司（以下简称北京拍卖公司）
被告：北京某科技发展有限公司（以下简称北京科技公司）

### 一审诉请

北京拍卖公司向一审法院起诉请求：（1）停止不正当竞争行为；（2）赔偿经济损失及维权合理费用共计2000000元。

### 案件事实

一审法院经审理查明：
一、关于北京拍卖公司情况
北京拍卖公司于2001年7月3日成立，经营范围为拍卖等。北京拍卖公司于 2009 年 2 月 25 日获得北京市商务局颁发的拍卖经营批准证书；于 2012 年 6 月 1 日获得国家文物局颁发的文物拍卖许可证，经营范围为第一、二、三类文物；多次进入中国拍卖行业协会评选的"中国拍卖行业 AAA 企业"名单。

北京拍卖公司还于 2008 年 12 月 11 日成为北京产权交易所会员，于 2009 年 1 月 16 日成为中国拍卖行业协会会员，于 2010 年 5 月 26 日成为北京拍卖行业协会会员。此外，北京拍卖公司于 2005 年 1 月 28 日入围北京市高级人民法院委托司法鉴定和拍卖机构名册，于 2009 年 11 月 3 日入选最高人民法院司法技术专业机构名册初选名单，于 2010 年 4 月 7 日被选定成为北京市工商行政管理局当年度参与全系统两级公物仓管理部门处置罚没物品的合作单位。

同时，北京拍卖公司成为中国银行股份有限公司北京市分行总务部、中国农业银行总行、中国长城资产管理公司上海办事处等单位或部门备选拍卖机构或被列入备选库名单；被北京市工商行政管理局公示为 2004、2005 年度守信企业，多次被北京产权交易所有限公司授予优质服务奖、年度十佳会员；被牡丹江市人民政府等单位授予多项荣誉。

二、北京拍卖公司与北京科技公司的合作关系

北京拍卖公司曾与北京科技公司订立合作协议，明确搜房拍活动是北京科技公司提供网络竞拍平台，武汉某实业发展有限公司（以下简称实业发展公司）提供特定房源以无底价竞拍的方式进行的网络拍卖。所有房源设置最高限价，拍卖结束时如未到最高限价，则出价最高者胜出；如有多人到达限价，则通过摇号选出最终胜出者。北京拍卖公司同意参与本活动并作为本活动的合作伙伴，为参与北京科技公司主持本活动的实业发展公司提供的特定房源以无底价竞拍的方式进行网络拍卖，提供相关拍卖问题的咨询。该协议第一条约定，拍卖物为通过搜房网参与北京科技公司举办活动的实业发展公司提供特定房源。第二条约定拍卖物的交付方式为由最终竞拍胜出者与实业发展公司自行签订商品房买卖合同。第六条双方权利义务约定，北京科技公司有义务在活动专题及拍卖详情页中的显著位置体现北京拍卖公司商标及公司名称；北京拍卖公司作为北京科技公司本次活动的合作伙伴，对通过搜房

网参与北京科技公司活动的实业发展公司提供的特定房源进行公开网络竞拍全程提供服务支持；本次拍卖活动中，北京拍卖公司不得向北京科技公司以及通过搜房网参与北京科技公司活动的实业发展公司收取任何拍卖佣金或费用；本次活动中所涉及的竞买人保证金及成交价款由北京科技公司及实业发展公司分别收取，与北京拍卖公司无关，如因竞买保证金及成交价款所产生的相关法律问题，北京拍卖公司不承担任何法律责任。该协议有效期自2012年5月10日起至2013年5月9日止。双方合作协议到期后，未续约。

本案中，北京拍卖公司表示，其主要为北京科技公司提供拍卖问题咨询服务以及资质。北京科技公司表示尽管国家工商行政管理总局没有明确答复网络拍卖是否需要资质，因其经营范围中没有拍卖，为避免被工商机关查处，满足形式上的合法性，所以与北京拍卖公司签订协议，使用北京拍卖公司资质，但否认北京拍卖公司向其提供服务。

三、关于搜房网的情况

北京拍卖公司主张，合作协议到期后，北京科技公司未经许可，仍将其作为搜房网房产拍卖的合作单位，擅自使用其企业名称，构成仿冒行为。北京拍卖公司为此提交了以下证据：

1. （2015）京某内经证字第7408号公证书（以下简称第7408号公证书）。其中显示，2015年4月4日、4月16日，输入网址，进入北京科技公司网站"淘房帮"频道，页面中有搜房团、搜房拍等栏目，并推荐有各地房地产项目。进入页面底端的"关于搜房"，"企业简介"描述为"北京科技公司是全球最大的房地产家居网络平台，一直引领新房、二手房、租房、家居、房地产研究等领域的互联网创新，在PC及移动领域均处于绝对领先的地位。根据DCCI第三方数据显示，2014年全年搜房网PC平台用户浏览量和独立访客数始终以较大优势领先竞品，排名首位……拥有3000万用户的搜房网房天下APP是中国最大的房地产移动应用平台。……截至2015年1月，PC及移动平台月度活跃用户数8200多万。搜房网拥有4200多万对买房、卖房、装修有强烈需求的注册用户，近2000万准购房意向的搜房卡会员……2010年9月搜房控股在美国纽约证券交易所成功上市，业务覆盖中国330多个城市，目前拥有106个分公司。搜房控股荣登《财富》杂志2014年美股'100

家增长最快公司'排行第 22 位,成为 5 家上榜的中国在美上市公司之一。"

进入搜房拍栏目,页面中有"竞拍公告""竞拍流程""即将竞拍项目"以及房产项目广告等多个板块。选择第一个竞拍项目,出现的页面首先告知竞拍流程主要为"选择房源、注册会员、付保证金、出价竞拍、竞价成功、线下签约、退保证金",同时出现该项目市场价、起拍价、房产建筑面积、户型、竞拍时间、报名人数等信息。左侧注明"北京拍卖公司作为合作伙伴全程提供服务支持"。旁边的"竞拍规则说明"提及该规则"依据《中华人民共和国拍卖法》及相关法规制订,适用于服务方提供的拍卖活动;符合国家规定的具有购买本竞拍房源资格的个人和机构(竞拍者)可参加本次竞拍活动;未经注册,任何人只可在网站一定范围内浏览拍卖品,但无资格参与竞拍;参与竞拍前竞拍者需要缴纳竞拍保证金,保证金金额以服务方网站公布为准;竞拍过程中的出价时间,以服务方网站提供的电子时钟或拍卖师现场确认为准,在竞拍截止时间之前竞拍人可以随时出价,至截止时间最高报价为成交价,截止时间之后的报价无效;竞买人出价必须以千元为最小加价单位,可以用一千元整数倍价位'跳加'竞价,但不得用小于一千元的加价幅度竞价,也不可出现从个位数到百元位数的零头数字"。点击北京拍卖公司名称,进入的页面有对北京拍卖公司的详细介绍,包括业务范围、办公环境、拍卖信用及质量保障体系、公司业绩等内容。点击进入其他竞拍项目界面,出现与上述项目布局、对应信息一致的内容。经统计,北京科技公司在合作协议到期后,仍以北京拍卖公司为合作伙伴通过搜房拍活动,自 2013 年 5 月 10 日至 2015 年 4 月 16 日共组织拍卖(包括即将竞拍)449 场次,网站显示成交金额 386013287 元。北京科技公司表示,尽管搜房网显示成交金额为 386013287 元,但通过其后台导出的数据表统计,大部分竞拍成功者都放弃了购房,实际成交金额仅 5000 余万元。

2.(2015)中区法民初字第 3×××号案起诉状,部分证据及判决书。吕某于 2014 年 12 月 27 日参加搜房网中重庆某公司住宅项目拍卖活动引发纠纷,因搜房网注明北京拍卖公司为其合作伙伴而将北京拍卖公司作为第三人诉至重庆市渝中区人民法院,吕某未向北京拍卖公司主张诉讼请求。该案证据中有重庆某公司与北京科技公司重庆分公司等订立的战略合作服务协议和抵房协议。战略合作服务协议中约定服务项目为北京科技公司重庆分公司为重庆某公司的楼盘项目提供网络营销策划、推广形象设计制作、网络推广发布服务,期限自2014年3月1日至2015年3月1日。合作期间,重庆某公司给予包括北京科技公司重庆分公司在内的两家合作公司不低于600000元的服务费。北京拍卖公司认为,上述协议证明北京科技公司通过网络拍卖不仅有收取保证金利息的收益,还有拍卖收益。

北京科技公司认可第7408号公证书及上述起诉状、判决书等的真实性,但解释,北京拍卖公司以第三人身份加入该案诉讼,吕某未向其主张诉讼请求,故不认可北京拍卖公司的证明目的;由于人员离职等原因,其业务部门人员未及时撤回搜房网上有关北京拍卖公司的信息,其行为构成虚假宣传,非仿冒行为;搜房网举办的房产拍卖活动向用户收取的保证金每户不超过200元,利息收入非常少,其也未向实业发展公司收取任何费用,北京拍卖公司向其主张赔偿没有依据;战略合作服务协议和抵房协议是搜房网为实业发展公司提供公开展示服务所订,并非为搜房拍活动而签订,与本案争议无关。

北京科技公司还提交了其与实业发展公司于2014年5月至12月期间订立的四份《网络推广服务协议》,都是为实业发展公司参与搜房网举办的"0元起拍·限价封顶"网络竞拍相关房源的活动所订,其中约定了该活动是由北京科技公司提供网络竞拍平台,由实业发展公司提供特定房源,由参与本活动的北京科技公司合作拍卖行,通过无底价竞拍的方式进行的公开网络拍卖;所有房源设置最高限价,拍卖结束时如未到最高限价则出价最高者胜出,如有多人到达限价,则通过摇号选出最终胜出者。北京科技公司进一步解释,举办搜房拍活动的搜房网,仅为免费信息展示平台,信息展示完成北京科技公司的相关义务即完成。

本案中,北京科技公司表示,其与实业发展公司合作进行网络拍卖时,实业发展公司不审查其拍卖资质。并且,北京科技公司还强调,其与北京拍卖公司合作仅为弥补资质问题,无需北京拍卖公司提供任何实质性服务,其支付的合作费用也仅为借用资质的费用;其在与北京拍卖公司合作之前,也有以竞价形式组织网络拍卖的活动;除搜房网外,国内其他较大的网站也有房产网络拍卖业务,但未借用北京拍卖公司资质。

北京科技公司为此提交了其于 2015 年 10 月 1 日与某国际拍卖有限公司（以下简称国际拍卖公司）订立的合作协议书,其中表明为双方业务发展需要,就拍卖业务开展合作。第一条合作方式约定双方以合作名义,开展北京科技公司全国范围内分公司的拍卖活动及与之相关的工作,国际拍卖公司同意主持北京科技公司组织的由实业发展公司提供的特定房源的线上拍卖,并提供相关拍卖问题的咨询。第二条双方权利与义务约定,国际拍卖公司负责向北京科技公司提供举办拍卖会所有策划方案、业务咨询、会前会后工商备案及一切与拍卖会相关的协议文本等。国际拍卖公司负责与委托方签订委托拍卖合同,北京科技公司负责对拍卖标的进行审核,拍卖标的不得有瑕疵,若因拍卖标的的瑕疵引起法律纠纷,由北京科技公司承担法律责任。在协议履行过程中,国际拍卖公司除了按照本协议第三条约定获得拍卖佣金收益外,不得向北京科技公司以及通过北京科技公司平台参与北京科技公司活动的实业发展公司、买受人收取任何拍卖佣金或其他费用。第三条拍卖佣金收益约定,本协议期限 2 年（自 2015 年 10 月 1 日至 2017 年 9 月 30 日）,国际拍卖公司向北京科技公司收取佣金 10 万元。庭审中,北京科技公司表示,国际拍卖公司未向其提供任何服务。

上述事实,有北京拍卖公司提交的资质文件、证书、第 7408 号公证书、发票、网页打印件、起诉状、协议,北京科技公司提交的合作协议、网络推广服务协议、合作协议书、数据打印件等予以证明,法院庭前会议笔录、开庭笔录等亦在案佐证。

> **裁判意见**

**法院认为：**

《中华人民共和国反不正当竞争法》[①] 第五条第三项[②]规定了经营者不得

---

① 此处引用的《中华人民共和国反不正当竞争法》为 1993 年通过本。
② 对应现行《中华人民共和国反不正当竞争法》第六条第二项,内容有修改,本书下同。

实施擅自使用他人的企业名称，引人误认为是他人商品的仿冒行为。要认定构成该行为，应满足三项要件：一是被冒用的客体是他人企业名称，二是仿冒者具有"擅自使用"的主观过错，三是使相关公众产生对商品或服务来源于被仿冒企业的误解。

  法院认为，首先，北京科技公司在搜房网举办的搜房拍活动中将北京拍卖公司作为合作伙伴，使用了北京拍卖公司的企业名称，满足上述第一项要件。其次，关于北京科技公司的主观过错问题，法院注意到：北京科技公司曾与北京拍卖公司就搜房拍活动开展合作，但合作期满后双方未续约；北京科技公司在此后近两年时间内，以北京拍卖公司名义组织拍卖400余场次；北京科技公司为搜房拍活动与相关房地产开发商的服务协议中明确约定了由参与该活动的北京科技公司合作拍卖行通过无底价竞拍的方式进行公开网络拍卖；北京科技公司明知其无拍卖资质，为弥补拍卖资质需要与北京拍卖公司等拍卖公司进行合作。综合以上情节，法院认为，北京科技公司未经北京拍卖公司许可使用北京拍卖公司企业名称的行为存在主观过错。北京科技公司提出因人员离职等原因，其业务部门人员未及时撤回搜房网上有关北京拍卖公司信息的辩称，不能成为其在与北京拍卖公司无合作关系的情况下使用北京拍卖公司企业名称，将北京拍卖公司作为搜房拍合作伙伴的合法理由。

  再次，北京科技公司在搜房拍活动中使用北京拍卖公司的企业名称是否满足引人误解的第三项构成要件。法院认为，本案中，北京科技公司不仅在搜房拍活动公布的"竞拍规则说明"中明确该活动适用拍卖法及相关法规，北京拍卖公司提供全程服务支持，而且也向与其合作的房地产开发商明确存在合作拍卖行，显然，北京科技公司在搜房拍活动中使用北京拍卖公司的企业名称及相关信息，已使包括竞买人、委托人在内的相关公众误认为北京拍卖公司系为搜房拍活动提供拍卖服务支持的拍卖人，故法院认为北京科技公司的行为满足上述引人误解的构成要件。综上，北京科技公司在搜房网中擅自使用北京拍卖公司的企业名称，构成仿冒北京拍卖公司企业名称的不正当竞争行为。对于北京科技公司提出其仅将北京拍卖公司列为合作单位，并非将北京拍卖公司名称作为自身企业名称来使用，未构成仿冒北京拍卖公司企业名称，仅构成虚假宣传的辩称，法院认为，反不正当竞争法意义上的虚假宣传所针对的行为应主要体现为经营者对商品或服务的相关信息所做宣传中进行虚假陈述，并引人误解的情形，北京科技公司在本案中的行为并非仅以北京拍卖公司之名为搜房拍活动进行宣传，而是将其作为活动涉及的一方重要主体，故法院对北京科技公司的此项辩称不予支持。

北京科技公司应为其不正当竞争行为承担相应的法律责任。对于北京拍卖公司提出停止不正当竞争行为的主张，法院依法予以支持。关于赔偿损失，虽然双方未能提交充分证据证明北京拍卖公司所受实际损失及北京科技公司因本案行为产生的违法所得，考虑到北京科技公司的不正当竞争行为持续近两年，期间以北京拍卖公司为合作单位名义组织房产拍卖400余场次，网站显示成交总额3.8亿余元等情况，本院认为北京科技公司的不正当竞争行为情节较为恶劣，涉及金额巨大。尽管北京科技公司否认网站显示的总额为实际成交额，但其仅提供自行打印的后台数据不足以对抗搜房网前端显示情况。故对北京拍卖公司提出的赔偿请求，法院予以合理酌定。对北京拍卖公司主张因本案所付费用中合理部分，法院依法予以支持。因北京拍卖公司提出过高的赔偿请求产生的案件受理费，不应由北京科技公司全部负担。

综上，本院依照《中华人民共和国反不正当竞争法》第五条第三项、第九条第一款①、第二十条②之规定，判决如下：

一、本判决生效之日起，被告北京科技公司停止涉案不正当竞争行为；

二、本判决生效之日起十日内，被告北京科技公司赔偿原告北京拍卖公司经济损失1000000元及合理费用50000元；

三、驳回原告北京拍卖公司的其他诉讼请求。

## ▶ 案情解析

本案是一起不正当竞争纠纷案，该案的争议焦点主要在于北京科技公司

---

① 对应现行《中华人民共和国反不正当竞争法》第八条第一款，内容有修改，本书下同。

② 对应现行《中华人民共和国反不正当竞争法》第十七条，内容有修改，本书下同。

是否构成仿冒北京拍卖公司企业名称的不正当竞争行为。

最早使用不正当竞争概念的是1883年《保护工业产权巴黎公约》，规定于该公约第十条。《中华人民共和国反不正当竞争法》于1993年9月2日第八届全国人民代表大会常务委员会第三次会议通过，并于1993年12月1日施行，该法包含七大反不正当竞争行为：故意引起市场混淆、商业贿赂、引人误解的宣传、侵犯商业秘密、违反规定的有奖销售、商业诋毁、互联网领域不正当竞争。其中故意引起市场混淆就包括本案的擅自使用他人有一定影响的企业名称。

《中华人民共和国反不正当竞争法》于2017年进行了修订，于2019年进行了修正，原第五条已于2017年修订时调整为第六条，且增加了"有一定影响"这一限定。因此要认定构成仿冒他人企业名称的不正当竞争行为，除了满足被冒用的客体、主观过错、对商品或服务来源产生误解这三项条件外，还需要满足该企业名称具"有一定知名度"这一条件。

本案如发生于新法实施后，在满足冒用的系原告企业名称、被告具有主观过错、引起相关公众对产品或服务来源产生混淆误认的基础上，还要进一步举证原告企业名称具有一定知名度。

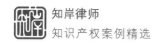

## 40. 擅自使用他人具有一定影响的装潢
——中国某出版社与广东某出版社不正当竞争纠纷案

### 裁判要旨

经营者之间存在竞争关系，未经许可擅自使用他人包装装潢，引人误认为是他人商品或者与他人存在特定联系的，具有攀附他人商誉的主观故意，视为混淆行为，属于违反《中华人民共和国反不正当竞争法》规定的不正当竞争行为。

### 关键词

反不正当竞争　竞争关系　混淆行为　攀附行为

### 当事人

原告：中国某出版社有限公司（以下简称中国出版社）
被告：广东某出版社有限公司（以下简称广东出版社）
被告：北京某电子商务有限公司（以下简称北京电子商务公司）

### 一审诉请

中国出版社向一审法院起诉请求：（1）请求法院判令二被告立即停止侵权；（2）二被告赔偿原告经济损失及合理开支500000元。诉讼过程中，原告申请放弃第一项诉讼请求。

### 案件事实

**一审法院经审理查明：**
原告出版发行了"消防教材中"（2019年7月第1版）、"消防教材甲"

(2019年7月第1版)及"消防教材丙"(2019年7月第1版)(以下简称原告图书)。经原告精心策划,原告图书的装潢(封面、封底)形成独特的设计方案,具有显著性和美观性。广东出版社出版发行了2019年版第七版次"消防教材甲"(2018年7月第1版,2019年5月第7次印刷)、2019年版"消防教材乙"(2018年7月第1版,2019年5月第7次印刷)、2019年版"消防教材丙"(2018年7月第1版,2019年5月第7次印刷)及其2019年版第八版次(2019年7月第8次印刷)、2019年版第九版次(2019年8月第9次印刷)、2019年版第十版次(2019年9月第10次印刷)、2020年版第十一版次(2020年1月第11次印刷)、2020年版第十三版次(2020年3月第13次印刷)(以下分别简称2019年版第八版次、2019年版第九版次、2019年版第十版次、2020年版第十一版次、2020年版第十三版次图书。)原告表示,原告图书为国家注册消防工程师资格考试的全国官方指定考试用书,为广大考生必备用书,覆盖面大,发行量大,具有较高知名度,构成知名商品。原告图书的装潢具有显著性和美观性,已经在相关公众心中产生了固定的认知,与原告形成唯一的对应关系,发挥了识别商品来源的功能,故原告图书的装潢构成知名商品的特有装潢。广东出版社的涉案图书与原告图书的装潢(封面、封底)在整体风格、色彩搭配、图片排列顺序、图片大小、书名的位置、字体方面几乎完全相同,二者构成实质性相似,消费者在市场上看到广东出版社涉案图书时,容易与原告图书产生混淆误认,尤其是在原告图书出版发行之后,广东出版社随之在其2019年版第八版次涉案图书上对原告图书的装潢进行仿冒(与其2019年版第七版次图书的装潢风格迥异),具有明显的搭便车故意,故广东出版社构成对原告的不正当竞争。广东出版社的上述行为同时违反了经营者在市场交易中应当遵循的自愿、平等、公平、诚实信用的原则,没有遵守公认的商业道德,损害了原告的合法权益,扰乱了社会经济秩序,构成不正当竞争。北京电子商务公司在其商城平台上销售2020年版第十三版次的广东出版社涉案图书,作为网络交易平台经营者,对广东出版社的侵权行为未尽必要的监管义务,其与广东出版社构成共同侵权,应当承担连带侵权责任。由于被告进行销售的时候,将涉案三本图书一同销售,故原告在本案中主张的侵权行为系上述三本图书的出版发行行为。原告认为,二被告存在如下不正当竞争行为：1. 被告擅自使用原告具有一定影响的装潢（即使用了与原告图书高度近似的封面）；2. 图书上所标注的编纂单位并不存在，所以广东出版社构成虚假宣传。故原告诉至法院。

被告广东出版社辩称：

一、广东出版社的图书出版时间及使用诉争图书装潢的时间均比中国出版社图书出版时间更早，中国出版社诉称广东出版社仿冒其图书装潢并无任何事实依据。根据图书版权页，可知广东出版社于2018年7月即出版了第1版涉案三本图书，而中国出版社的图书于2019年7月出版第1版，广东出版社出版该图书早于中国出版社一年。广东出版社提交了2019年5月第7版的"消防教材甲"作为证据，在该版本中，广东出版社已经使用了诉争图书装潢，广东出版社使用该图书装潢的时间比中国出版社出版第1版的时间早2个月，即广东出版社2019年5月使用诉争图书装潢时，中国出版社尚未出版2019年版的消防图书，中国出版社所称的广东出版社仿冒其图书装潢并无任何事实依据。

二、中国出版社出版的涉案图书每年均会更换封面，未在相关公众心中产生固定认知，中国出版社的图书装潢不具有显著特征，不属于特有装潢，广东出版社的图书为自主设计，与中国出版社的图书无关。中国出版社出版的2018年版消防教材图书装潢为红色，图片为多个红色灭火器；2019年版的消防教材为蓝色，图片为消防员；2020年版的消防教材为偏粉色加棕色，图片为圆体图形，可见中国出版社出版的消防教材图书装潢更换频繁，且每年完全不一致，没有任何相似性，不会在相关公众心中产生固定认知，无法与原告形成唯一的对应关系。广东出版社自2018年7月出版涉案图书第1版以来均为自主设计，且图书封面具有相对固定性及延续性。从第1版至第6版均使用同一封面，2019年5月第7版出版时对封面的设计作了部分变更，图书正中的消防员图片沿用第1版的消防员图片，并对该图片作了部分裁剪，其结构亦沿用第1版的设计，仅是将颜色层次设计得更丰富，将图书封面变更为蓝色，广东出版社并未仿冒中国出版社的图书装潢，不构成不正当竞争。

三、侵犯他人商品的特有装潢的行为只有在被侵犯对象为知名商品且产生混淆后果的情况下才构成不正当竞争行为。图书尚未出版时不具有市场知名度，且中国出版社并未举证证明其图书出版后具有市场知名度，依照法律及司法解释的规定应当承担举证不能的后果。广东出版社能够证明其2019年5月已经使用诉争图书封面，在同一时间，中国出版社的图书尚未出版，自然不会具有市场知名度。且在本案中，中国出版社并未对其商品的市场知名度进行举证，根据《中华人民共和国民事诉讼法》第六十四条第一款、《最高人民法院关于审理不正当竞争民事案件应用法律若干问题的解释》第一条之规定，中国出版社并未举证，应当承担举证不能的后果。

四、广东出版社与中国出版社之间不存在竞争关系，更不存在不正当竞争关系。广东出版社在其旗舰店不仅出售广东出版社自身出版的消防教材图书，亦合法出售中国出版社出版的图书。广东出版社与广东某书业有限公司（以下简称书业公司）签订了《书业公司经销合同》，书业公司授权广东出版社出售中国出版社出版的"消防教材甲""消防教材乙""消防教材丙"，广东出版社在旗舰店售卖时，明确标明中国出版社出版的图书为消防工程师官方教材，广东出版社出售的教材为消防工程师教材，广东出版社对两种教材并无混淆故意。对于广东出版社而言，不仅可以通过出售自身出版的图书获取利润，也可以通过出售中国出版社出版的图书获取利润，广东出版社通过签订《书业公司经销合同》合法售卖中国出版社的图书，也可证明广东出版社不具有不正当竞争的故意。

五、本案中，中国出版社不仅在毫无事实依据的情况下，起诉广东出版社不正当竞争，且其向广东出版社主张赔偿数额及合理开支均无事实和法律依据。其一，中国出版社并未举证其受到任何实际损失，也未举证证明其合理开支。根据《中华人民共和国反不正当竞争法》[①]第十七条之规定，中国出版社应当举证其受到的实际损失，但并未举证。其二，教辅资料作为特殊的图书商品，图书内容、图书作者以及出版社才是读者最关注的事项，广东出版社无不正当竞争的故意，消费者也不会因此而混淆。读者是为了图书的内

---

[①] 此处引用的《中华人民共和国反不正当竞争法》为2019年修正本，本篇下同。

容而购买图书,并非为了封面购买图书,且广东出版社的图书封面已采取了多种方式与其他同类图书相区别,例如编者、出版社、图书简介,涉案图书随书附赠的思维导图、考点速记、高分宝典小册子,不仅在主观上有使消费者清楚图书来源的用意,还因编者、出版社以及内容不同,而不存在使消费者误认为图书来源与其他出版社的图书存在特定联系的可能性。其三,广东出版社出版发行的涉案图书出版发行有正当来源,图书销售主要是依靠广东出版社的出版社声誉、图书内容以及涉案图书2018年出版以来累积的口碑,与中国出版社的图书并无任何关系。无论是从店铺名称,还是涉案图书的宣传图片都可以看出广东出版社所售图书并未以图书封面作为卖点,而是集中于图书内容。消费者只要施以正常的注意力,就不存在混淆的可能性。消费者是在对比市场上不同版本后,基于对广东出版社的信任、对图书内容的认同以及对图书价格的考量,系根据自身需求自主选择购买。广东出版社消防教材的图书装潢每年均会更新迭代,广东出版社2020年新出版的消防教材的图书装潢已经再行设计和变更,与中国出版社2020年版本的教材封面亦完全不同。因此,广东出版社所获收益均是消费者对广东出版社图书的认可,而非基于图书封面或中国出版社的图书,广东出版社所获收益均是广东出版社所出版图书的合法收益,中国出版社诉请广东出版社赔偿500000元,缺乏事实和法律依据。综上所述,广东出版社的图书出版在先,使用图书装潢在先,中国出版社所主张的图书装潢缺乏显著性与知名度,中国出版社主张广东出版社不正当竞争没有事实和法律依据,请求法院依法驳回中国出版社的全部诉讼请求。

北京电子商务公司未到庭应诉,但在答辩状中辩称:一、北京电子商务公司作为网络平台服务商,并未参与被控侵权产品的销售,且北京电子商务公司已经尽到了事前注意义务和事后审核义务,原告要求北京电子商务公司赔偿经济损失无事实及法律依据。北京电子商务公司仅为某电子商务网络平台的所有者,并不参与产品的销售。作为网络平台,北京电子商务公司已经在网站上公示了销售者的名称、联系方式等信息,消费者不会将第三方卖家的行为视为北京电子商务公司的行为。在事前注意义务方面,北京电子商务公司与商家签署平台服务协议,同时在北京电子商务公司主页公示《开放平台商品信息发布规范》《开放平台卖家积分管理规则》等明确要求卖家不得发布侵犯他人知识产权的商品信息，不得买卖国家禁止销售或者限制销售的物品。在事后补救义务方面，北京电子商务公司在收到起诉材料后，第一时间核查了被控侵权产品的相关情况，发现被控侵权产品已经下架。北京电子商务公司在事前对于涉嫌侵权行为在主观上并不明知也不应知，且北京电子商务公司并不参与产品的销售、信息上传、配送等，无法审核商品本身是否构成对原告装潢的侵权。因此，北京电子商务公司对于涉案侵权行为又不明知也不应知，主观上没有过错，客观上既没有事实侵权行为又及时防止侵权损失的扩大。二、涉案商品已经下架，原告起诉要求北京电子商务公司撤除网站侵权产品信息已不存在事实前提。北京电子商务公司收到起诉材料后，立即核实了北京电子商务公司上涉案商品的销售情况，发现商品已经停止销售，且涉案商品已经下架。故原告起诉北京电子商务公司的事实基础已不存在。综上所述，北京电子商务公司作为互联网平台提供者已经尽到了合理的审核和注意义务，且涉案商品已经下架，故中国出版社针对北京电子商务公司的诉讼请求的事实基础已经不存在，应驳回对北京电子商务公司的诉讼请求。

当事人围绕诉讼请求依法提交了证据，法院组织当事人进行了证据交换和质证。对当事人无异议的证据，法院予以确认并在卷佐证。

### ▶ 裁判意见

**法院认为：**

《中华人民共和国反不正当竞争法》第六条规定："经营者不得实施下列混淆行为，引人误认为是他人商品或者与他人存在特定联系：（一）擅自使用与他人有一定影响的商品名称、包装、装潢等相同或者近似的标识……"据此，符合该规定的不正当竞争行为构成要件如下：1. 经营者之间存在竞争关系；2. 使用的商品名称、包装、装潢等与他人的商品名称、包装、装潢等相同或者近似；3. 他人的商品名称、包装、装潢等具有一定影响；4. 商品名称、包装、装潢等的相同或者相似能够引人误认为是他人商品或者与他人存在特定联系；5. 经营者的此种使用行为未经该他人许可，具有攀附他人商誉的主观故意。

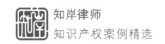

一、中国出版社的权利图书是否具有一定影响

《中华人民共和国反不正当竞争法》第六条第一项规定的"具有一定影响",应当是指在中国境内具有一定的市场知名度,为相关公众所知悉。在认定时,应当考虑商品的销售时间、销售区域、销售额和销售对象,进行任何宣传的持续时间、程度和地域范围,作为知名商品受保护的情况等因素,进行综合判断。原告应当对其商品的市场知名度负举证责任。

本案中,首先,中国出版社提供的证据显示,中国出版社作为大纲和教材的编写者,自2019年7月出版该教材后,进行了多次印刷。其次,2019年7月中国出版社图书经中国消防协会官网、青岛市人力资源和社会保障局网站、中国人力资源和社会保障出版集团官网等权威网推介。此外,多家培训机构网站均在中国出版社的图书出版后对中国出版社出版的图书进行了介绍。最后,从中国出版社电子商务平台店铺销售页面截屏可知,注册消防工程师资格考试指定教材评价数超过8万。综上,法院认为中国出版社的权利图书属于具有一定影响的商品。

此外,中国出版社出版具有一定影响的图书所使用的封面,封面配色、布局分割、图像场景选择等方面体现出一定的特色,本案没有证据证明有他人早于权利图书在相同或者类似商品上使用了相同或者近似的装潢设计。结合法院对该图书具有一定影响的认定,可以确认经过使用,中国出版社图书的装潢具有了一定的知名度,可成为相关公众区分商品来源的标识。

二、关于广东出版社的行为是否构成不正当竞争的其他要件

对于中国出版社与广东出版社之间是否存在竞争关系,法院认为,二者均为从事出版发行行业的主体,在案证据亦能证明二者均从事了涉及注册一级消防工程师考试内容的图书出版发行工作,因此,双方之间存在竞争关系。

就广东出版社出版的图书和中国出版社出版的图书封面是否相似,法院认为,双方的图书装潢在主色选择、颜色分布、封面布局分割和主要的场景选择、字体分布等方面相似,相关公众难以进行区分,易将二者直接混淆或者误认为二者的来源存在特定联系。而在案证据表明,广东出版社的使用行为并未经中国出版社许可,且其店铺中亦存在同时销售二者图书的情况,其作为从事同类图书出版业务的专门出版社,理应知晓中国出版社图书使用的

封面情况和图书知名情况,仍然出版使用相似装潢的同类图书,故其具有攀附中国出版社商誉的意图。

关于中国出版社主张的虚假宣传,法院认为,《中华人民共和国反不正当竞争法》第八条第一款规定:"经营者不得对其商品的性能、功能、质量、销售状况、用户评价、曾获荣誉等作虚假或者引人误解的商业宣传,欺骗、误导消费者。"因此,虚假宣传的经营者应当从事了虚构事实或者隐瞒真实信息、片面宣传以致引人误解等行为。虽然广东出版社的图书署名为"注册消防工程师资格考试研究院",但此种署名常见于此类考试图书中,且广东出版社并未承诺该组织系长期存在的稳定组织或者经官方认证的组织,因此,该组织亦有为临时创作组织的可能,中国出版社不能证明广东出版社的署名方式系虚构或者隐瞒真实信息、片面宣传以致引人误解,故法院对中国出版社的该项主张不予支持。

三、关于本案民事责任的承担问题

本案中,广东出版社作为涉案侵权图书的出版、发行方,应当对涉案不正当竞争行为承担责任。关于损害赔偿的数额,《中华人民共和国反不正当竞争法》第十七条规定:"经营者违反本法规定,给他人造成损害的,应当依法承担民事责任。……因不正当竞争行为受到损害的经营者的赔偿数额,按照其因被侵权所受到的实际损失确定;实际损失难以计算的,按照侵权人因侵权所获得的利益确定。……赔偿数额还应当包括经营者为制止侵权行为所支付的合理开支。经营者违反本法第六条、第九条规定,权利人因被侵权所受到的实际损失、侵权人因侵权所获得的利益难以确定的,由人民法院根据侵权行为的情节判决给予权利人五百万元以下的赔偿。"本案中鉴于中国出版社未举证证明其因涉案侵权行为所遭受的经济损失或者被告的侵权获利,故法院将根据如下因素对赔偿金额予以酌定:1.涉案图书装潢经过中国出版社的使用,具有一定影响,在该类考试中知名度较高;2.从中国出版社购买的被控侵权图书来看,广东出版社出版图书时间持续至2020年,侵权时间较长;3.广东出版社出版的图书存在多个版次、多次印刷,印刷次数多达13次,数量较多;4.广东出版社出版的图书在各大网络平台均有销售,销售数量和范围较广;5.涉案侵权图书的内容具有其独立的市场价值,在涉案权利图书的全部销售利润中,必然有部分利润并非因广东出版社擅自使用涉案图书装潢而获得,在图书商品销售中,对市场销量起决定因素的仍应为图书内容,原告主张权益的装潢贡献率有限;6. 从原告购买过程可知,侵权图书多是成套打折销售,图书定价亦不应全部作为参考。综合如上因素,法院酌定广东出版社赔偿中国出版社经济损失100000元。对于中国出版社主张的律师费、公证费等合理开支,因其未提交相应票据予以佐证,但原告确实进行公证取证,委托律师出庭,故法院将结合律师费支出金额及其主张经济损失获得支持数额的比例,按照相关性、合理性、必要性原则,对于律师费和公证费等合理开支一并予以酌定。

对于原告要求北京电子商务公司赔偿损失的主张,法院认为,从北京电子商务公司网站公示的经营者信息等内容可知,北京电子商务公司作为电子商务网络平台的所有者,为买卖双方提供了一个信息交流的公共平台,北京电子商务公司仅为网络交易平台的提供者,并未参与买卖双方的商品交易事宜,亦无证据表明其对广东出版社在其平台销售的侵权行为主观上明知或者应知。北京电子商务公司作为网络平台所有者,不存在未及时断开商品链接的情形,不应进一步承担赔偿损失的责任,故法院对原告该部分诉讼请求不予支持。

综上所述,依照《中华人民共和国反不正当竞争法》第六条第一项、第十七条,《中华人民共和国民事诉讼法》第六十四条第一款、第六十九条之规定,判决如下:

一、被告广东出版社于本判决生效后七日内赔偿原告中国出版社经济损失100000元及合理开支5000元;

二、驳回原告中国出版社的其他诉讼请求。

### ▶ 案情解析

本案是一起不正当竞争纠纷案件,该案件争议的焦点在于广东出版社的行为是否构成不正当竞争。

现行《中华人民共和国反不正当竞争法》第六条规定的"包装"是指能够起到识别商品来源作用的商品外包装、容器;"装潢"是指为识别与美化商品而在商品或者其附加包装上附加的文字、图案、色彩及其排列组合。本案图书封面应属于后者"装潢"。

仿冒他人有一定影响的商品的特有包装、装潢成立的条件除了竞争关系、包装装潢等相同或者近似、有一定影响、误导产源、未经许可、主观故意六项外，还有该商品的包装、装潢需具有便于公众识别的区别商品来源的显著特征。如该包装、装潢缺乏显著特征，经使用获得了显著特征，可以依据《中华人民共和国反不正当竞争法》第六条规定予以保护。

具体到本案，被告广东出版社完全符合《中华人民共和国反不正当竞争法》第六条的前六项构成要件，且其色彩选择、整体布局等方面均具有一定的独创性，具有一定的显著特征。被告广东出版社未经原告许可，擅自在与原告商品相同的图书上使用与原告图书封面高度近似的装潢，构成不正当竞争，应承担相应的民事责任。

## 41. 搜索引擎关键词的隐性使用
——上海某信息科技有限公司与北京某网讯科技有限公司不正当竞争纠纷案

### 裁判要旨

游戏同行竞争者在进行关键词推广时，尤其对已获得较高市场知名度的游戏在进行关键词推广时未进行合理避让且仍实施的，属于有意攀附，明显存在主观恶意，属于《中华人民共和国反不正当竞争法》第二条规定的不正当竞争行为。

### ▶ 关键词

不正当竞争　恶意攀附　推广链接　网页跳转

### ▶ 当事人

原告：上海某信息科技有限公司（以下简称上海科技公司）
被告一：江西某信息技术有限公司（以下简称江西技术公司）
被告二：北京某网讯科技有限公司（以下简称北京网讯公司）

### ▶ 一审诉请

上海科技公司向一审法院起诉请求：两被告共同赔偿上海科技公司经济损失 450000 元及合理开支 50000 元。

### ▶ 案件事实

一审法院经审理查明：

一、关于涉案商标及其知名度

上海科技公司在第 9 类、第 41 类商品服务上享有"古剑奇谭"相关的 18 枚注册商标专用权,其中在第 9 类上核定使用的商品项目均包含"计算机游戏软件",在第 41 类上核定使用的服务项目均包含"在计算机网络上提供在线游戏"。

为证明"古剑奇谭"游戏及品牌具有较高的知名度,上海科技公司还提交了下列证据:1. 商评字〔2019〕第 62×××号关于第 15123×××号"古剑奇谭"商标无效宣告请求裁定书,其中认定第 6909×××号"古剑奇谭"商标在"在计算机网络上提供在线游戏"服务上经使用已为中国相关公众所熟知。2.《古剑奇谭一》《古剑奇谭二》游戏对外授权开发运营的相关合同。其中载明,北京某圣唐娱乐科技有限公司(上海科技公司的全资母公司,以下简称圣唐公司)授权深圳市某科技有限公司、北京网讯公司研发、运营网页端《古剑奇谭一》游戏,授权上海某网络科技有限公司研发、运营移动端《古剑奇谭一》游戏;圣唐公司授权上海誉某信息技术有限公司研发、运营网页端《古剑奇谭二》游戏,授权深圳市盖某网络科技有限公司研发 Q 版移动端《古剑奇谭二》游戏。3. 2012 年至 2015 年间,圣唐公司与某世纪影视传媒股份有限公司、北京某华盟文化传媒投资有限公司分别签订的《古剑奇谭:琴心剑魄》《古剑奇谭二》影视授权许可合同。4. 2010 年至 2017 年间,圣唐公司分别与浙江省某书店集团有限公司、江苏某电子商务有限公司、深圳市某计算机系统有限公司、北京某科文电子商务有限公司、北京某时空数码技术有限公司、深圳市某科技有限公司、杭州某网络科技有限公司、广州某电脑经营部、江苏某文化发展有限公司、武汉某贸易有限公司、重庆某网络科技有限公司、广州某资讯科技有限公司签订的《单机游戏销售协议》《游戏商品采购合同》《单机游戏数字版本销售合作协议》《激活码销售协议》等。5.《古剑奇谭》电视连续剧相关网页打印件,其中收视率排行网显示 2015 年中国周播剧收视率排行榜中《古剑奇谭》排名第 4,收视率为 1.336%;骨朵传媒网显示《古剑奇谭 2》累计播放量为 17.1 亿。6. 游戏网站及商城对《古剑奇谭》游戏进行发行的网页打印件。7. 奖杯及证书照片,包括第五届金口奖年度产品《古剑奇谭网络版》、第五届金口奖年度产品《古剑奇谭三》、腾讯网十大新锐网络游戏、2018 年度中国游戏十强大奖之 "2018 年度十大最受欢迎电脑网络游戏"等。8. 官方网站、各大公众平台等对《古剑奇谭》游戏进行宣传推广的网页打印件。9.（2019）京 0108 民初 9×××号民事判决书，该判决书已生效。

两被告对上述证据的真实性不持异议，认可上海科技公司享有涉案商标的专用权，但认为所涉商标与本案不正当竞争纠纷无关，亦不认可其具有较高的知名度。

二、关于被诉不正当竞争行为

（2019）京某内民证字第 744 号公证书载明：2019 年 7 月 16 日，上海科技公司委托代理人在公证处工作人员的监督下使用公证处电脑进入网页，分别输入"古剑奇谭""古剑奇谭二""古剑奇谭三""古剑奇谭网络版""古剑奇谭永夜初晗""古剑奇谭之剑逐月华""古剑奇谭 OL""古剑奇谭 ONLINE"进行搜索，搜索结果列表中均出现标题为"网页游戏—网页游戏大全—2019 热门好玩网页游戏前十"及域名的推广链接，链接下方均标有"广告"字样。其中有 6 条搜索链接展示在搜索结果第二页下方，有 2 条搜索链接展示在搜索结果第一页下方，有 1 条搜索链接展示在搜索结果列表第三页下方。链接标题、网页描述及点击进入的网站中均不含"古剑奇谭"字样及游戏内容。ICP/IP 地址/域名信息备案管理系统查询显示主办单位为江西技术公司。

两被告对公证书的真实性不持异议，但其认为被诉推广链接均展示在搜索结果页面的下方，且链接标题、网站内容中均没有"古剑奇谭"的相关内容，通过网页跳转亦可显示网站内容是由江西技术公司所提供，故被诉行为不会造成相关公众的混淆，不构成不正当竞争。

三、关于被告的抗辩

北京网讯公司主张其仅为推广服务提供商，尽到了合理注意义务，其行为不构成不正当竞争。为此，其提交了如下证据：1.（2013）京某内经证字第 20704 号公证书，显示推广服务合同中载明用户应保证通过链接推广的信息不得侵犯他人知识产权。2.（2014）京某内经证字第 13886 号公证书，显示北京网讯公司在用户添加关键词和撰写推广链接标题、内容描述的过程中均提示用户确保其不违法、侵权且与所推广的内容相关。3.（2011）京某内经证字第 22200 号公证书，显示有向北京网讯公司发出权利通知的条件、步骤和方式。4.（2019）京某内经证字第 07464 号公证书，显示于 2019 年 11 月 15 日登录其网站进行相关搜索，搜索结果中未见涉案推广链接。上海科技公司和江西技术公司对前述证据的真实性均不持异议，但认为北京网讯公司理应知晓涉案关键词推广行为，且未尽到合理注意义务，存在主观过错。

此外，北京网讯公司还提交了其网站后台截图，显示江西技术公司于 2019 年 1 月 1 日至 12 月 31 日间，共添加与"古剑奇谭"有关的关键词 22 个，总点击量为 500 次，总消费金额 2246.58 元。江西技术公司对此不持异议，并表示该证据能证明其被诉行为并未给上海科技公司造成任何经济损失或不良影响。上海科技公司对上述证据的真实性不予认可，其认为北京网讯公司与江西技术公司之间存在利害关系，后台数据不具有可信性。

四、其他

江西技术公司未就本案提交证据。

以上事实，有上海科技公司提交的商标注册证、裁定书、公证书、合同、网页打印件、判决书、奖杯及证书照片，北京网讯公司提交的公证书、网页打印件等予以证明，法院开庭笔录等亦在案佐证。

## ▶ 裁判意见

**法院认为：**

在案证据显示，上海科技公司系"古剑奇谭"系列涉案商标的注册商标专用权人，故其有权据此提起不正当竞争之诉。本案中，上海科技公司主张江西技术公司使用含有"古剑奇谭"字样的关键词在北京网讯公司网页中进行网络推广，其行为违反《中华人民共和国反不正当竞争法》① 第二条之规定。对此，分析如下：

关于被诉行为是否违反《中华人民共和国反不正当竞争法》第二条之规定，法院认为，江西技术公司将含有涉案商标显著识别部分的"古剑奇

---

① 此处引用的《中华人民共和国反不正当竞争法》为 2019 年修正本，本篇下同。

谭"设置为关键词进行推广,使自己运行的游戏网站能够在搜索中靠前展示,结合其与上海科技公司同为提供游戏类产品的公司,用户在进入江西技术公司网站后就有可能下载试玩其游戏产品,这会导致上海科技公司一部分潜在的游戏用户流失。从上海科技公司提交的证据来看,"古剑奇谭"系列游戏具有较高的市场知名度,江西技术公司作为同行在关键词检索时未进行合理避让,明显有攀附涉案商标及"古剑奇谭"系列游戏的知名度的故意。法院认定,江西技术公司的行为有悖诚实信用原则和公认的商业道德,违反《中华人民共和国反不正当竞争法》第二条之规定。

江西技术公司应当就其不正当竞争的行为承担赔偿经济损失的法律责任。关于经济损失的具体数额,因现有证据无法证明上海科技公司的实际损失或江西技术公司的违法所得,法院综合考虑以下因素依法酌情判定赔偿数额:1. 涉案商标及"古剑奇谭"系列游戏具有较高的知名度,为上海科技公司带来了较为稳定的收益;2. 江西技术公司同时设置了多个含有"古剑奇谭"字样的关键词进行网络推广,具有明显的主观恶意;3. 北京网讯公司提交的后台数据显示,江西技术公司进行网络推广获取的点击量并不巨大,且大部分被诉推广链接仅位于搜索结果列表的下方,不足以证明被诉行为的影响范围较广。综合以上因素,法院将经济损失酌定为250000元,上海科技公司主张的赔偿数额过高,法院不予全部支持。关于上海科技公司主张的合理开支,其虽未提交相关证据,但考虑到本案确有律师出庭及公证取证情形,法院对其中合理部分予以支持。北京网讯公司作为关键词推广服务提供商,对江西技术公司自行添加的关键词设置,除了提供技术服务外,没有更高地参与,其收到本案起诉后及时排查,尽到了合理的注意义务,上海科技公司对于北京网讯公司承担赔偿责任的要求,法院不予支持。

综上,法院依照《中华人民共和国反不正当竞争法》第二条、第十七条之规定,判决如下:

一、本判决生效之日起十日内,被告江西技术公司赔偿原告上海科技公司经济损失250000元及合理开支10000元;

二、驳回原告上海科技公司的其他诉讼请求。

▶ **案情解析**

本案是一起不正当竞争纠纷案件,该案件的争议焦点主要集中在两个方面:一是被诉行为是否构成不正当竞争;二是两被告所应承担的法律责任。

一、被诉行为是否构成不正当竞争

判定一项竞争行为是否构成不正当竞争,首先,应当综合分析竞争行为对市场竞争秩序、经营者利益、消费者利益的影响,从市场经济目标的角度进行利益考量,判断竞争行为产生的是负面效果还是正面效果。因此是否构成违反商业道德的不正当竞争行为,需要综合考虑该竞争行为对经济秩序、其他竞争者利益、消费者利益是否有损害,如果产生损害,那么该行为是违反商业道德的行为。

从经营者利益来看,江西技术公司将"古剑奇谭"设置为竞价排名关键词的目的是当消费者搜索所需求的关键词时,在搜索结果中能够展示江西技术公司设置的被诉推广链接,进而吸引相关消费者的注意力,提高自身被访问的概率,从而获得竞争优势。因此江西技术公司将上海科技公司的注册商标设置为关键词的行为,分流了属于上海科技公司的消费者的注意力,降低了上海科技公司的竞争优势,造成了上海科技公司竞争利益的损害。

从消费者利益来看,搜索引擎服务的目的是降低搜索成本,提高信息检索的效率,以更好地满足消费者的搜索需求。一般而言,用户使用"古剑奇谭"相关关键词进行网络搜索的目的是了解与"古剑奇谭"系列游戏有关的信息或进行下载安装试玩。江西技术公司将含有涉案商标显著识别部分的"古剑奇谭"设置为关键词进行推广,使其运行的游戏网站在搜索结果中靠前展示,消费者通过搜索"古剑奇谭"获取其想要的单机游戏结果时,检索出与其搜索关键词无关的被诉推广链接,相关消费者则需要进一步辨识搜索结果与其搜索关键词之间的相关性才能实现其检索相关信息的目的。因此江西技术公司的上述行为损害了相关消费者高效检索相关信息的利益。

具体到本案,被诉推广链接标题中使用了"网页游戏—网页游戏大全—2019热门好玩网页游戏前十"等字样,易使一部分本应访问"古剑奇谭"游戏相关网站的用户通过被诉推广链接访问江西技术公司运营的游戏网站,从而使该网站获得更多的点击量。即便该部分用户进入江西技术公司网站后能够意识到该网站中并无"古剑奇谭"系列游戏的相关内容,但这并不必然导致其离开该网站。鉴于江西技术公司和上海科技公司都提供游戏类产品,用户在进入江西技术公司网站后具有转而下载试玩该公司游戏产品的可能性,这将造成上海科技公司游戏用户的流失和商业机会的丧失。此外,上海科技公司提交了多份证据,证明其对涉案商标以及"古剑奇谭"系列游戏进行了大量宣传推广并获得了较高的市场知名度,江西技术公司作为同行业竞争者,理应知道"古剑奇谭"系列游戏的存在,但其在进行关键词推广时未进行合理避让,仍实施被诉行为,明显系有意攀附涉案商标及"古剑奇谭"系列游戏的知名度。综上,江西技术公司的行为旨在剥夺上海科技公司的潜在用户,争夺上海科技公司的商业资源,属于《中华人民共和国反不正当竞争法》第二条规定的不正当竞争行为。

二、两被告所应承担的法律责任

江西技术公司违反《中华人民共和国反不正当竞争法》第二条的规定,应对其行为承担赔偿经济损失的法律责任。北京网讯公司提交的证据显示,涉案关键词系江西技术公司自行添加设置,北京网讯公司作为关键词推广服务提供商,对江西技术公司设定并使用涉案关键词的行为除提供技术服务之外,并无更高程度的参与,故其仅应在合理范围内承担注意义务,对涉案关键词的设置无事前审查之义务,且北京网讯公司在收到本案起诉后及时进行了排查,尽到了合理注意义务,不存在主观过错,北京网讯公司无需承担赔偿责任。

## 42. 擅自使用他人企业字号及虚假宣传

——爱某股份有限公司与北京某科技有限公司、北京某信息技术有限公司等不正当竞争纠纷案

### 裁判要旨

经营者不得对其商品的性能、功能、质量、销售状况、用户评价、曾获荣誉等作虚假或者引人误解的商业宣传，欺骗、误导消费者。经营者不得通过组织虚假交易等方式，帮助其他经营者进行虚假或者引人误解的商业宣传。

### 关键词

反不正当竞争　竞争关系　攀附行为　虚假宣传

### 当事人

原告：爱某股份有限公司（以下简称爱公司）
被告：北京某科技有限公司（以下简称北京科技公司）
被告：北京某信息技术有限公司（以下简称北京技术公司）
被告：汕头市某内衣实业有限公司（以下简称汕头实业公司）
被告：佛山某电子商务有限公司（以下简称佛山商务公司）

### 一审诉请

爱公司向一审法院起诉请求：（1）请求法院判令四被告立即停止不正当竞争行为，包括删除被控侵权链接、停止销售及生产被控侵权商品；（2）判令四被告连带赔偿经济损失500000元及合理支出22500元；（3）判令四被告在《中国市场监管报》上对不正当竞争行为公开发表声明，消除给爱公司造成的不良影响。

## ▶ 案件事实

**一审法院经审理查明：**

爱公司于 1981 年 10 月 13 日成立，经营范围包括加工内衣及销售内衣、服装、服饰等。

2021 年 2 月 26 日，北京市某公证处作出（2021）京某内经证字第 7201 号公证书，显示 2021 年 2 月 23 日，在公证人员的监督下，登录微信进入涉案微信公众号页面，账号主体为北京科技公司。2021 年 2 月 22 日，该微信公众号发布名为《夜市｜爱慕同厂无痕内衣，均价 300 的品质，被我们砍到 69 两件》的文章，其中使用多幅来自网络销售平台爱慕内衣的图片，图片左上角及下部多处显示"Aimer""爱慕"字样，正文中使用"爱慕同款制造商"字样进行宣传。该文章还表示"下面是制造商提供的订货合同"，下方图片中显示"订货合同甲方：爱公司，乙方：汕头实业公司"，该合同显示有上述两主体的公章及签字。该推文设置了购买链接。该链接跳转到了微信公众号同名网络店铺，商品名称含有"爱慕制造商"字样，售价为 69 元两件，销售信息显示"排行榜店铺商品热榜第 19 名已售 639｜剩余 2.3 万"。

2021 年 3 月 10 日，上海市某公证处出具（2021）沪某经字第 2258 号公证书，显示 2021 年 3 月 4 日，在公证人员的监督下，登录微信进入涉案微信公众号页面，公证购买上述链接的内衣，该链接商品页面显示"已售 1001｜剩余 2.3 万""排行榜店铺商品热榜第 8 名"。微信公众号同名网络店铺显示许可证信息为北京技术公司。公证购买的内衣附带吊牌显示"品牌：MRING""品牌运营商：佛山商务公司""制造商：汕头实业公司"字样。

爱公司提交对比材料，用以证明被控侵权微信公众号文章使用的图片系爱公司生产的内衣商品，爱公司上述商品的市场售价分别为 165 元、239 元、480 元。爱公司还提交第 12312×××号"AIMER"以及第 3641×××号"爱慕"商标的商标证，湖南省长沙市中级人民法院作出的（2007）长中民三初字第 0×××号民事判决书，用以证明第 3641×××号"爱慕"的商标曾被认定为中国驰名商标。

为证明其主张，北京科技公司及北京技术公司共同提交以下主要证据：

1. 北京技术公司与案外某公司于 2021 年 1 月 18 日签订产品推广合作协议，合作商品为"MRING 一体式无痕内衣"和"MRING 阔腿裤"，其中内衣结算价为 45 元两件。上述协议约定"乙方保证提供的宣传物料及相关材料符合法律规定"。

2. 微信聊天记录、电子邮件网页打印件，显示案外某公司介绍被控侵权商品来自与爱公司合作的工厂，并向北京科技公司、北京技术公司发送加盖佛山商务公司公章的商标证、营业执照，加盖汕头实业公司公章的订货合同等材料。

3. 案外某公司与北京技术公司 2 月货款结算清单、银行付款回单复印件，显示"MRING 内衣"2 月销售额 35617.5 元，推广费为 18996 元。

北京科技公司及北京技术公司另提交（2022）京某内民证字第 02654、02655 号公证书公证保全上述部分证据。

庭审中，北京科技公司及北京技术公司提交网络购物商城中两家其他店铺销售含有"爱慕制造商"字样的商品的网页打印件及链接，用以证明佛山商务公司作为 MRING 商标内衣的经销商，在其他推广中多次使用"爱慕制造商"作为宣传点。经庭审勘验，上述链接仍处于有效状态。

以上事实，有公证书、网页打印件、合作协议及当事人陈述等在卷佐证。

▶ **裁判意见**

**法院认为：**

爱公司与四被告的经营范围均包括内衣商品的生产及销售，前者与后四者之间构成竞争关系。爱公司有权根据《中华人民共和国反不正当竞争法》的规定提起诉讼。

根据《中华人民共和国反不正当竞争法》[①] 第六条第二项规定，经营者不得实施擅自使用他人有一定影响的企业名称（包括简称、字号等），引人误认为是他人商品或者与他人存在特定联系的混淆行为。

本案中，根据在案证据，爱公司成立并申请"爱慕"商标且商标已核准

---

① 此处引用的《中华人民共和国反不正当竞争法》为 2019 年修正本，本篇下同。

注册,"爱慕"既是爱公司的企业字号,又是其注册商标,经过使用,商标与企业字号的知名度和承载的商誉能够相互渗透、相互增进,结合"爱慕"商标曾被认定为中国驰名商标等事实,可以证明"爱慕"系爱公司具有一定影响的企业字号,此为其一。其二,北京科技公司在其经营的微信公众号中发布名为《夜市丨爱慕同厂无痕内衣,均价 300 的品质,被我们砍到 69 两件》的文章,在标题、正文及附图中多处使用"爱慕同款制造商""Aimer""爱慕"等字样;北京技术公司在其经营的网络店铺中,在题目、商品介绍等多处使用"爱慕同款制造商"等字样,其中"爱慕同款制造商"等文字使用加粗黑色边框突出醒目,上述使用方式不当地吸引消费者对于"爱慕"的企业名称产生过多注意,明显存在攀附"爱慕"字号商誉的故意,会使消费者混淆涉案商品与爱公司的商品,对爱公司构成不正当竞争。

《中华人民共和国反不正当竞争法》第八条规定:"经营者不得对其商品的性能、功能、质量、销售状况、用户评价、曾获荣誉等作虚假或者引人误解的商业宣传,欺骗、误导消费者。经营者不得通过组织虚假交易等方式,帮助其他经营者进行虚假或者引人误解的商业宣传。"

如前所述,北京科技公司及北京技术公司在涉案文章中多处使用"爱慕同款制造商"等字样,并在附图中显示爱公司与汕头实业公司的加工合同,上述宣传内容均与事实不符,容易使相关公众对其宣传及销售的内衣的质量等产生误认误解,扰乱了正常的市场秩序,已构成虚假宣传的不正当竞争行为。北京科技公司及北京技术公司辩称上述内容均来自案外某公司,其已经尽到了应尽的审查义务,对此法院认为,北京科技公司及北京技术公司在其经营的微信公众号及网络店铺中发布被控侵权文章并销售,应当对其发布并上线的内容负有较高的审查义务,其对于被控侵权内容具有一定主观过错,其相关抗辩缺乏事实及法律依据,法院不予支持。

《中华人民共和国反不正当竞争法》第十一条规定:"经营者不得编造、传播虚假信息或者误导性信息,损害竞争对手的商业信誉、商品声誉。"经营者实施商业诋毁的目的通常在于,通过诋毁行为损害他人的商誉,降低其竞争力,从而直接或间接地提升自己的市场优势。本案中,在案证据尚不足以证明北京科技公司及北京技术公司存在损害爱公司商誉的主观故意及爱公司商誉被诋毁的客观结果,故爱公司的上述主张缺乏事实及法律依据,法院不予支持。

在法院已认定北京科技公司及北京技术公司涉案行为构成擅自使用他人有一定影响字号的不正当竞争行为的情况下,爱公司关于涉案行为同时适用《中华人民共和国反不正当竞争法》第六条第四项兜底条款及第二条原则性条款的主张于法无据,法院不予支持。

此外,在被控侵权文章中购买的内衣商品标签显示制造商为汕头实业公司、品牌运营商为佛山商务公司。但根据北京科技公司及北京技术公司提交的微信聊天记录网页打印件及合作协议等证据,可知其系与案外某公司合作发布涉案文章,在案证据尚不足以证明被控侵权文章的发布系汕头实业公司、佛山商务公司与北京科技公司、北京技术公司就涉案不正当竞争行为存在共同的意思表示,故在案证据尚不足以证明汕头实业公司、佛山商务公司与北京科技公司、北京技术公司共同实施了涉案不正当竞争行为,也不足以证明汕头实业公司、佛山商务公司生产及销售"MRING"内衣的行为构成不正当竞争行为。

关于北京科技公司、北京技术公司应承担何种法律责任。首先,爱公司关于北京科技公司、北京技术公司删除被控侵权链接、停止销售被控侵权商品的主张于法有据。北京科技公司、北京技术公司虽然抗辩称被控侵权的文章已经删除,但对此未提交证据予以证明,且爱公司亦未予以认可的情况下,法院对爱公司的上述诉讼请求予以支持。爱公司关于汕头实业公司、佛山商务公司停止生产和销售"MRING"内衣的诉讼请求缺乏事实及法律依据,法院不予支持。

关于消除影响,鉴于北京科技公司、北京技术公司发布的涉案文章及网店商品信息构成混淆及虚假宣传的不正当竞争行为,对爱公司商业信誉和商品声誉均产生了负面影响,故爱公司该项主张具有事实和法律依据,法院予以支持。对于刊登消除影响声明的位置及期间,法院综合考虑被控侵权行为实施的范围及造成的影响等因素,酌情予以确定。

《中华人民共和国反不正当竞争法》第十七条第三款、第四款规定:"因不正当竞争行为受到损害的经营者的赔偿数额,按照其因被侵权所受到的实际损失确定；实际损失难以计算的，按照侵权人因侵权所获得的利益确定。经营者恶意实施侵犯商业秘密行为，情节严重的，可以在按照上述方法确定数额的一倍以上五倍以下确定赔偿数额。赔偿数额还应当包括经营者为制止侵权行为所支付的合理开支。经营者违反本法第六条、第九条规定，权利人因被侵权所受到的实际损失、侵权人因侵权所获得的利益难以确定的，由人民法院根据侵权行为的情节判决给予权利人五百万元以下的赔偿。"对于赔偿数额问题，本案综合考虑爱公司企业名称的知名度，被控不正当竞争行为的表现形式、持续的时间、主观恶意程度等因素，酌情确定北京科技公司、北京技术公司赔偿爱公司经济损失 50000 元。

关于爱公司主张的合理支出费用，考虑到爱公司未提交合理支出票据、律师代理合同等证据，对其主张的律师费不予支持。考虑到本案确有公证书证据并予以采纳，对于其主张的公证费 2500 元，本院酌情支持 1500 元。

综上所述，依据《中华人民共和国反不正当竞争法》第六条、第八条、第十七条之规定，判决如下：

一、自本判决生效之日起，被告北京科技公司、被告北京技术公司立即停止涉案不正当竞争行为；

二、自本判决生效之日起，被告北京科技公司、被告北京技术公司在其经营的微信公众号、网络店铺的显著位置刊登声明，消除影响，时间不少于七日；

三、被告北京科技公司、被告北京技术公司于本判决生效之日起十日内赔偿原告爱公司经济损失 50000 元及合理开支 1500 元；

四、驳回原告爱公司的其他诉讼请求。

### ▶ 案情解析

本案是一起不正当竞争纠纷案件，该案件争议的焦点在于两个方面：一、擅自使用企业名称构成不正当竞争的要求与判断；二、虚假宣传构成的不正当竞争的判断。

一、擅自使用企业名称构成不正当竞争的要求与判断

企业字号是企业名称中最核心、最具有区别性的部分，《中华人民共和国

反不正当竞争法》第六条第二项规定"擅自使用他人有一定影响的企业名称（包括简称、字号等）、社会组织名称（包括简称等）、姓名（包括笔名、艺名、译名等）"，引人误认为是他人商品或者与他人存在特定联系，构成不正当竞争。

（一）爱公司的"爱慕"企业字号是否具有一定的影响

判断企业字号是否具有一定影响，主要考虑是否具有一定的市场知名度，综合考虑中国境内相关公众的知悉程度，商品销售的时间、区域、数额和对象，宣传的持续时间、程度和地域范围，标识受保护的情况等因素。结合本案，爱公司成立及"爱慕"商标申请及核准注册，"爱慕"既是爱公司的企业字号，又是其注册商标，经过使用，商标与企业字号的知名度和承载的商誉能够相互渗透、相互增进，结合"爱慕"商标曾被认定为中国驰名商标等事实，可以证明"爱慕"系爱公司具有一定影响的企业字号。

（二）使用他人企业名称引人混淆构成不正当竞争

《中华人民共和国反不正当竞争法》第六条规定的"引人误认为是他人商品或者与他人存在特定联系"，包括误认为与他人具有商业联合、许可使用、商业冠名、广告代言等特定联系。本案中北京科技公司在其经营的微信公众号中发布的文章，在标题、正文及附图中多处使用"爱慕同款制造商""Aimer""爱慕"等字样；北京技术公司在其经营的网络店铺中，在题目、商品介绍等多处使用"爱慕同款制造商"等字样，其中"爱慕同款制造商"等文字突出醒目，上述使用方式使得消费者对于"爱慕"的企业名称产生过多注意，明显存在攀附"爱慕"字号商誉的故意，将会导致消费者误认为爱公司与北京科技公司、北京技术公司存在商业联合、许可使用等行为，让消费者误以为二被告生产销售的产品即为爱公司的正版产品，足以产生混淆，二被告的故意攀附行为对爱公司构成不正当竞争，也属于擅自使用他人有一定影响字号的不正当竞争行为。

二、虚假宣传构成的不正当竞争的判断

经营者在商业宣传过程中，提供不真实的商品相关信息，欺骗、误导相关公众的，人民法院应当认定为《中华人民共和国反不正当竞争法》第八条第一款规定的虚假的商业宣传。本案中北京科技公司、北京技术公司在涉案文章中多处使用"爱慕同款制造商"等字样,并在附图中显示爱公司与汕头实业公司的加工合同,宣传内容与事实是不相符的,极其容易导致相关公众认为二被告宣传的产品即为其想要购买的爱公司的产品,是一种通过欺骗、误导相关公众的手段不恰当地截取爱公司的潜在消费者的行为,将会扰乱爱公司正常的市场秩序,二被告的虚假宣传行为构成不正当竞争。

## 43. 搜索引擎关键词扩大化隐性使用
——上海某信息科技有限公司与江西某科技有限公司、北京某科技有限公司不正当竞争纠纷案

### 裁判要旨

《中华人民共和国反不正当竞争法》[①] 第二条第二款规定："本法所称的不正当竞争行为，是指经营者在生产经营活动中，违反本法规定，扰乱市场竞争秩序，损害其他经营者或者消费者的合法权益的行为。"可以看出，《中华人民共和国反不正当竞争法》是规范市场竞争行为的法律，着眼于对竞争行为正当与否的评价，即被诉竞争行为因违反商业道德而具有不正当性。竞争行为违背了商业道德，破坏了市场竞争秩序，损害了其他经营者和消费者的合法利益，则具有不正当性，可以适用《中华人民共和国反不正当竞争法》进行规制。

### 关键词

反不正当竞争　竞争关系　短语匹配

### 当事人

原告：上海某信息科技有限公司（以下简称上海公司）
被告：江西某科技有限公司（以下简称江西公司）
被告：北京某科技有限公司（以下简称北京公司）

---

[①] 此处引用的《中华人民共和国反不正当竞争法》为2019年修正本，本篇下同。

### ▶ 一审诉请

上海公司向一审法院起诉请求：(1) 判令江西公司、北京公司共同赔偿经济损失 190000 元；(2) 判令江西公司、北京公司共同赔偿维权合理开支 10000 元，包括公证费 1000 元，律师费 9000 元。

### ▶ 案件事实

**一审法院经审理查明：**

一、上海公司经营情况及其注册商标相关的事实

上海公司成立于 2007 年 9 月 28 日，经营范围包括计算机软件的研发、设计、制作、销售，计算机硬件的研发、销售，系统集成，并提供相关的技术咨询和技术服务，网络工程的安装、调试和维护。

上海公司研发的《古剑奇谭》单机游戏于 2010 年上市，之后上海公司又陆续开发了系列单机游戏、网络游戏、移动客户端游戏。自 2010 年至今，上海公司通过各大公众平台、游戏资讯网站等持续对《古剑奇谭》系列游戏进行宣传报道。2011 年至 2020 年期间，上海公司研发的《古剑奇谭》系列游戏荣获多项荣誉。《古剑奇谭》单机游戏荣获 2011 年巴哈姆特游戏大赏银奖、2011 年度十大最受欢迎单机游戏、2013 年第四届中华优秀出版物（音像电子游戏出版物）奖、2013 年十大最受欢迎单机游戏第二名。《古剑奇谭二》荣获 2013 年十大最受欢迎单机游戏第一名。《古剑奇谭（微博）单机游戏》荣获 2014 年第三届中国出版政府奖音像电子网络出版物奖。《古剑奇谭（微博）网络版》荣获 2015 年度十大最期待客户端网络游戏奖。《古剑奇谭 OL》荣获 2015 年新浪中国游戏排行榜年度最具创新奖第 6 名。《古剑奇谭网络版》荣获 2015 年度"金翎奖"最佳原创网络游戏、2015 年新浪中国游戏排行榜十大新锐网游、2016 年第五届"金翼奖"最受期待网络游戏奖、2018 年中国产业年会十大最受欢迎电脑网络游戏、2018 年"金翎奖"玩家最期待的网络游戏、第七届金口奖 2020 年年度产品奖。《古剑奇谭二：永夜初晗》荣获 2018 年优秀原创动漫作品版权开发奖励计划品牌经营类金奖。《古剑奇谭三》荣获

游民星空主办的2018年玩趣奖年度国产游戏奖、第五届金口奖年度产品奖。《古剑奇谭木语人》荣获2020年度"金翎奖"玩家最期待移动网络游戏。《古剑奇谭网络版》获得2020年度中国游戏十强客户端游戏提名。《古剑奇谭》计算机软件还荣获2020年中国版权金奖作品奖。

2014年、2015年,上海公司的全资母公司将《古剑奇谭》《古剑奇谭二》授权第三人进行影视改编。《古剑奇谭:琴心剑魂今何在》单机游戏改编的《古剑奇谭》电视连续剧在2015年中国周播剧收视率排行榜排名第4。《古剑奇谭二:永夜初寒凝碧天》单机游戏改编的《古剑奇谭二》网络剧累计播放量达17.1亿。

上海公司在经营过程中,陆续注册了如下系列商标:上海公司在第9类的"计算机游戏软件"商品上注册了第15367×××号"古剑奇谭"、第14651×××号"古剑奇谭OL"、第15367×××号"古剑"、第32479×××号"古剑奇谭网络版"、第32800×××号"古剑奇谭网络版"、第14651×××号"古剑奇谭网络版"商标。上海公司在第41类的"在计算机网络上提供在线游戏"服务上注册了第6909×××号"古剑奇谭"、第153675×××号"古剑奇谭"、第14651×××号"古剑奇谭OL"、第15367×××号"古剑"、第23560×××号"古剑"、第32467×××号"古剑奇谭网络版"、第32464×××号"古剑奇谭网络版"、第14651×××号"古剑奇谭网络版"商标,上述商标均在有效期内。

2019年3月28日,原国家工商行政管理总局商标评审委员会作出了《关于第15123×××号"古剑奇谭"商标无效宣告请求裁定书》,该裁定书认为:在争议商标申请注册日,即2014年8月8日之前,申请人第6909×××号"古剑奇谭"商标已在我国进行了持续广泛的宣传和使用,建立了较高知名度及广泛的影响,在"在计算机网络上提供在线游戏服务"上经使用已为中国相关公众所熟知。

二、被诉行为相关事实

涉案搜索网站由北京公司主办。北京公司通过搜索网站及其"点睛平台"、审核等配套后台管理系统为广告主提供关键词竞价排名服务。庭审时,北京公司陈述,其公司提供的关键词竞价排名服务的具体业务流程、审核内容、排名规则以及收费模式如下:广告主向"点睛平台"提交营业执照、ICP备案查询、广告主与推广网站的关系证明等加盖公章的资质文件扫描件进行开户。开户成功后,广告主对账户进行充值,之后可自行操作关键词推广计划,内容包括但不限于新建关键词、选择关键词匹配机制、设置推广链接、为关键词出价、删除关键词等。广告主新建关键词后,北京公司的审核系统将自动对广告主设置的关键词进行涉黄、涉毒、涉赌、违宪等方面的审查。对于权利人主动进行过投诉、起诉等维权的商标,在符合有效权利通知的情况下,北京公司会对维权过的商标进行关键词保护,对直接购买此类商标作为关键词的广告主,系统不予审核通过。对于通过审核的关键词,平台将综合考虑广告主的业务范围与检索词的相关性、广告主设置的关键词与检索词的相关性、检索词与推广链接标题以及描述的相关性、广告主出价高低等多重权重值,确定推广链接是否展示以及展示的具体位置。通过竞价排名业务展示的链接都会标注"广告"字样,以此区分推广链接与自然搜索链接。北京公司竞价排名业务采取 CPC(costperclick)计费模式,即只有在网络用户点击了推广链接,跳转到广告主推广的网站后,平台才向广告主收取该条推广链接的广告费用,费用为广告主在推广计划中针对竞价的关键词设置的出价。

江西公司成立于 2014 年 12 月 2 日,经营范围包括高新技术产品的研发;计算机软件设计、开发、销售;互联网信息服务;其他互联网服务;国内各类广告的设计、制作、代理、发布等。

被诉网站由江西公司主办。2019 年 8 月 15 日,登录北京公司的搜索网站,在搜索框中输入"古剑奇谭",点击搜索,搜索结果第二页最后一条链接名为"奇侠游戏 2019 热门武侠网游千人同服网页畅玩新区"(以下简称被诉推广链接),被诉推广链接名称下方显示有"广告"字样。点击进入该链接,为一武侠类网页游戏的"开始游戏"页面,游戏页面有加大加粗的"江湖侠客"字样。同日,在搜索框中分别输入"古剑奇谭网络版""古剑奇谭 OL""古剑",点击搜索,搜索结果中均有被诉推广链接,链接排位分别为首页最后一条、第二页最后一条、第六页最后一条,在上述搜索结果链接名称下方均显示"广告"字样。搜索"古剑奇谭""古剑奇谭网络版""古剑奇谭 OL"

"古剑"关键词,搜索结果中上海公司的全资母公司的官方网站均排在被诉推广链接之前。上述事实,经(2019)京某内民证字第1205号公证书予以公证。

经查,江西公司于2019年4月3日通过北京公司运营的"点睛平台"将"古剑奇侠网页版""古剑奇侠游戏"设置为关键词进行竞价排名,设置的关键词匹配方式为"短语匹配"。北京公司称其平台的关键词智能匹配机制包括"短语匹配""精确匹配""广泛匹配",广告主设置关键词时可以任意选择,"短语匹配"是指只要网络用户搜索的关键词与广告主设置的关键词有相同字段,即可触发竞价排名机制,广告主设置的推广链接即会根据竞价排名规则展示在搜索结果页面,江西公司选择的是"短语匹配"机制,因"古剑奇谭""古剑奇谭网络版""古剑奇谭OL""古剑"与"古剑奇侠网页版""古剑奇侠游戏"包含"古剑"相同字段,所以网络用户搜索"古剑奇谭""古剑奇谭网络版""古剑奇谭OL""古剑"关键词时,设置"古剑奇侠游戏""古剑奇侠网页版"关键词的被诉推广链接也会被展示。江西公司认可北京公司陈述的"短语匹配"机制。

2016年2月25日,上海公司的全资母公司将《古剑奇谭二网页版》软件作品在中国大陆以及港澳台地区的运营权授权上海某信息技术有限公司,授权期限从2016年2月25日至该游戏结束运营之日止。2019年9月1日,上海某信息技术有限公司与江西公司签署《联合运营协议》,将《古剑奇谭二》网页游戏在中国大陆地区的运营权分授权给江西公司,江西公司在协议期限内,为运营游戏的目的,按照授权商标使用规则在授权区域内对授权商标进行复制、使用和展示。授权期限2019年9月1日至2021年8月31日。江西公司据此抗辩其合法享有《古剑奇谭二》网页游戏的运营权和商标使用权,江西公司的被诉行为不构成不正当竞争。除上述内容外,《联合运营协议》第4.2.4条还约定,江西公司保证在合作期间不使用搜索引擎中购买竞价排名关键词的方式推广合作游戏,包括但不限于使用包含"古剑奇谭二"的关键字,不得投机使用"古剑奇谭二"中文字的分拆、组合或其他关联模式,例如"古剑奇谭二""古剑奇谭二官网""古剑之奇谭二""古剑奇谭二攻略""古剑奇谭二新服",等等。

江西公司未提交证据证明被诉网页游戏是《古剑奇谭二》游戏,也未提交证据证明被诉网页游戏与"古剑奇侠"游戏或"古剑"元素有任何关联。江西公司解释称,由于上海公司公证时并未公证游戏运行界面,江西公司于 2020 年 8 月 31 日已经停止运营《古剑奇谭二》游戏,所以庭审时无法证明被诉网页游戏是否为《古剑奇谭二》游戏。

三、关于北京公司是否尽到合理注意义务的相关事实

为避免网络用户通过其提供的网络服务侵害他人民事权益,北京公司事前采取了如下措施:1. 在搜索网站首页设置有"意见反馈"通道,提供了"意见反馈""快照删除""图片举报"等路径;2. 在搜索网站首页公示有"搜索免责声明",其中明确指出"如果您认为通过搜索链接到的第三方网页内容涉嫌侵犯您的信息网络传播权,请您按照权利人保护指引页面的说明,向我们发送'权利通知',在收到您邮寄的'权利通知'后,我们将依法尽快断开相关链接内容";3. 在搜索首页设置有"权利人保护指引",其中明确列明了权利通知的措施、步骤、联系方式及地址等信息。北京公司收到本案起诉状后,于 2021 年 7 月 14 日通过搜索网站检索"古剑奇谭""古剑奇谭网络版""古剑""古剑奇谭 OL"关键词,搜索结果中已无被诉推广链接。

经查,北京公司分别于 2021 年 5 月 17 日、2021 年 7 月 14 日在审核系统中将"古剑奇谭""古剑"设置为"限制对象",限制全行业将"古剑奇谭""古剑"设置为关键词以及在链接标题、描述中使用。

四、其他

因案外人广州某信息科技有限公司运营"古剑奇侠"网页游戏,上海公司的全资母公司向广州市天河区人民法院提起过侵害商标权纠纷的诉讼,主张"古剑奇侠"游戏名称侵害了"古剑奇谭""古剑"系列商标专用权。广州市天河区人民法院于 2014 年 11 月 20 日作出(2013)穗天法知民初字第 1×××号民事判决书,认为"虽然古剑奇谭与古剑奇侠均与古剑有关,但古剑属于武侠类文学作品和游戏中的常用元素,显著性不明显;虽然古剑系注册商标,但其注册行为并不能排斥其他武侠类作品对古剑元素的正常使用;古剑奇侠与古剑奇谭、古剑整体含义并不相同,不属于近似商标"。北京公司据此认为,江西公司设置的"古剑奇侠游戏""古剑奇侠网络版"关键词与上海

公司主张权利的"古剑奇谭""古剑""古剑奇谭网络版""古剑奇谭 OL"等系列商标不相同也不近似，江西公司不存在搭便车的行为，江西公司不构成不正当竞争。

2012 年 5 月 24 日，案外人广州某信息科技有限公司向原国家工商行政管理总局申请在 41 类上注册"古剑奇侠"商标，商标评审委员会以"古剑奇侠"与注册在第 41 类的"古剑奇谭"商标构成使用在类似商品上的近似商标为由，驳回了广州某信息科技有限公司的申请。该案经过一审、二审、复审，北京市高级人民法院认为"古剑奇侠"与"古剑奇谭"属于使用在相同或类似服务上的近似商标，维持了原判。

上海公司未提交证据证明因被诉行为所受到的实际损失以及江西公司所获得的利益，也未提交律师委托协议、律师费发票、公证费发票等证据证明为本案维权实际支出了公证费 1000 元，律师费 9000 元。

以上事实，有营业执照、商标注册证、公证书、合同、网页打印件、奖杯、证书以及当事人陈述等证据在案佐证。

▶ **裁判意见**

**法院认为：**

《中华人民共和国反不正当竞争法》第一条规定："为了促进社会主义市场经济健康发展，鼓励和保护公平竞争，制止不正当竞争行为，保护经营者和消费者的合法权益，制定本法。"第二条第一款规定："经营者在生产经营活动中，应当遵循自愿、平等、公平、诚信的原则，遵守法律和商业道德。"第二款规定："本法所称的不正当竞争行为，是指经营者在生产经营活动中，违反本法规定，扰乱市场竞争秩序，损害其他经营者或者消费者的合法权益的行为。"根据上述规定可以看出，《中华人民共和国反不正当竞争法》是规范市场竞争行为的法律，着眼于对竞争行为正当与否的评价，即被诉竞争行为因违反商业道德而具有不正当性。只要一项竞争行为违背了商业道德，破坏了市场竞争秩序，损害了其他经营者和消费者的合法利益，就具有不正当性，就可以适用《中华人民共和国反不正当竞争法》进行规制。

一、关于江西公司是否构成不正当竞争

市场经济鼓励经营者自由竞争,以此激励创新,进而实现公共利益。但过度自由竞争又会产生负面的效果。当自由竞争的负面效果大于正面效果时,就破坏了健康的市场竞争机制,会损害公共利益,此时的竞争行为就应当予以规制。《中华人民共和国反不正当竞争法》规定经营者应当遵循的诚信等竞争原则体现为商业道德,规定经营者应当遵守商业道德是为了管制过度自由竞争带来的负面效果,因此只要一项竞争行为违背了商业道德,就具有不正当性,就应当受到《中华人民共和国反不正当竞争法》的规制。

《中华人民共和国反不正当竞争法》中的商业道德既不等同于个人品德,又不同于一般社会公德,体现的是经济人的伦理标准。判断一项竞争行为是否符合经济人的伦理标准,应当综合分析竞争行为对市场竞争秩序、经营者利益、消费者利益的影响,从市场经济目标的角度进行利益衡量,判断竞争行为产生的是负面效果还是正面效果。因此,是否符合商业道德应当考虑竞争行为对经济秩序、其他竞争者利益、消费者利益的影响。如果被诉竞争行为损害了其他经营者的合法权益、消费者的利益及社会公共利益,该竞争行为就违反了商业道德。

本案中,上海公司主张江西公司未经许可在北京公司提供的竞价排名服务中将"古剑奇谭""古剑奇谭网络版""古剑奇谭OL""古剑"设置为搜索关键词。根据北京公司提交的后台数据显示,江西公司在"点睛平台"中设置的关键词为"古剑奇侠网络版""古剑奇侠游戏",并非"古剑奇谭""古剑奇谭网络版""古剑奇谭OL""古剑"。江西公司将"古剑奇侠网络版""古剑奇侠游戏"设置为竞价排名关键词的行为目的是当相关消费者搜索相关关键词时,在搜索结果中能够展示江西公司设置的被诉推广链接,进而吸引相关消费者注意力,提高相关消费者访问被诉网站的概率,以此获得竞争优势,因此,被诉行为属于市场竞争行为。

"古剑奇谭""古剑奇谭网络版""古剑奇谭OL""古剑"均属于上海公司注册商标,根据上海公司对古剑奇谭系列游戏的宣传报道以及所获荣誉可知,经过上海公司的使用以及宣传推广,上述商标在相关公众中已经具有一定影响。相关消费者选择"古剑奇谭""古剑奇谭网络版""古剑奇谭OL""古剑"作为关键词进行检索,通常情况是基于对上述注册商标商誉的认可进行的重复或者因他人的推荐而选择。当相关消费者搜索"古剑奇谭""古剑奇谭网络版""古剑奇谭OL""古剑"关键词时,其目的通常是欲访问与"古剑奇谭""古剑奇谭网络版""古剑奇谭OL""古剑"游戏相关的网站,故涉案商标能够给上海公司带来竞争优势。江西公司使用"古剑奇侠网络版""古剑奇侠游戏"作为竞价排名关键词并选择"短语匹配"机制,当相关消费者搜索"古剑奇谭""古剑奇谭网络版""古剑奇谭OL""古剑"关键词时,因与江西公司设置的"古剑奇侠网络版""古剑奇侠游戏"关键词包含"古剑"相同字段,被诉推广链接展示在了搜索结果页面,进而被消费者注意。江西公司的被诉行为会导致欲访问上海公司"古剑奇谭""古剑奇谭网络版""古剑奇谭OL""古剑"注册商标相关游戏网站的消费者访问了江西公司运营的被诉网站,分流了属于上海公司的消费者的注意力,降低了上海公司的竞争优势,造成了上海公司竞争利益的损害。

市场竞争的本质就是交易机会或者竞争优势的争夺,一定会存在竞争对手竞争利益的损害,竞争性损害在市场经济语境下是中性的概念,并不因为竞争行为造成了竞争性损害就当然地认为该行为具有不正当性。竞争行为正当与否还需要从行为对市场竞争秩序、消费者利益及其他相关主体利益的影响进行综合评价。消费者利益是多元的,不同情境下的消费者所需要的利益是不同的,相关消费者所需要的利益需要在具体情境下进行判断。搜索引擎服务的目的是降低消费者信息检索的成本,提升信息检索效率。相关消费者通过关键词检索的方式检索信息的目的是以最高的效率检索出与其搜索的关键词直接相关的信息。

本案中,相关消费者搜索"古剑奇谭""古剑奇谭网络版""古剑奇谭OL""古剑"关键词的目的是以最高的效率检索出与上述关键词直接相关的信息。虽然上海公司的全资母公司的官方网站均排在被诉推广链接之前,但搜索结果也同时展示了被诉推广链接。因被诉推广链接与"古剑奇侠""古剑奇谭"游戏以及"古剑"元素并无任何关联,会导致相关消费者检索"古剑奇谭""古剑奇谭网络版""古剑奇谭OL""古剑"等包含"古剑"字段的关键词时能够检索出与其搜索的关键词无关的被诉推广链接，相关消费者还需要进一步识别搜索结果与其搜索关键词之间的相关性才能实现其检索相关信息的目的，被诉行为损害了相关消费者高效检索相关信息的利益。关于江西公司、北京公司抗辩被诉竞争行为增加了消费者选择权具有正当性的意见，法院认为，选择权只是消费者利益的一方面，并非增加了消费者选择权的竞争行为就一定符合相关消费者利益而当然具有正当性。通过搜索引擎关键词检索信息的相关消费者并不需要与检索的关键词无关的信息，因此，即便被诉行为增加了消费者的选择权，但此时的选择权并不符合相关消费者利益，不能据此认为被诉行为具有正当性。

市场经济鼓励经营者通过技术创新、商业模式创新来提升商品或服务质量等有利于促进经济健康发展的方式自由竞争。江西公司为提升自身竞争优势，通过设置"古剑奇侠网络版""古剑奇侠游戏"关键词的方式参与市场竞争，而"古剑奇侠"游戏是案外人运营的游戏，江西公司并未提交证据证明被诉网页游戏是"古剑奇侠"游戏或其获得了案外人的授权，也未提交证据证明"古剑奇侠网络版""古剑奇侠游戏"关键词与其所提供的商品或服务的质量有任何关联，江西公司使用"古剑奇侠"关键词并不具有任何正当理由。江西公司参与竞争的方式也并非通过提升商品或服务质量等任何有利于经济健康发展的方式，被诉竞争行为并不有利于增进社会整体福利。

江西公司将"古剑奇侠网络版""古剑奇侠游戏"设置为竞价排名关键词的目的仅仅是吸引更多消费者的注意力，提升自身竞争优势。江西公司完全可以设置自身商业标识或与其提供的游戏相关的元素作为竞价排名关键词来正当地吸引消费者的注意力。禁止江西公司在无任何正当理由的情况下设置他人商业标识作为竞价排名关键词，并不会限制江西公司参与市场自由竞争。

综上，被诉竞争行为违反了商业道德，具有不正当性，江西公司构成不正当竞争。

关于江西公司抗辩其与上海公司不属于同业竞争者，被诉行为不构成不正当竞争的意见，法院认为，江西公司与上海公司均经营计算机软件的研发、设计、制作、销售等业务，且同属于游戏领域，两者属于同业竞争者。而且是否构成不正当竞争，应当从被诉竞争行为本身的属性上进行判断，即被诉竞争行为是否给其他经营者造成了竞争利益的损害，而非要求经营者之间必须属于同业竞争者或者其提供的商品或服务具有可替代性，故对于江西公司的该项抗辩意见，法院不予采纳。此外，江西公司抗辩被诉网页游戏页面有"江湖侠客"字样，说明被诉网页游戏是武侠类游戏，"古剑"属于武侠类游戏的通用元素，因此，被诉行为不属于不正当竞争，法院认为，武侠类游戏并不必然包含"古剑"元素，在江西公司未提交证据证明被诉网页游戏包含"古剑"元素的情况下，对该项抗辩意见法院不予采纳。江西公司还抗辩被诉网页游戏可能是《古剑奇谭二》游戏，因其获得了《古剑奇谭二》游戏的运营权，因此，对"古剑"元素的使用属于合法使用，法院认为，江西公司并未提交证据证明被诉网页游戏是《古剑奇谭二》游戏，故对该项抗辩意见法院不予采纳。

二、关于江西公司应当承担的民事责任

《中华人民共和国反不正当竞争法》第十七条第一款规定："经营者违反本法规定，给他人造成损害的，应当依法承担民事责任。"第三款规定："因不正当竞争行为受到损害的经营者的赔偿数额，按照其因被侵权所受到的实际损失确定；实际损失难以计算的，按照侵权人因侵权所获得的利益确定。经营者恶意实施侵犯商业秘密行为，情节严重的，可以在按照上述方法确定数额的一倍以上五倍以下确定赔偿数额。赔偿数额还应当包括经营者为制止侵权行为所支付的合理开支。"

本案中，上海公司因被诉行为所受到的实际损失、江西公司因被诉行为所获得的利益均难以确定，法院根据被诉行为持续的时间、被诉推广链接在搜索结果中的排名、江西公司主观过错等侵权情节，综合确定江西公司应当赔偿的经济损失为80000元。

关于维权合理开支，虽然上海公司未提交律师代理协议及律师费发票、公证费发票等证据，但其委托律师出庭参加了诉讼，也进行了公证证据保全，必然会产生律师费、公证费，其主张律师费、公证费数额也属于合理范围，故对于上海公司主张的律师费、公证费予以全额支持。

## 三、关于北京公司是否应当承担法律责任

《中华人民共和国侵权责任法》①第六条第一款②规定："行为人因过错侵害他人民事权益，应当承担侵权责任。"第九条第一款③规定："教唆、帮助他人实施侵权行为的，应当与行为人承担连带责任。"竞价排名服务是搜索引擎服务提供者依托搜索引擎技术为客户提供的一种广告服务，属于对客户商业推广的帮助行为。因此，搜索引擎服务提供者是否构成侵权，应当考察其在提供竞价排名服务过程中是否具有主观过错。对于主观过错的判断，应当结合竞价排名服务的经营方式等判断其是否尽到了合理的注意义务。竞价排名服务虽然属于一种广告，但与传统广告相比，搜索引擎服务提供者无法时刻监控客户提交的关键词，不具备对客户提交的关键词进行事先审查的能力，故不能仅因客户设置了侵犯他人权利的关键词即认定搜索引擎服务提供者具有主观过错。

本案中，"古剑奇侠网络版""古剑奇侠游戏"由江西公司自行设置，北京公司并未直接实施被诉行为。为避免客户利用其提供的竞价排名服务侵害他人民事权益，北京公司事前公示了侵权投诉渠道和有效的联系方式。在收到本案起诉状后，北京公司及时检索了"古剑奇谭""古剑奇谭网络版""古剑奇谭OL""古剑"关键词，确保搜索上述关键词时被诉推广链接已不被展示。同时，北京公司及时在审核系统中将"古剑奇谭""古剑"设置为限制对象，限制全行业将"古剑奇谭""古剑"设置为关键词以及在链接标题、描述中使用。因此，北京公司已经尽到事前以及事后合理注意义务，主观上不具有过错，不应承担法律责任。

综上，依照《中华人民共和国侵权责任法》第六条第一款、第九条第一款，《中华人民共和国反不正当竞争法》第一条、第二条第一款、第二条第二款、第十七条第一款、第十七条第三款之规定，判决如下：

---

① 已被2020年5月通过的《中华人民共和国民法典》废止。
② 对应现行《中华人民共和国民法典》第一千一百六十五条第一款规定："行为人因过错侵害他人民事权益造成损害的，应当承担侵权责任。"本书下同。
③ 对应现行《中华人民共和国民法典》第一千一百六十九条第一款规定："教唆、帮助他人实施侵权行为的，应当与行为人承担连带责任。"本书下同。

一、被告江西公司于本判决生效之日起十日内赔偿原告上海公司经济损失 80000 元；

二、被告江西公司于本判决生效之日起十日内赔偿原告上海公司维权合理开支 10000 元；

三、驳回原告上海公司的其他诉讼请求。

▶ **案情解析**

本案是一起不正当竞争纠纷案件，该案件争议的焦点在于以下三点：上海公司的"古剑奇谭"系列商标是否具有一定的影响；江西公司无正当理由情况下设置他人商标作为搜索引擎关键词的行为是否构成不正当竞争；北京公司作为搜索引擎服务提供者对于商标侵权或不正当竞争行为是否需要承担帮助侵权的责任。

一、上海公司的"古剑奇谭"系列商标是否具有一定的影响

人民法院认定《中华人民共和国反不正当竞争法》第六条规定的标识是否具有一定的市场知名度，应当综合考虑中国境内相关公众的知悉程度，商品销售的时间、区域、数额和对象，宣传的持续时间、程度和地域范围，标识受保护的情况等因素。具体到本案中上海公司《古剑奇谭》系列游戏付出了巨大的成本，经过不断研发、推广、开拓市场，赢得广大用户认可，具有极高的知名度与商业价值，主要表现在以下几个方面："古剑奇谭"商标无效宣告请求裁定书，其中认定"古剑奇谭"商标在"在计算机网络上提供在线游戏"服务上经使用已为中国相关公众所熟知；《古剑奇谭一》《古剑奇谭二》游戏对外授权开发运营的相关合同；《古剑奇谭》游戏改编为视听作品，进一步让更多网络用户熟知《古剑奇谭》；《古剑奇谭》游戏与大量销售商签订销售合同，不断增涨的销售数据显示游戏受到广大用户的认可；《古剑奇谭》电视连续剧收视率、播放量高，并荣获大量奖项；官方网站、各大公众平台等对《古剑奇谭》游戏进行宣传推广，且游戏是持续开发的；2010—2020 年期间《古剑奇谭》系列游戏获得荣誉的相关报道和开发使用的新闻报道情况，显示古剑奇谭系列游戏和商标使用热度一直是极高的。上海公司综合一系列的销售、使用、宣传、获奖等证据，证明"古剑奇谭"系列商标属于为公众

所知悉的具有一定影响的商标。

二、江西公司无正当理由情况下设置他人商标作为搜索引擎关键词的行为是否构成不正当竞争

北京公司所述其"短语匹配"机制，具体是指只要网络用户搜索的关键词与广告主设置的关键词有相同字段，即可触发竞价排名机制。具体到本案中，江西公司通过北京公司运营的"点睛平台"将"古剑奇侠网页版""古剑奇侠游戏"设置为关键词进行竞价排名，设置的关键词匹配方式为"短语匹配"。在江西公司选择的是"短语匹配"机制情况下，因上海公司的"古剑奇谭"系列商标与江西公司设置的关键词"古剑奇侠网页版""古剑奇侠游戏"中均包含"古剑"相同字段，也就会出现当网络用户以"古剑奇谭"系列商标作为关键词进行检索时，江西公司设置的"古剑奇侠游戏""古剑奇侠网页版"关键词可触发竞价排名机制，导致被诉推广链接会以广告位的形式被展示在网页前端，进而被消费者注意。江西公司的被诉行为会导致欲访问上海公司"古剑奇谭"系列注册商标相关游戏网站的消费者访问了江西公司运营的被诉网站，分流了属于上海公司的消费者的注意力，降低了上海公司的竞争优势，造成了上海公司竞争利益的损害，进而构成不正当竞争。

本案中，江西公司在收到诉讼材料后，出示证据认为自己获得了《古剑奇谭二》网页游戏的运营推广权、商标使用权，有权利使用"古剑奇谭"系列商标作为广告搜索关键词，并提供了《联合运营协议》作为合同依据。但是按照合同约定和正常的逻辑，上海公司付费要求江西公司推广其古剑奇谭游戏，应当是江西公司推广上海公司开发运营的游戏，而不是利用上海公司的商标推广江西公司本身网站，且其网站内容中并未包含上海公司的游戏，因此其使用"古剑奇谭"系列商标作为关键词推广，不具有正当理由。

北京公司提交的证据显示，江西公司是将"古剑奇侠网页版""古剑奇侠游戏"作为推广关键词使用的，但其既没有"古剑奇侠"版权方给出的授权，又没有通过设置的关键词宣传推广"古剑奇侠"游戏，而是通过"古剑奇侠"系列关键词引流到自身网站。江西公司使用"古剑奇侠"关键词的行为和方式，均不具有任何正当理由。

也就是说在本案中，江西公司无论是使用"古剑奇谭"作为搜索引擎关键词，还是使用"古剑奇侠"作为搜索引擎关键词，均不具有正当性。且江西公司设置的"短语匹配"模式，出现近似字段，即可触发消费者检索需求，增加了消费者通过搜索引擎获取自身需求的难度。江西公司参与竞争的方式并非通过提升自身商品或服务质量等任何有利于经济健康发展的方式，而是直接使用对别人已经产生一定影响的商标，分流他人的潜在客户，江西公司的被诉竞争行为不是有利于增进社会整体福利的良性竞争行为。

故而，江西公司的被诉竞争行为违反了商业道德，具有不正当性，构成不正当竞争。

三、北京公司作为搜索引擎服务提供者对于商标侵权或不正当竞争行为是否需要承担帮助侵权的责任

作为搜索引擎服务提供者对于商标侵权或不正当竞争行为是否需要承担帮助侵权的责任，主要考察其在提供竞价排名服务过程中是否具有主观过错，其对于侵权的事实是否构成应知，也就是看竞价排名服务的经营方式中搜索引擎服务提供者对于侵权行为是否未尽到合理的注意义务。广告主设置搜索关键词在其后台即可自行操作，无需获得搜索引擎服务提供者的许可或者批准，搜索引擎服务提供者并不会直接实施被诉行为，对于被诉行为也没有审核的义务和能力。作为搜索引擎服务提供者，一般为了减少客户利用其提供的竞价排名服务侵害他人民事权益的情况出现，通常会采取事前公示侵权投诉渠道和有效的联系方式等措施，在收到侵权通知后进行删除，也就是所谓的"避风港条款"，遵循"通知并删除"的原则。在通知侵权后，仍然不采取任何措施的，才承担侵权责任。

本案中，江西公司自行将"古剑奇侠网络版""古剑奇侠游戏"设置为搜索引擎关键词，北京公司在收到本案起诉状后，及时检索了"古剑奇谭"系列关键词，确保搜索上述关键词被诉推广链接已不被展示。同时，北京公司及时在审核系统中将"古剑奇谭""古剑"设置为限制对象，限制全行业将"古剑奇谭""古剑"设置为关键词以及在链接标题、描述中使用。因此，北京公司已经尽到事前以及事后合理注意义务，主观上不具有过错，不应承担法律责任。

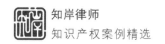

## 44. 虚假宣传引发的不正当竞争

——北京某伟业文化发展有限公司与杜某、北京某教育科技有限公司、北京某旅行社有限公司、安徽某报社不正当竞争纠纷案

### 📖 裁判要旨

经营者通过与事实内容不相符的虚假宣传，吸引顾客选择其服务或活动，进而从他人的市场份额中获得利益，将会导致同业竞争者的合法权益受到损害，属于对其服务进行引人误解的虚假宣传的行为，已构成不正当竞争。

### ▶ 关键词

网页版式设计　摄影作品　虚假宣传

### ▶ 当事人

原告：北京某伟业文化发展有限公司（以下简称北京文化公司）
被告：杜某
被告：北京某教育科技有限公司（以下简称北京教育公司）
被告：北京某旅行社有限公司（以下简称北京旅行公司）
被告：安徽某报社

### ▶ 一审诉请

北京文化公司向一审法院起诉请求：（1）四被告立即停止侵犯原告著作权、商标权及不正当竞争行为，在《中国教育报》上向原告公开赔礼道歉，被告北京教育公司就给原告造成的损失在其经营的网站上连续两年对原告公开赔礼道歉；（2）四被告连带赔偿原告经济损失500000元，其中著作权侵权赔偿 150000 元、商标权侵权赔偿 50000 元、不正当竞争行为赔偿 300000 元；(3) 四被告承担本案诉讼费。

## 案件事实

**一审法院经审理查明：**

原告企业法人营业执照显示：原告成立于 2001 年 2 月 15 日，经营范围包括一般经营项目，为组织文化交流活动；承办展览展示活动；广告设计、制作；环境艺术设计；家居装饰设计；打字服务；摄影服务；会议服务；翻译服务；经济信息咨询服务（不含中介服务）；企业形象策划；投资咨询；企业管理咨询；劳务服务；科技产品的技术开发、技术转让、技术咨询、技术培训、技术服务。

原告经国家工商行政管理总局商标局核准，注册了第 3420×××号商标。该商标为文字及拼音字母的组合商标，整体为指定的墨绿色，由一个变形的"学"字及字母"wdbjsdx"组成。其中构成学字的"子"字部分首笔画为红色圆点，该部首竖勾后有一长捺，在长捺上方为"我到北京上大学"汉语拼音首字母的组合"wdbjsdx"，"学"字背景为灰色阴影。该商标核定服务项目为第 39 类，包括旅行社（不包括预定旅馆）、旅行陪伴、旅客陪同、观光旅游、安排游览、旅游安排、旅行预订、旅游预订（截止）；注册有效期限自 2006 年 1 月 14 日至 2016 年 1 月 13 日止。

被告北京教育公司企业法人营业执照显示：该公司成立于 2009 年 1 月 16 日，法定代表人杜某，经营范围包括一般经营项目，为技术推广服务；计算机技术培训；教育信息咨询、企业管理咨询（不含中介服务）；摄影摄像服务；会议服务；组织文化艺术交流；体育运动项目经营（棋牌、高尔夫除外）。

被告北京旅行公司企业法人营业执照显示：该公司成立于 2009 年 10 月 29 日，法定代表人杜某，经营范围包括许可经营项目，为国内旅游；入境游业务。一般经营项目为组织文化艺术交流；票务代理；承办展览展示；会议服务；计算机技术培训；打字、复印；设计、制作、代理、发布广告。

2012 年 7 月 18 日，北京市某公证处出具（2012）京长安内经证字第

12628号公证书（以下简称第12628号公证书）。该公证书显示，原告代理人使用公证处电脑，进入工信部地址/域名信息备案系统网站，点击该网站首页右下方的"公共查询"，随后点击"备案信息查询"并输入原告网站域名，查询结果显示与该域名对应的网站名称为"我到北京上大学"，网站主办单位为北京文化公司，主办单位的性质为个人，审核时间为2011年12月19日。本案庭审中，原告还向本院提交了另外两份关于其经营网站的备案信息，其中备案号为京ICP备12048×××号-1的查询结果显示：网站名称为"北京文化公司"，主办单位为北京文化公司，主办单位性质为企业，审核时间2012年11月28日；另一份备案号为京ICP备05043×××号-1的查询结果显示：网站名称为"x-l-y.com"，主办单位为北京文化公司，主办单位性质为个人，审核时间为2005年7月11日。

第12628号公证书还记录了被告网站的备案信息查询过程和结果。该公证书显示：点击"备案信息查询"并输入被告网站域名，查询结果显示：网站名称为"同学时代"，主办单位为北京教育公司，主办单位性质为企业，审核时间为2011年4月2日。

点击上述查询结果中的首页网址后，直接进入相关页面。点击该页面中的"同学时代新精彩-光荣梦想"栏的"同学时代的经营理念"，进入后的页面左侧有竖行排列的七张图书封面图片，每张图片上方有绿色的"学"字，构成学字的"子"字部分首笔画为红色圆点，"学"字背景为灰色阴影，学字右侧为"我到北京上大学"七个汉字。图片下部有"全国创新策划中心"字样；图片上中部的文字及图片旁的附加说明分别为"理念：把教育功能镶嵌在旅行过程中的每一个环节；使命：帮助全国中、小学生产生学习的兴趣、树立远大理想，提升学生的综合素质，开阔视野；远景：成为全国中小学校之外'第二课堂'的领航者，给全社会对我们的尊重以最好的回报；服务：暑假、寒假期间为中、小学生提供课外活动服务。我们的优质服务将体现在统一的招生手段、全程规范的培训、严格的北京接待程序、后期开发、365天的跟踪服务上；目标：用三年的时间，创建'我到北京上大学'品牌；用五年时间，做到全国品牌夏令营的典范；用十年时间，做到国内外品牌夏令营的领航者；特色：招生手段特殊，全国联盟经营；注重品牌培育，形成规模效应；活动内容丰富，对手难以模仿；信条：血液里流淌着对孩子们的爱，以提高他们的素质为荣；口号：我到北京上大学，为人生做准备"。上述 7 张图片内和图片旁的文字内容与原告网站的相关内容相同。点击"夏冬令营"栏，进入后的页面显示有活动的照片，左侧第 1 张照片中的旗帜左侧位置有绿色的"学"字，构成学字的"子"字部分首笔画为红色圆点，"学"字背景为灰色阴影，旗帜下部有文字。

将原告的注册商标与上述被告北京教育公司网站中的图片上出现的"学"字标识进行比较：两者均包括了绿色中文文字"学"字；构成学字的"子"字部分的首笔画均为红色圆点，"学"字背景为灰色阴影。原告注册商标的"学"字的"子"字部分竖钩后有一长捺，在长捺上方为"我到北京上大学"汉语拼音首字母的组合"wdbjsdx"；被告北京教育公司使用的标识为"学"字，"学"字后单独标有中文"我到北京上大学"。

第 12628 号公证书显示，在浏览器地址栏输入安徽某报社网站网址并进入该网站，页面显示有"安徽某报小记者"的字样。点击该页面上方的"夏令营活动"，进入后的页面显示"安徽某报北京夏令营活动通知"。点击该通知，进入后的页面显示："安徽某报小记者主题夏令营——我到北京上大学，主办单位中国青少年协会安徽某报，承接单位北京某国际旅行社。"该活动的介绍页面中两次出现了原告主张权利的名为"世界公园"的照片。

原告为证明其对涉案图片享有著作权，提交了涉案图片的数码文件。该数码文件显示：图片 1 名为"居庸关长城"，拍摄时间 2004 年 7 月 14 日、文件大小 118KB、相机型号无法显示；图片 2 名为"营地操场"，拍摄时间 2004 年 7 月 9 日、文件大小 1MB、相机型号 CANON430；图片 3 名为"居庸关长城"，拍摄时间 2004 年 7 月 14 日、文件大小 159KB、相机型号无法显示；图片 4 名为"世界公园"，拍摄时间 2005 年 7 月 10 日、文件大小 586KB、相机型号 SONYDSCW-1；图片 5 名为"居庸关长城"，拍摄时间 2005 年 8 月 18 日、文件大小 403KB、相机型号无法显示；图片 7 名为"世界公园"，拍摄时间 2005 年 9 月 2 日、文件大小 325KB、相机型号无法显示；图片 8 名为"亚太实验学校"，拍摄时间 2005 年 6 月 27 日、文件大小 218KB、相机型号无法显示；图片 9 名为"世界公园"，拍摄时间 2005 年 3 月 21 日、文件大小

122KB、相机型号 KODAKEASYSHARECX7220ZOOM；图片 11 名为"居庸关长城"，拍摄时间 2005 年 8 月 18 日、文件大小 276KB、相机型号无法显示；图片 12 名为"亚太实验学校"，拍摄时间 2005 年 7 月 17 日、文件大小 685KB、相机型号 RICOHCAPLIOG4；图片 13 名为"清华园"，拍摄时间 2009 年 7 月 25 日、文件大小 129KB、相机型号无法显示。

第 12628 号公证书显示被告网站使用了涉案图片 1、2、11；安徽某报社网站使用了涉案图片 3、5、7、8、9、13，其中原告主张图片 4 也使用在安徽某报社网站中的情况与公证书显示内容不符。

被告北京教育公司认为在其网站及《夏令营综合手册》中出现的 1、2、11、12 这四张照片为其法定代表人杜某所拍摄，著作权属于杜某，被告北京教育公司有权使用上述四张照片。为此，该被告提交了数码相机拍摄后的作品转录光盘。光盘显示，与原告照片 1 对应的照片 1，创建时间为 2012 年 12 月 12 日，大小为 118KB；与原告照片 2 对应的照片 2，拍摄时间为 2004 年 2 月 9 日，创建时间为 2012 年 12 月 12 日，大小为 1MB，相机型号为 CANON430；与原告照片 11 对应的照片 3，创建时间为 2012 年 12 月 12 日，大小为 276KB；与原告照片 12 对应的照片 4，拍摄时间为 2005 年 7 月 16 日，创建时间为 2012 年 12 月 12 日，大小为 685KB，相机型号为 RICOHCAPLIOG4。经比对，上述四张数码照片与原告主张权利的照片在大小、使用相机型号、拍摄内容及角度上具有一致性。

另查明：

原告称其提交的封面有华表图案、女学生形象的《系列夏令营营员手册》系 2004 版（以下简称 2004 版《营员手册》），手册封底显示：策划北京文化公司、设计某广告公司、版权所有翻录必究；2001 年 11 月起我到北京上大学"学"字品牌受知识产权特别保护，未经授权不得使用；我到北京上大学夏令营指导中心。该手册封面及封底出现的"学"字整体为墨绿色，系一个变形的"学"字，其中构成学字的"子"字部分首笔画为红色圆点，"学"字背景为灰色阴影，该标识与原告的注册商标不同。该手册封面内侧为"个人宣言书"，第 1 页为"欢迎词"，第 2 页为"小档案"，第 3 页为目录，共计 32 页。

原告称其提交的封面有华表图案、男学生形象的《全脑学习营员手册》为 2005 版（以下简称 2005 版《营员手册》），手册封底显示：版权所有翻录必究；2001 年 11 月起我到北京上大学"学"字品牌受商标法保护，未经授权不得使用；我到北京上大学夏令营指导中心。该手册封面、封底出现的"学"字整体为墨绿色，系一个变形的"学"字，其中构成学字的"子"字部分首笔笔画为红色圆点，"学"字背景为灰色阴影，阴影下有汉语拼音"beijing"，该标识与原告的注册商标不同。该手册封面内侧为"学"字标识及其释义，第 1 页为"个人宣言书"，第 2 页为"全脑学习带你进入学习新境界"，第 3 页为目录，第 52 页为"快乐征文"并有"赶快加入 2005 年度'全脑学习训练营'征文比赛"的标语，手册共计 60 页。

原告北京文化公司称其提交的封面印有广大学生宣誓图案的《营员手册》为 2006 版（以下简称 2006 版《营员手册》），手册封底显示：版权所有翻录必究；2001 年 11 月起系列夏令营"学"字标识受商标法保护，未经授权不得使用；系列夏令营全国夏令营指导中心；封底有"学"字注册商标。该手册封面内侧为"营歌"，有"学"字注册商标，第 1 页为"欢迎参加'系列夏令营'"，第 2 页为"个人宣言书"，第 3 页为"什么是自我管理？"，第 4 页为"全脑学习"，第 5 页为目录，共计 48 页。该手册的每页下方均印有"学"字注册商标及"我到北京上大学"、原告网站网址的内容。

原告认可上述《营员手册》非由专业出版社出版而是由印刷厂印制，是其公司发放给营员的对外宣传册；并主张手册中反映的内容可以表明出版时间；且手册中涉及对原告法定代表人黄某的介绍以及标注的原告商标，均可间接证明原告享有上述《营员手册》的著作权。原告在本案中主张权利的是 2005 版、2006 版《营员手册》。

审理中原告提交了被告北京教育公司的涉案侵权《营员手册》。该手册封面印有手拉手的男、女学生形象及花草丛图案，标有"同学时代教育管理机构"、被告网站网址、"同学时代"系列夏令营、"把教育功能镶嵌在旅行过程的每个环节"等内容。该手册第 1 页为"欢迎参加同学时代·系列夏令营"，第 2 页为"个人宣言书"，第 4 页为目录，第 54 页是标题为"快乐征文"的空白页。该手册每页下方均标有"同学时代记忆无限精彩""品牌系列夏令营"的内容。另,原告主张涉案侵权《营员手册》第 6 页、第 9 页使用了涉案图片 1、12,但经比对,上述页面并无原告所主张权利的图片。

原告还提交了被告北京教育公司的涉案侵权《夏令营综合手册》。该手册封面印有坐在地球仪外圆环、手持营员手册的女学生形象及人造卫星图案,标有"同学时代夏令营指导中心、被告网站网址、同学时代夏令营、关注教育打造快乐、中国第一品牌夏令营综合手册"的内容;封面顶部还有绿、黄、红三色山形图案及"同学时代"中英文名称、中国青少年协会中英文名称及标志、"我到北京上大学"的标语等内容;该手册封底印有中国地图、"品牌见证,全国 206 个城市连锁经营"的字样、绿黄红三色山形图案及"同学时代"中英文名称,右下方标有"同学时代版权所有"的字样。该手册内含教育机构与国内营、国际营的介绍,以及"我到北京上大学"主题夏令营介绍等内容。该《夏令营综合手册》第 10 页使用了原告主张权利的涉案图片 12。

本院就原告主张范围内而被告北京教育公司否认的内容进行对比。在原告提交的有关双方《营员手册》比较对照表的 1 至 36 项中,被告北京教育公司涉案侵权《营员手册》与原告的 2005 版《营员手册》在该 36 处比对部分的表达构成相同或近似,版面字数近 11000 字;涉案侵权《营员手册》第 54 页印有"快乐征文"的标题及填写内容的空白处,页面下方为"同学时代"的名称及网址等内容,这与原告 2006 版《营员手册》第 47 页印有"有奖征文"标题及空白处的内容不相同。上述《营员手册》均系针对中、小学生这一使用人群所设计,但综合比较两者的页面版式设计,从整体上看并不完全相同。

被告北京教育公司不认可原告提交的 2005 版《营员手册》的真实性、关联性,认为该手册无出版时间、作者署名,原告所称于 2005 年出版发行的情况不属实;认可涉案侵权的《营员手册》《夏令营综合手册》的真实性,称《营员手册》出版于 2011 年之后,手册内容均来源于公有领域或由被告北京教育公司自己创作,不认可原告所要证明的侵权事实;并指明其手册第 1、2 页的文章是由杜某所创作的。

被告北京教育公司就此向法院提交了下列证据:1. 由王某编著,于 2011 年 10 月出版的《道德修养培养应该注意的误区》;2. 由管某编著,于 2003 年

10月出版的《学习成功中学生成就梦想的15堂必修课》;3. 呼某策划的《童军夏令营营员行知书》;4. 由周某著,于2001年4月出版的《终生的财富》。上述证据欲证明被告北京教育公司的文章来源及原告对其《营员手册》中的内容不享有著作权。其中被告涉案侵权《营员手册》第46页"男女同学交往的原则",与《道德修养培养应该注意的误区》一书第30页"误区2:不要公开和异性同学交往"标题下的最后1行、第31页第1至15行中的内容基本相同;被告涉案侵权《营员手册》第22页"你是最棒的!",与《学习成功中学生成就梦想的15堂必修课》一书中第47页的"你是最棒的!"标题下第1至23行、第48页第1至11行中的内容基本相同;被告涉案侵权《营员手册》第16页"如何制定目标",与《学习成功中学生成就梦想的15堂必修课》一书第18页"制订目标时应注意的几个问题"标题下第1至4行、第19页内容基本相同。原告2005版《营员手册》相关内容与被告北京教育公司提交的《童军夏令营营员行知书》的相关内容亦有相同或近似之处,包括目录中部分标题相同、"火车上的小常识"及"旅行日记1"内容基本相同、"行前准备"的部分内容相近、"理财时间"内容基本相同。被告北京教育公司还提交了"反应能力测试",证明其《营员手册》第38页的两个游戏来源于该书第45页、第163页的内容。被告北京教育公司还主张其《营员手册》第8页的另一个游戏来源于《综合能力测试》一书的第61页,但未提交该来源书籍的版权信息,不能证明其出版时间。关于被告北京教育公司提交的用以证明原告对其《营员手册》不享有权利的《终生的财富》一书,原告并未证明其《营员手册》与该书在哪些内容上存在相同或近似。

原告认可以上书籍的真实性,但认为《道德修养培养应该注意的误区》的出版版次信息为2011年10月第一版,晚于原告主张权利的《营员手册》的出版时间,因此不认可关联性;对于《学习成功中学生成就梦想的15堂必修课》无异议。

再查明:第12628号公证书中包括原告的"我到北京上大学"网站与被告北京教育公司的"同学时代"网站的页面版式设计和网页内容。对比上述两个网站的首页,从页面顶部看,二者均采用了上下两条导航栏。在这两栏中,除了"联系我们""专家团队"外,二者其余内容及位置均不一致;页面左上角分别为原告和被告各自不同的公司标识；导航栏下方有图片，但内容及位置设置不同。从导航栏和照片下方的页面中部看，二者均划分了三个竖行区域。原告竖行区域的内容为最新动态、夏令营园地、专家团队等栏目设置的介绍等，被告竖行区域的内容为夏令营指导中心、专家团队与指导教材、新闻动态及光荣梦想、游学须知等，以上内容二者不相同；同时被告网站的专家团队模块下对杜某的介绍中存在"中国首位提出'把教育功能镶嵌在旅行中的每个环节！'修学理念"的描述。另，第12628号公证书显示，被告北京教育公司网站的特许经营品牌介绍中出现下列描述："该活动……历时8年，取得了显著的成就。截至2010年9月底全国已有27个省、自治区和直辖市，300多个城市，近300家企业加盟此项事业。累计组织接待全国各地营员约100000名，为全国150000余名学生提供过教育专题演讲和咨询服务。……本活动开展以来已得到了中国关心下一代委员会、中国青少年协会等权威机构和知名企业的大力支持！"；在题目为"我们的发展历程和业绩现状"的文章中写道："1998—2002年，开创事业，规范培育阶段。……采用网络化经营模式，在12个省，108个城市开展此活动。2003—2004年，创建品牌，面向全国阶段。……2005年以来，完善品牌，蓬勃发展阶段。"

第12628号公证书还显示，安徽某报社网站的安徽某报北京夏令营通知页面中出现了中国青少年协会名称及图标，并标注主办单位包括中国青少年协会。

法院就原告主张的网站内容范围内而被告北京教育公司否认的内容进行对比。根据原告提交的有关该被告抄袭其"我到北京上大学"夏令营的部分证据表，对比原告主张权利的相关页面和被告北京教育公司网站的相应网页，二者网站每个子页面的栏目设置在"答家长问""核心资源"上有相同处，但其他方面并不一致；在结构、布局等处，有关"经营理念""十大特色"上有相似之处，但其他方面亦有所不同；但该证据表的第4至27项、30项中所指的页面内容相同及相似，相同或近似内容的版面字数为4000至5000字。

又查明：原告称"我到北京上大学"的业务历经多年积累，具有较高知名度，为此提交了从2001年至今的报纸，包括《生活报》《北海日报》《云南信息报》《临汾时报》《山西广播电视报》《生活新报》《中国中学生报》《大河报》《半岛都市报》《兰州广播电视报》《中国旅游报》《长江日报》《旅游休闲报》《云南信息报》《青岛晨报》《深圳商报》《珠江晚报》及原告内部资料、原告法定代表人在报纸上发表的文章等。其中 2001 年 12 月 13 日的《生活报》中题为《2002 我到北京上大学冬令营启动》的文章写道:"由哈尔滨某旅行社主办,《生活报》协办、某公司策划的'2002 我到北京上大学冬令营'启动,北京总协调为中国关心下一代工作委员会国际友好交流中心。"2002年 5 月 16 日《大河报》中题为《"我到北京上大学"主题夏令营活动启动》的文章中写道:"在郑州旅游局会议室,郑州、漯河、新乡等 10 家旅行社从郑州市委宣传部领导、郑州旅游局领导以及本报副总编辑等手中接过授权代理证书牌,这标志着由郑州某旅行社和本报共同推出的 2002 年'我到北京上大学'主题夏令营活动正式启动。"2004 年 6 月 29 日《大河报》中题为《"我到北京上大学"首批营员出发》的文章中写道:"由本报与郑州某旅行社共同主办的'我到北京上大学'主题夏令营活动正式拉开序幕,……与主办单位北京大学教育学院和北京大学基础教育与教师教育研究中心进行协商,推出了特意为河南学生量身打造的'综合版'。"2002 年 7 月 3 日《半岛都市报》中题为《"我到北京上大学"青岛某旅行社推荐并答记者问》的文章中写道:"自上期青岛某旅行社率先推出新颖、独特的'我到北京上大学'夏令营活动后……记者就大家普遍关心的几个热点问题采访了青岛某旅行社的总经理。"2002 年 6 月 2 日《兰州广播电视报》中题为《我到北京上大学生吸引万名学员的秘密》的文章中写道:"'我到北京上大学'全国创新策划中心对此项活动的定位是:以旅游为载体,以学习为根本,增长中小学生的见识。这项暑期夏令营不同于一般旅行社和教育机构组织的夏令营活动。"2002 年 8 月 21日的《中国旅游报》头版图片下方标注有以下文字:"由北京文化公司策划、西安某旅行社主办的'我到北京上大学'夏令营近日在天安门广场举行开营仪式。"2005 年 9 月 19 日的《中国旅游报》中题为《全脑学习训练营异军突起》的文章中写道:"由北京文化公司开发的'我到北京上大学'第三代品牌产品'全脑学习训练营'可以算得上是一匹黑马,在众多同质化产品中表现出明显的差异性。"2004 年 6 月 8 日《长江日报》题为《孩子暑假哪里去"我到北京上大学"》的文章中写道:"'我到北京上大学'经过七年的运作和实践已经成为学生主题修学旅游的精品。"；相关文字内容旁有"我到北京上大学一次夏令营一生永难忘"的字样。2004年6月22日《长江日报》第12版题为《"我到北京上大学"夏令营让孩子在旅游中提高成长》的文章右下方配图为一艘轮船，船身上有"我到北京上大学"的字样。2004年5月10日《云南信息报》题为《我到北京上大学》的文章报道右下方"新闻链接"中提到"'我到北京上大学'是由北京文化公司策划推出的修学旅游主题，并作为一个品牌被注册、运作"。2004年7月1日《半岛晨报》题为《暑假家长该给孩子什么》的文章中写道："'我到北京上大学'夏令营已在全国18个省，150个城市推广，这一主题修学旅游活动，经过7年的运作和逐渐完善，现在已经成为全国最完善、最规范、最具规模的夏令营之一。"2005年6月13日《深圳商报》题为《"我到北京上大学"夏令营发出召集令》的文章中写道："据了解，近5年来，每年暑期都有数万名学生参加此活动，该项活动已经成为全国最有影响的主题修学旅游活动之一，并早在2002年就被《中国旅游报》评为'最受青睐的修学活动'。"2006年6月12日《生活新报》题为《为孩子插上理想翅膀》一文所配图片中的横幅上标有"我到北京上大学"字样。2009年6月22日《云南信息报》题为《快乐青春让自己做主》一文中附有黄某简介，其中提到"黄先生是……'我到北京上大学'夏令营总策划，……（该夏令营）是中国第一品牌夏令营"。

在上述资料中，《山西广播电视报》《临汾日报》和《北海日报》上使用了原告的注册商标。另，2012年6月13日《烟台晚报》A19版面刊登的题为《某旅行社与烟台地区独家承办中国第一品牌夏令营"同学时代·我到北京上大学"》的文章中提到："某旅行社与北京同学时代教育机构联手推出了'同学时代·我到北京上大学'主题修学夏令营。……为每名营员配送由众多教育专家合力编著的《365天健康成长计划》。"

被告北京教育公司对原告为证明其知名度提交的报纸资料的内容真实性及证明目的均不认可，认为上述报纸登载内容的发起人、主办单位等与原告无关，宣传的内容亦与原告无关，不能证明是原告为其自身所做的宣传；该被告还主张任何一家公司无权对"我到北京上大学"的口号实行垄断。同时该被告认为，《烟台晚报》的报道并非北京教育公司所做宣传，与北京教育公司无关。同时，被告杜某、北京教育公司、北京旅行公司提交了 2005 年 7 月 18 日、2011 年 7 月 12 日、2011 年 8 月 9 日、2012 年 6 月 26 日的《大河报》，该报纸相关报道中出现了各单位发布的"我到北京上大学"的内容，以此证明"我到北京上大学"的说法并不为原告所独有。

被告安徽某报社称其与案外某公司签订的合作协议约定，其只是活动名义上的主办单位，作为媒体属于发布平台，并不涉及具体活动运作，"我到北京上大学"活动是由案外某公司在其网站平台发布的，该公司承担由此产生的一切法律后果。安徽某报社提交的案外某公司于 2012 年 9 月 28 日出具的回复函中载明："2012 年暑假，我公司授权贵报社组织、宣传、招募安徽某报小记者来北京开展'我到北京上大学'采访采风之旅夏令营。由此发生的被起诉'著作权、商标权及不正当竞争侵权纠纷'一案产生的一切法律责任均由我公司承担，与贵报社无关。"原告认为此系案外人的陈述，与本案无关，不认可其证明目的。

以上事实，有原告提交的网站备案信息、照片及光盘、商标注册证、报纸、股东会议文件及《退股协议书》、《说明》与《项目协议书》、《营员手册》（2004 版、2005 版、2006 版）、被告北京教育公司《营员手册》、《夏令营综合手册》、（2012）京某内经证字第 12628 号公证书、比对表，被告安徽某报社提交的案外某公司营业执照副本、法定代表人身份证明及回复函，被告杜某、北京教育公司、北京旅行公司提交的《道德修养培养应该注意的误区》《学习成功中学生成就梦想的 15 堂必修课》《童军夏令营营员行知书》《终生的财富》《营员手册》游戏来源复印件、备案信息查询、照片光盘、报纸，以及本院庭审笔录和当事人陈述等在案佐证。原告未提交公证费发票及律师费发票。

## ▶ 裁判意见

法院认为：

一、关于原告在本案中同时就著作权、商标权、不正当竞争的法律关系主张权利的问题

法律关系是由法律规范作用于相关法律的调整对象而产生的社会关系，

法律规范通过法律事实作用于法律的调整对象；不同的法律立法目的有所不同，所保护的法律关系亦有所不同。

著作权是民事主体依法对作品及相关客体所享有的专有权利。《中华人民共和国著作权法实施条例》① 第二条规定："著作权法所称作品，是指文学、艺术品和科学领域内具有独创性并能以某种有形形式复制的智力成果。"著作权相关法律的立法目的在于促进作品的创作。商标是商品提供者为了将自己的商品或服务与他人提供的同种或类似商品或服务相区别而使用的标记。商标权相关法律的立法目的首先是确保消费者能够根据商标识别功能选择商品或服务；其次是保护经营者因投资提高产品和服务质量而获得的良好商业信誉，防止经营者付出的努力因他人的假冒和仿冒行为而无法获得经济回报，以此维持正常的商业竞争秩序，鼓励经营者努力改进产品质量和提高服务水平。反不正当竞争的立法目的在于保障社会主义市场经济健康发展，鼓励和保护公平竞争者，制止不正当竞争行为，保护经营者和消费者的合法权益。《中华人民共和国反不正当竞争法》② 第二条第二款③规定："本法所称的不正当竞争，是指经营者违反本法规定，损害其他经营者的合法权益，扰乱社会主义经济秩序的行为。"法律关系不同于生活关系，当相关内容同属于《中华人民共和国著作权法》《中华人民共和国商标法》和《反不正当竞争法》的调整范围时，《中华人民共和国著作权法》《中华人民共和国商标法》对此已作出明确规定的，应当优先适用前述两类法律规范，并依法选择具体适用的法律规定来调整相关的法律关系，并据此作出裁决。

本案中，原告将涉案四名被告列为共同被告的原因在于，原告认为被告杜某系被告北京教育公司、北京旅行公司的法定代表人，被告杜某将其曾在原告处工作时获取的资料提供给了被告北京教育公司、北京旅行公司使用；被告安徽某报社与被告北京旅行公司合作举办的相关活动亦侵犯了原告权利，

---

① 此处引用的《中华人民共和国著作权法实施条例》为2013年修订本。
② 此处引用的《中华人民共和国反不正当竞争法》为1993年通过本，本篇下同。
③ 对应现行《中华人民共和国反不正当竞争法》第二条第二款："本法所称的不正当竞争行为，是指经营者在生产经营活动中，违反本法规定，扰乱市场竞争秩序，损害其他经营者或者消费者的合法权益的行为。"本书下同。

该主张依据的是安徽某报社网站上显示的相关内容。故原告据此认为四被告的侵权关系很紧密，应当在本案中被列为共同被告。

就原告针对被告杜某提出的主张而言，根据《最高人民法院关于贯彻执行〈中华人民共和国民法通则〉若干问题的意见（试行）》[①]的规定，企业法人的法定代表人和其他工作人员，以法人名义从事的经营活动，给他人造成经济损失的，企业法人应当承担民事责任。被告杜某作为被告北京教育公司、北京旅行公司的法定代表人，就原告在本案中主张其所为的相关侵权行为而言，系代表北京教育公司、北京旅行公司执行法人的意志，而非其个人的意思表示。因此，原告要求被告杜某个人承担其所主张的著作权侵权、商标权侵权及不正当竞争行为的民事责任的主张不成立。

就原告针对被告北京旅行公司、安徽某报社提出的主张而言，法院认为，诉讼标的共同，是指当事人对争议的法律关系共同享有权利或者共同负有义务。而原告并无证据证明四被告在实施上述行为过程中构成共同侵权，原告的请求权只能向特定责任主体提出。故原告对被告北京旅行公司、安徽某报社的起诉与其在本案中的其他主张不属于必要的共同诉讼，其该项诉讼请求法院不予支持。

二、关于原告所经营网站的认定

原告提交的第12628号公证书中的相关内容显示，网站名称为"我到北京上大学"的网站主办单位为原告北京文化公司，审核时间为2011年12月19日。被告北京教育公司为证明原告不是上述网站的权利人、对该网站内容不享有著作权，提交了其于本案诉讼过程中对上述网站在工信部备案管理系统中相关备案信息的查询结果。该结果显示，在查询栏输入该网站的域名后，无法找到符合条件的记录。为解释上述情况，原告再次向法院提交了其经营网站的备案信息，查询结果显示网站名称为"北京文化公司"的网站主办单位为原告北京文化公司，审核时间为2012年11月28日。上述备案信息均查询自工信部的网站，虽然信息不完全一致，但均表明该网站的主办单位为原

---

[①] 已被2020年12月通过的《最高人民法院关于废止部分司法解释及相关规范性文件的决定》废止。

告北京文化公司,该网站中的内容亦指向原告公司的业务,且被告北京教育公司并未提交其他相反证据证明上述网站的经营者非本案原告北京文化公司,故可以确认原告北京文化公司为"我到北京上大学"网站的所有人、实际经营者和著作权人。被告北京教育公司有关原告不是该网站的权利人、对该网站内容不享有著作权的辩解不能成立。同时,被告北京教育公司称原告无法证明其权利网站中内容的上传时间早于被告北京教育公司网站内容的上传时间,但该被告并未就其推断提供相关证据证明,故对其陈述法院不予采纳。

另,依据现有证据,可以认定标注在原告《营员手册》封底上的网站的主办单位为原告北京文化公司。

三、关于原告主张被告北京教育公司侵犯其商标权的问题

原告将"学"字与"wdbjsdx"字母作为组合商标核准注册,且该商标在有效期内,故依据《中华人民共和国商标法》相关规定,原告在第 39 类服务项目上享有第 3420×××号注册商标专用权,其合法权益应受法律保护。服务商标是指提供服务的经营者,为将自己提供的服务与他人提供的服务相区别而使用的标志。由于服务商标的使用不可能缀附在无形的行为上,因此在服务场所内外、与服务相关的广告宣传材料上等标明商标的行为可以认定为使用服务商标的行为。原告在其网站上宣传自己经营的旅游修学服务内容时,在宣传内容及图片材料上使用了涉案权利商标,这不仅表明原告在推广其服务,更体现其意在通过使用该商标来表明服务的风格和品质,故应认定原告就涉案权利商标进行了商标性使用。

原告主张被告北京教育公司侵犯其商标权,依据的是被告网站页面的图片上出现了"学"字标识这一事实。根据已查明的事实,上述图片系出现在被告的网站页面上,而进入该页面首先需输入该被告网站的网址,因此当相关公众在看到被控侵权内容时,系应知进入的网站为被告北京教育公司的网站,亦应知被控侵权内容的来源及提供者为被告北京教育公司。根据《中华人民共和国商标法》相关规定,构成侵犯注册商标专用权的行为是在商业标识意义上使用相同或近似商标的行为,故就上述情况观之,被告北京教育公司网站图片上出现的涉案标识并非被作为区分商品或服务来源方式的使用,不能引起消费者对服务提供者的混淆和误认,故不具有商标的属性。综上,

原告主张被告北京教育公司侵犯其注册商标专用权无事实依据，其相关诉讼请求法院不予支持。

四、关于原告主张被告北京教育公司侵犯其著作权的问题

（一）关于网站网页版式设计及内容的侵权问题

原告作为"我到北京上大学"网站的所有人，依法对该网站中的内容享有著作权，他人未经许可不得擅自使用该网站的版式设计和页面内容。关于原告主张被告北京教育公司的"同学时代"网站侵犯了其权利网站的版式设计权一节，根据查明的事实，涉案侵权网站与原告网站的版式设计并不构成相似，原告提供的现有证据不足以证明其主张，故对其相关请求法院不予支持。

关于原告主张被告北京教育公司网站内容侵犯了原告网站内容的著作权一节，根据查明的事实，被告北京教育公司的"同学时代"网站中有部分网页内容与原告网站页面内容相同。被告北京教育公司未经原告许可，在其网站上使用原告网站的网页内容，已构成著作权侵权，应依法承担侵权责任。被告北京教育公司否认其侵权，称其网页内容系独立创作而来，该被告就其网站内容享有著作权。但被告北京教育公司未提交有效证据对其上述辩称进行佐证，故对其所述法院不予采纳。

（二）关于相关《营员手册》的侵权问题

《中华人民共和国著作权法》第十一条第四款[①]规定："如无相反证据，在作品上署名的公民、法人或者其他组织为作者。"根据查明的事实，原告主张权利的《营员手册》封底上标注的版权声明、网站网址及其备案信息查询结果和手册中的相关内容均表明原告系2005版、2006版《营员手册》的作者，对上述手册享有著作权。原告的《营员手册》虽不是正式出版物，但并不影响原告就手册中的内容主张权利。被告北京教育公司认为原告主张权利的《营员手册》无出版时间、作者名称，原告所称上述手册于2005年、2006年出版发行的情况不属实，但就前述主张被告北京教育公司未提交充分的证据予以证明，故对此法院不予采纳。

---

① 对应现行《中华人民共和国著作权法》第十二条第一款规定："在作品上署名的自然人、法人或者非法人组织为作者，且该作品上存在相应权利，但有相反证明的除外。"本书下同。

经对比，被告北京教育公司涉案侵权《营员手册》与原告主张权利的2005版《营员手册》中的相关表达存在相同或近似之处。被告北京教育公司的前述行为超出了《中华人民共和国著作权法》所规定的合理使用范畴，因此在没有证据证明上述使用已取得著作权人许可的情况下，应视为被告北京教育公司侵犯了原告对其《营员手册》享有的相关著作权，应当承担停止侵权、赔偿损失等法律责任。但涉案侵权《营员手册》与原告2005版《营员手册》在整体版式设计上并不相同；另，原告主张被告北京教育公司的《营员手册》对其2006版《营员手册》中"有奖征文"部分的内容构成侵权。经查，涉案侵权《营员手册》第54页上方印有《快乐征文》的标题，页面下方印有"同学时代"及其网址等内容，页面其余部分为为空白、需由营员填写。从前述情况来看，不能认定涉案侵权《营员手册》第54页内容侵犯了原告手册相关部分的著作权；故原告的相关请求法院不予支持。

被告北京教育公司称其涉案侵权《营员手册》出版于2011年之后，该手册与《夏令营综合手册》中的内容均来源于公有领域或由被告北京教育公司与该公司法定代表人杜某所创作。就此被告北京教育公司向本院提交了案外人编著的书籍用以证明其涉案侵权《营员手册》中部分文章的来源。根据《中华人民共和国著作权法》的相关规定，出版者应当对其编辑的出版物内容的稿件来源和署名等承担举证责任。仅凭被告北京教育公司提交的上述图书，不能认定该被告使用上述图书中的内容系获得授权或许可，进而无法认定涉案侵权手册中的内容来源合法。被告北京教育公司称原告2005版《营员手册》中的相关内容与该被告提交的《童军夏令营营员行知书》的相关内容亦有相同或近似之处。经查，该书无出版时间，不能证明书中的相关内容早于原告《营员手册》的内容。被告北京教育公司还提交了《反应能力测试》《综合能力测试》，以证明其《营员手册》中游戏的来源。但该被告未提交上述两本来源书籍的版权信息，亦不能证明其出版时间早于原告的《营员手册》。被告北京教育公司提交了《终生的财富》一书，欲证明原告对其《营员手册》不享有权利，但未具体指明上述两本书中的哪些内容构成相同或近似。故对于被告北京教育公司关于其《营员手册》中内容不侵权的辩解，法院不予采纳。

（三）关于摄影作品的侵权问题

原告在本案中主张其对涉案十一幅数码照片享有著作权，并将上述照片刻成光盘后作为权属证据提交至法院。根据《中华人民共和国著作权法》的相关规定，当事人提供的涉及著作权的底稿、原件、合法出版物、著作权登记证书、认证机构出具的证明等可以作为著作权的初步证据。本案中，诉争作品为数码照片。数码照片系以数码相机拍摄的以数字形式存储的可视化图像，是随着数码摄影技术的发展而出现的。数码相机一般配有记忆卡，它是储存数码照片文件的原始载体。由于记忆卡可以反复使用，人们通常习惯将记忆卡存满资料时或随时将记忆卡保存的资料、数据直接以复制形式输出到其他载体上，重新使用记忆卡。数码作品的这一特点，明显区别于使用化学胶片或照相纸拍摄、可以形成底片的传统照片，使权利人难以提供与记忆卡结合在一起的类似底片的原始载体。被告北京教育公司主张数码照片文件具有易修改性、原告提交的光盘证据不具有真实性，虽然存在上述可能，但要求原告在拍摄完成作品后即进行证据保全公证以固定证据显然违背生活常理。法院从公平原则出发，考虑数码照片文件的性质和特点，在被告北京教育公司并未说明也未举证证明涉案数码照片的参数被修改过的情况下，认定原告完成了初步举证责任。但若要认定原告即为涉案权利摄影作品的著作权人，需要在无相反证据的情况下。庭审中，被告北京教育公司针对原告编号为1、2、11、12四张照片提交了数码相机摄影作品刻录光盘。经比对，上述四张数码照片属性信息与原告主张权利的照片在大小、使用相机型号、拍摄内容、角度等各方面具有一致性，而原告就此未提供证据予以反驳，故同样考虑到数码摄影作品数字信息的特性，法院无法认定原告即为上述四张涉案权利照片的著作权人，原告只能就其他摄影作品主张权利。鉴于第12628号公证书内容显示被告北京教育公司在其网站上使用的是涉案图片1、2、11，《夏令营综合手册》使用的是涉案图片12，而原告不能就该四幅作品主张权利，故对原告针对这四幅照片的相关诉讼请求本院不予支持。原告还主张安徽某报社的网站使用了涉案图片3、5、7、8、9、13，如前所述，涉及安徽某报社的法律问题应另案主张，本案不做处理，故对原告的前述请求法院不予支持。

## 五、关于被告北京教育公司是否构成不正当竞争的问题

《中华人民共和国反不正当竞争法》第五条①中规定："经营者不得采用下列不正当手段从事市场交易，损害竞争对手：……（二）擅自使用知名商品特有的名称、包装、装潢，或者使用与知名商品近似的名称、包装、装潢，造成和他人的知名商品相混淆，使购买者误认为是该知名商品……"而《最高人民法院关于审理不正当竞争民事案件应用法律若干问题的解释》② 第一条第一款中规定："人民法院认定知名商品，应当考虑该商品的销售时间、销售区域、销售额和销售对象，进行任何宣传的持续时间、程度和地域范围，作为知名商品受保护的情况等因素，进行综合判断。"当经营者提供的服务具有一定知名度，成为知名服务后，在该服务项目特有名称上便会凝聚无形价值，故应作为一项知识产权受到保护。对知名服务特有名称进行适当保护，防止对知名服务搭便车，有利于相关经营者维护、保持、增加所持有名称的无形价值并以此增加社会财富。因此，法院认为，经营者不得擅自使用他人知名服务特有名称，或者使用与知名服务近似的名称，造成和他人知名服务相混淆，使相关公众误认为是该知名服务。本案中，原告应当对其所主张的服务的市场知名度负举证责任。从原告提供的现有证据来看，2002 年以来相关报纸上有对不同旅行社主办的"我到北京上大学"旅游修学夏令营的报道，但大部分内容均为对主办的旅行社活动安排的介绍，报纸的影响也并非涉及全国范围；且上述报道并未明确、清晰地将"我到北京上大学"这一服务名称指向原告。因此，法院认为"我到北京上大学"这一旅游修学活动虽然在该类经营中占据一定市场份额，但不能仅据此认定该服务在同类市场上具有了一定知名度并为相关公众所知悉，能够较为显著的区别于其他的旅游修学服务而构成知名服务。服务不可能是无形的，而是通过不同的行为及其他方式所体现，缀附在行为上；同一种名称下的服务可以由不同的行为方式予以

---

① 对应现行《中华人民共和国反不正当竞争法》第六条中规定："经营者不得实施下列混淆行为，引人误认为是他人商品或者与他人存在特定联系：（一）擅自使用与他人有一定影响的商品名称、包装、装潢等相同或者近似的标识……"

② 已被 2022 年 1 月通过的《最高人民法院关于适用〈中华人民共和国反不正当竞争法〉若干问题的解释》废止。

表现。原告所称的"我到北京上大学"服务是通过旅游进行修学。而北京作为首都，作为政治、经济、文化中心，对于生活在其他地区的学生来说，怀有到北京上大学的愿望是常情，而表达这一愿望的汉语词语即是"我到北京上大学"这一统称，故该组合内的文字应属于公有领域；不同的经营主体在其营业范围内进行旅游修学服务时，特别是主办以到北京的大学参观、游览、学习为主要内容的旅游活动，亦会使用"我到北京上大学"来描述其服务内容，故虽然原告与被告北京教育公司实际经营中均有进行旅游修学、学生冬夏令营等方面的业务活动，"我到北京上大学"的表达仍不能因为原告将其用于宣传而禁止他人使用。故原告所主张"我到北京上大学"是其知名服务的特有名称，被告北京教育公司使用该名称构成不正当竞争的依据不足，法院不予支持。

另，原告还主张被告北京教育公司在宣传中使用了不存在的中国青少年协会的名称和图标，通过对该被告自身的虚假宣传来获取竞争优势，构成对原告的不正当竞争。根据查明的事实，原告的上述主张依据的是被告北京教育公司网站上的宣传及其《夏令营综合手册》上出现的中国青少年协会的名称和图标，安徽某报社网站上出现的中国青少年协会的名称和图标，以及在被告北京教育公司网站上关于"我们的发展历程和业绩现状"、特许经营品牌介绍中提到的"该活动……历时8年，取得了显著的成就……"等内容。

虽然被告北京教育公司在庭审中辩解中国青少年协会是真实存在的，隶属于中国学盟，但未能提供证据予以证明；且亦未提交证据表明其与中国青少年协会的关系，以及是否获得该协会授权或二者存在某种形式的合作。法院认为，该协会名称及标识出现在被告北京教育公司网站及相关手册中，会使相关公众在消费同类服务产品时产生被告北京教育公司、该被告所经营的同类活动等与中国青少年协会有关的误认。而被告北京教育公司在其网站上所做的宣传与其公司成立的时间不符，该被告亦不能证明其宣传内容属实；该被告的上述行为势必产生吸引顾客选择其服务或活动的效果，进而从他人的市场份额中获得利益。被告北京教育公司与原告作为同业竞争者，其行为会使原告的合法权益受到损害，属于对其服务进行引人误解的虚假宣传的行为，已构成不正当竞争。

关于原告称安徽某报社网站上提到了中国青少年协会的情况，由于原告现无证据证明该事项与被告北京教育公司有关，故本案对只涉及安徽某报社、北京旅行公司的相关请求不作处理。另，原告还主张被告北京教育公司关于其首次提出了"把教育功能镶嵌在旅行中"理念的说法、该被告网站上"同学时代系列夏令营品牌介绍"栏目及"同学时代-小贴士"栏目中的内容均不属实。关于"把教育功能镶嵌在旅行中"的理念，原告已将其纳入著作权侵权之诉讼请求中，本院就该内容是否侵犯了原告的著作权在前已进行论述。原告同时又就该理念非由被告北京教育公司首次提出一节主张其构成不正当竞争，而被告北京教育公司则认为该理念是由被告杜某本人提出而非原告法定代表人。法院认为，针对被告北京教育公司网站所做的侵权公证的时间为2012年7月，虽然原告公司成立的时间早于被告北京教育公司，但原告并无证据证明其提出和开始宣传上述理念的确切时间，亦无证据证明其提出和开始宣传上述理念的时间早于被告北京教育公司在其网站中称系杜某首次提出该理念的时间。因此在原告并未提供有效证据证明系原告首先提出了上述诉争理念的情况下，原告有关被告北京教育公司就上述行为存在虚假宣传的主张法院不予认定，其请求法院不予支持。

六、关于赔偿数额的问题

根据查明的事实，被告北京教育公司侵犯了原告的著作财产权并构成不正当竞争。关于著作权侵权的赔偿数额，因原告未能证明其在本案中所受损失，而被告的违法所得亦难以查实，故法院将根据被告北京教育公司使用涉案作品的数量、方式、时间以及该公司网站的性质、规模等情节，酌情确定赔偿数额。对原告过高的诉讼请求，法院不予全额支持。关于不正当竞争行为，原告要求赔偿其经济损失300000元，但证据不足，对此法院将依被告的侵权程度依法确定赔偿数额，亦不予全部支持原告的诉讼请求。另原告要求四被告在《中国教育报》上向原告公开赔礼道歉，被告北京教育公司就给原告造成的损失在其经营的网站上连续两年对原告公开赔礼道歉，依据不足，法院不予支持。

综上所述,依照《中华人民共和国著作权法》第十条第一款第五项①、第十条第一款第六项②、第十条第一款第十二项③、第十条第二款④、第四十八条第一项、第四十九条第二款,《中华人民共和国反不正当竞争法》第九条第一款之规定,判决如下:

一、自本判决生效之日起,被告北京教育公司立即停止侵犯原告北京文化公司《营员手册》(2005版)著作权的行为;

二、自本判决生效之日起,被告北京教育公司立即停止在其经营的网站上侵犯原告北京文化公司网站中内容著作权的行为;

三、自本判决生效之日起,被告北京教育公司立即停止涉案不正当竞争行为;

四、自本判决生效之日起十日内,被告北京教育公司赔偿原告北京文化公司经济损失人民币20000元;

五、驳回原告北京文化公司的其他诉讼请求。

### ▶ 案情解析

本案是一起侵害著作权、商标权和不正当竞争纠纷案件,此处主要针对虚假宣传引发的不正当竞争进行解析。

一、法律法规中关于虚假宣传的相关规定

现行《中华人民共和国反不正当竞争法》第八条规定:"经营者不得对其商品的性能、功能、质量、销售状况、用户评价、曾获荣誉等作虚假或者引人误解的商业宣传,欺骗、误导消费者。经营者不得通过组织虚假交易等方式,帮助其他经营者进行虚假或者引人误解的商业宣传。"

---

① 对应现行《中华人民共和国著作权法》第十条第一款第五项,内容有修改,本书下同。

② 对应现行《中华人民共和国著作权法》第十条第一款第六项,本书下同。

③ 对应现行《中华人民共和国著作权法》第十条第一款第十二项,内容有修改,本书下同。

④ 对应现行《中华人民共和国著作权法》第十条第二款,本书下同。

《最高人民法院关于审理不正当竞争民事案件应用法律若干问题的解释》（2020年修正）第八条规定："经营者具有下列行为之一，足以造成相关公众误解的，可以认定为反不正当竞争法第九条第一款规定的引人误解的虚假宣传行为：（一）对商品作片面的宣传或者对比的；（二）将科学上未定论的观点、现象等当作定论的事实用于商品宣传的；（三）以歧义性语言或者其他引人误解的方式进行商品宣传的。以明显的夸张方式宣传商品，不足以造成相关公众误解的，不属于引人误解的虚假宣传行为。人民法院应当根据日常生活经验、相关公众一般注意力、发生误解的事实和被宣传对象的实际情况等因素，对引人误解的虚假宣传行为进行认定。"

二、虚假宣传行为的构成要件

根据相关法律法规，构成虚假宣传需要满足以下2个要件：

1. 存在虚假宣传行为

虚假宣传可能是对虚假信息进行宣传，如提供虚假的产地、生产者等信息；也可能是对真实信息进行片面宣传，如跟竞争对手的同类产品的某些指标进行比对；也可能是对某些指标进行夸大宣传；也可能将待证的科学观点当作定论用于商品宣传，等等。

2. 引人误解

引人误解是虚假宣传的核心构成要件，无论是虚假信息宣传，还是真实但片面、夸大信息的宣传，只要产生引人误解的后果，都构成虚假宣传。

值得注意的是，引人误解的虚假宣传并不一定要在市场交易中已经实际造成消费者误解，只要有可能造成消费者对商品的情况等内容产生错误理解，即可构成虚假宣传。误导的本质是使他人对自己的商品或者服务或企业产生不真实的印象，进而影响消费者的信息判断和决策。这如同著作权侵权案件对抄袭的认定标准"接触且实质性相似"一样，只需要证明被告有接触原告作品的可能性即可，并不要求证明被告已经实际接触到了原告的作品。

总之，虚假宣传行为的成立，既要有宣传者进行虚假或者片面、夸大陈述等行为和不正当竞争的意图，又要有相关消费者受到误导的后果。

三、本案被告构成虚假宣传的解析

本案涉及虚假宣传认定的部分，主要是被告北京教育公司网站上的宣传及其《夏令营综合手册》上出现的中国青少年协会的名称和图标,安徽某报社网站上出现的中国青少年协会的名称和图标,以及在被告北京教育公司网站上关于"我们的发展历程和业绩现状"、特许经营品牌介绍中提到的"该活动……历时8年,取得了显著的成就……"等内容。

经查询,不存在中国青少年协会这一机构,另外北京教育公司成立于2009年1月16日,截至2012年也不足3年,故上述信息皆为虚假信息,该被告系通过对其自身的虚假宣传而谋取竞争优势。

虽然被告北京教育公司在庭审中辩解中国青少年协会是真实存在的,隶属于中国学盟,但未能提供证据予以证明,且亦未提交证据表明其与中国青少年协会的关系,以及是否获得该协会授权或二者存在某种形式的合作。故中国青少年协会极有可能属于虚假信息。退一步而言,即便存在中国青少年协会这一机构,被告北京教育公司也不能证明其与中国青少年协会存在授权或其他形式的合作关系,这同样属于虚假宣传行为。

被告北京教育公司的上述行为势必产生吸引顾客选择其服务或活动的效果,进而从他人的市场份额中获得利益。被告北京教育公司与原告作为同业竞争者,其行为会使原告的合法权益受到损害,属于对其服务进行引人误解的虚假宣传的行为,已构成不正当竞争。